ECOLOGÍA
Las riquezas disponibles en el planeta

Anthea Maton
Ex coordinadora nacional de NSTA
Alcance, secuencia y coordinación del proyecto
Washington, DC

Jean Hopkins
Instructora de ciencias y jefa de departamento
John H. Wood Middle School
San Antonio, Texas

Susan Johnson
Profesora de biología
Ball State University
Muncie, Indiana

David LaHart
Instructor principal
Florida Solar Energy Center
Cape Canaveral, Florida

Charles William McLaughlin
Instructor de ciencias y jefe de departamento
Central High School
St. Joseph, Missouri

Maryanna Quon Warner
Instructora de ciencias
Del Dios Middle School
Escondido, California

Jill D. Wright
Profesora de educación científica
Directora de programas de área internacional
University of Pittsburgh
Pittsburgh, Pennsylvania

Prentice Hall
Englewood Cliffs, New Jersey
Needham, Massachusetts

Prentice Hall Science

Ecology: Earth's Natural Resources

Student Text and Annotated Teacher's Edition
Laboratory Manual
Teacher's Resource Package
Teacher's Desk Reference
Computer Test Bank
Teaching Transparencies
Product Testing Activities
Computer Courseware
Video and Interactive Video

The illustration on the cover, rendered by Joseph Cellini, depicts the results of pollution on one of the Earth's most precious natural resources—a pristine stream.

Credits begin on page 137.

Prentice Hall
A Division of Simon & Schuster
Englewood Cliffs, New Jersey 07632

STAFF CREDITS

Editorial:	Harry Bakalian, Pamela E. Hirschfeld, Maureen Grassi, Robert P. Letendre, Elisa Mui Eiger, Lorraine Smith-Phelan, Christine A. Caputo
Design:	AnnMarie Roselli, Carmela Pereira, Susan Walrath, Leslie Osher, Art Soares
Production:	Suse F. Bell, Joan McCulley, Elizabeth Torjussen, Christina Burghard
Photo Research:	Libby Forsyth, Emily Rose, Martha Conway
Publishing Technology:	Andrew Grey Bommarito, Deborah Jones, Monduane Harris, Michael Colucci, Gregory Myers, Cleasta Wilburn
Marketing:	Andrew Socha, Victoria Willows
Pre-Press Production:	Laura Sanderson, Kathryn Dix, Denise Herckenrath
Manufacturing:	Rhett Conklin, Gertrude Szyferblatt

Consultants

Kathy French	National Science Consultant
Jeannie Dennard	National Science Consultant

Prentice Hall Ciencia

Ecología: Las riquezas disponibles en el planeta

Student Text and Annotated Teacher's Edition
Laboratory Manual
Teacher's Resource Package
Teacher's Desk Reference
Computer Test Bank
Teaching Transparencies
Product Testing Activities
Computer Courseware
Video and Interactive Video

La ilustración de la cubierta, creada por Joseph Cellini, representa los resultados de la contaminación de uno de los recursos naturales más preciados en la Tierra-un agua limpia.

Procedencia de fotos e ilustraciones, página 137.

Prentice Hall
A Division of Simon & Schuster
Englewood Cliffs, New Jersey 07632

PERSONAL

Editorial: Harry Bakalian, Pamela E. Hirschfeld, Maureen Grassi, Robert P. Letendre, Elisa Mui Eiger, Lorraine Smith-Phelan, Christine A. Caputo

Diseño: AnnMarie Roselli, Carmela Pereira, Susan Walrath, Leslie Osher, Art Soares

Producción: Suse F. Bell, Joan McCulley, Elizabeth Torjussen, Christina Burghard

Fotoarchivo: Libby Forsyth, Emily Rose, Martha Conway

Tecnología editorial: Andrew G. Black, Deborah Jones, Monduane Harris Michael Colucci, Gregory Myers, Cleasta Wilburn Andrew Socha, Victoria Willows

Mercado:

Producción pre-imprenta: Laura Sanderson, Kathryn Dix, Denise Herckenrath

Manufactura: Rhett Conklin, Gertrude Szyferblatt

Asesoras

Kathy French   National Science Consultant
Jeannie Dennard   National Science Consultant

Contributing Writers

Linda Densman
Science Instructor
Hurst, TX

Linda Grant
Former Science Instructor
Weatherford, TX

Heather Hirschfeld
Science Writer
Durham, NC

Marcia Mungenast
Science Writer
Upper Montclair, NJ

Michael Ross
Science Writer
New York City, NY

Content Reviewers

Dan Anthony
Science Mentor
Rialto, CA

John Barrow
Science Instructor
Pomona, CA

Leslie Bettencourt
Science Instructor
Harrisville, RI

Carol Bishop
Science Instructor
Palm Desert, CA

Dan Bohan
Science Instructor
Palm Desert, CA

Steve M. Carlson
Science Instructor
Milwaukie, OR

Larry Flammer
Science Instructor
San Jose, CA

Steve Ferguson
Science Instructor
Lee's Summit, MO

Robin Lee Harris Freedman
Science Instructor
Fort Bragg, CA

Edith H. Gladden
Former Science Instructor
Philadelphia, PA

Vernita Marie Graves
Science Instructor
Tenafly, NJ

Jack Grube
Science Instructor
San Jose, CA

Emiel Hamberlin
Science Instructor
Chicago, IL

Dwight Kertzman
Science Instructor
Tulsa, OK

Judy Kirschbaum
Science/Computer Instructor
Tenafly, NJ

Kenneth L. Krause
Science Instructor
Milwaukie, OR

Ernest W. Kuehl, Jr.
Science Instructor
Bayside, NY

Mary Grace Lopez
Science Instructor
Corpus Christi, TX

Warren Maggard
Science Instructor
PeWee Valley, KY

Della M. McCaughan
Science Instructor
Biloxi, MS

Stanley J. Mulak
Former Science Instructor
Jensen Beach, FL

Richard Myers
Science Instructor
Portland, OR

Carol Nathanson
Science Mentor
Riverside, CA

Sylvia Neivert
Former Science Instructor
San Diego, CA

Jarvis VNC Pahl
Science Instructor
Rialto, CA

Arlene Sackman
Science Instructor
Tulare, CA

Christine Schumacher
Science Instructor
Pikesville, MD

Suzanne Steinke
Science Instructor
Towson, MD

Len Svinth
Science Instructor/
Chairperson
Petaluma, CA

Elaine M. Tadros
Science Instructor
Palm Desert, CA

Joyce K. Walsh
Science Instructor
Midlothian, VA

Steve Weinberg
Science Instructor
West Hartford, CT

Charlene West, PhD
Director of Curriculum
Rialto, CA

John Westwater
Science Instructor
Medford, MA

Glenna Wilkoff
Science Instructor
Chesterfield, OH

Edee Norman Wiziecki
Science Instructor
Urbana, IL

Teacher Advisory Panel

Beverly Brown
Science Instructor
Livonia, MI

James Burg
Science Instructor
Cincinnati, OH

Karen M. Cannon
Science Instructor
San Diego, CA

John Eby
Science Instructor
Richmond, CA

Elsie M. Jones
Science Instructor
Marietta, GA

Michael Pierre McKereghan
Science Instructor
Denver, CO

Donald C. Pace, Sr.
Science Instructor
Reisterstown, MD

Carlos Francisco Sainz
Science Instructor
National City, CA

William Reed
Science Instructor
Indianapolis, IN

Multicultural Consultant

Steven J. Rakow
Associate Professor
University of Houston—
Clear Lake
Houston, TX

English as a Second Language (ESL) Consultants

Jaime Morales
Bilingual Coordinator
Huntington Park, CA

Pat Hollis Smith
Former ESL Instructor
Beaumont, TX

Reading Consultant

Larry Swinburne
Director
Swinburne Readability
Laboratory

Autores contribuyentes

Linda Densman
Instructora de ciencias
Hurst, TX

Linda Grant
Ex–instructora de ciencias
Weatherford, TX

Heather Hirschfeld
Escritora de ciencias
Durham, NC

Marcia Mungenast
Escritora de ciencias
Upper Montclair, NJ

Michael Ross
Escritor de ciencias
New York City, NY

Revisores de contenido

Dan Anthony
Consejero de ciencias
Rialto, CA

John Barrow
Instructor de ciencias
Pomona, CA

Leslie Bettencourt
Instructora de ciencias
Harrisville, RI

Carol Bishop
Instructora de ciencias
Palm Desert, CA

Dan Bohan
Instructor de ciencias
Palm Desert, CA

Steve M. Carlson
Instructor de ciencias
Milwaukie, OR

Larry Flammer
Instructor de ciencias
San Jose, CA

Steve Ferguson
Instructor de ciencias
Lee's Summit, MO

Robin Lee Harris Freedman
Instructora de ciencias
Fort Bragg, CA

Edith H. Gladden
Ex-instructora de ciencias
Philadelphia, PA

Vernita Marie Graves
Instructora de ciencias
Tenafly, NJ

Jack Grube
Instructor de ciencias
San Jose, CA

Emiel Hamberlin
Instructor de ciencias
Chicago, IL

Dwight Kertzman
Instructor de ciencias
Tulsa, OK

Judy Kirschbaum
Instructora de ciencias y computadoras
Tenafly, NJ

Kenneth L. Krause
Instructor de ciencias
Milwaukie, OR

Ernest W. Kuehl, Jr.
Instructor de ciencias
Bayside, NY

Mary Grace Lopez
Instructora de ciencias
Corpus Christi, TX

Warren Maggard
Instructor de ciencias
PeWee Valley, KY

Della M. McCaughan
Instructora de ciencias
Biloxi, MS

Stanley J. Mulak
Ex–instructor de ciencias
Jensen Beach, FL

Richard Myers
Instructor de ciencias
Portland, OR

Carol Nathanson
Consejera de ciencias
Riverside, CA

Sylvia Neivert
Ex–instructora de ciencias
San Diego, CA

Jarvis VNC Pahl
Instructor de ciencias
Rialto, CA

Arlene Sackman
Instructora de ciencias
Tulare, CA

Christine Schumacher
Instructora de ciencias
Pikesville, MD

Suzanne Steinke
Instructora de ciencias
Towson, MD

Len Svinth
Jefe de Instructores de ciencias
Petaluma, CA

Elaine M. Tadros
Instructora de ciencias
Palm Desert, CA

Joyce K. Walsh
Instructora de ciencias
Midlothian, VA

Steve Weinberg
Instructor de ciencias
West Hartford, CT

Charlene West, PhD
Directora de Curriculum
Rialto, CA

John Westwater
Instructor de ciencias
Medford, MA

Glenna Wilkoff
Instructora de ciencias
Chesterfield, OH

Edee Norman Wiziecki
Instructora de ciencias
Urbana, IL

Panel asesor de profesores

Beverly Brown
Instructora de ciencias
Livonia, MI

James Burg
Instructor de ciencias
Cincinnati, OH

Karen M. Cannon
Instructora de ciencias
San Diego, CA

John Eby
Instructor de ciencias
Richmond, CA

Elsie M. Jones
Instructora de ciencias
Marietta, GA

Michael Pierre McKereghan
Instructor de ciencias
Denver, CO

Donald C. Pace, Sr.
Instructor de ciencias
Reisterstown, MD

Carlos Francisco Sainz
Instructor de ciencias
National City, CA

William Reed
Instructor de ciencias
Indianapolis, IN

Asesor multicultural

Steven J. Rakow
Profesor asociado
University of Houston–
Clear Lake
Houston, TX

Asesores de Inglés como segunda lengua (ESL)

Jaime Morales
Coordinador Bilingüe
Huntington Park, CA

Pat Hollis Smith
Ex-instructora de inglés
Beaumont, TX

Asesor de lectura

Larry Swinburne
Director
Swinburne Readability Laboratory

Revisores del texto en español

Teresa Casal
Instructora de ciencias
Miami, FL

Victoria Delgado
Directora de programas bilingües/multiculturales
New York, NY

Delia García Menocal
Instructora bilingüe
Englewood, NJ

Consuelo Hidalgo Mondragón
Instructora de ciencias
México, D.F.

Elena Maldonado
Instructora de ciencias
Río Piedras, Puerto Rico

Estefana Martínez
Instructora de ciencias
San Antonio, TX

Euclid Mejía
Director del departamento de ciencias y matemáticas
New York, NY

Alberto Ramírez
Instructor bilingüe
La Quinta, CA

CONTENTS

CONTENIDO

ECOLOGÍA: LAS RIQUEZAS DISPONIBLES EN EL PLANETA

Activity Bank/Reference Section

Features

Pozo de Actividades/Sección de referencia

Artículos

CONCEPT MAPPING

T hroughout your study of science, you will learn a variety of terms, facts, figures, and concepts. Each new topic you encounter will provide its own collection of words and ideas—which, at times, you may think seem endless. But each of the ideas within a particular topic is related in some way to the others. No concept in science is isolated. Thus it will help you to understand the topic if you see the whole picture; that is, the interconnectedness of all the individual terms and ideas. This is a much more effective and satisfying way of learning than memorizing separate facts.

Actually, this should be a rather familiar process for you. Although you may not think about it in this way, you analyze many of the elements in your daily life by looking for relationships or connections. For example, when you look at a collection of flowers, you may divide them into groups: roses, carnations, and daisies. You may then associate colors with these flowers: red, pink, and white. The general topic is flowers. The subtopic is types of flowers. And the colors are specific terms that describe flowers. A topic makes more sense and is more easily understood if you understand how it is broken down into individual ideas and how these ideas are related to one another and to the entire topic.

It is often helpful to organize information visually so that you can see how it all fits together. One technique for describing related ideas is called a **concept map**. In a concept map, an idea is represented by a word or phrase enclosed in a box. There are several ideas in any concept map. A connection between two ideas is made with a line. A word or two that describes the connection is written on or near the line. The general topic is located at the top of the map. That topic is then broken down into subtopics, or more specific ideas, by branching lines. The most specific topics are located at the bottom of the map.

To construct a concept map, first identify the important ideas or key terms in the chapter or section. Do not try to include too much information. Use your judgment as to what is

really important. Write the general topic at the top of your map. Let's use an example to help illustrate this process. Suppose you decide that the key terms in a section you are reading are School, Living Things, Language Arts, Subtraction, Grammar, Mathematics, Experiments, Papers, Science, Addition, Novels. The general topic is School. Write and enclose this word in a box at the top of your map.

SCHOOL

Now choose the subtopics—Language Arts, Science, Mathematics. Figure out how they are related to the topic. Add these words to your map. Continue this procedure until you have included all the important ideas and terms. Then use lines to make the appropriate connections between ideas and terms. Don't forget to write a word or two on or near the connecting line to describe the nature of the connection.

Do not be concerned if you have to redraw your map (perhaps several times!) before you show all the important connections clearly. If, for example, you write papers for Science as well as for Language Arts, you may want to place these two subjects next to each other so that the lines do not overlap.

One more thing you should know about concept mapping: Concepts can be correctly mapped in many different ways. In fact, it is unlikely that any two people will draw identical concept maps for a complex topic. Thus there is no one correct concept map for any topic! Even though your concept map may not match those of your classmates, it will be correct as long as it shows the most important concepts and the clear relationships among them. Your concept map will also be correct if it has meaning to you and if it helps you understand the material you are reading. A concept map should be so clear that if some of the terms are erased, the missing terms could easily be filled in by following the logic of the concept map.

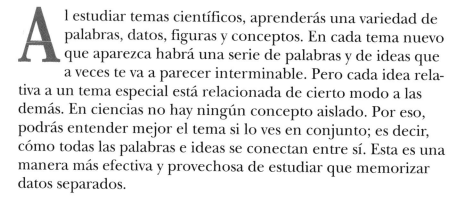

Al estudiar temas científicos, aprenderás una variedad de palabras, datos, figuras y conceptos. En cada tema nuevo que aparezca habrá una serie de palabras y de ideas que a veces te va a parecer interminable. Pero cada idea relativa a un tema especial está relacionada de cierto modo a las demás. En ciencias no hay ningún concepto aislado. Por eso, podrás entender mejor el tema si lo ves en conjunto; es decir, cómo todas las palabras e ideas se conectan entre sí. Esta es una manera más efectiva y provechosa de estudiar que memorizar datos separados.

En realidad, este proceso debe serte familiar. Aunque no te des cuenta, analizas muchos de los elementos de la vida diaria, considerando sus relaciones o conexiones. Por ejemplo, al mirar un ramo de flores, lo puedes dividir en grupos: rosas, claveles y margaritas. Después, asocias colores con las flores: rojo, rosado y blanco. Las flores serían el tema general. El subtema, tipos de flores. Un tema tiene más sentido y se puede entender mejor si comprendes cómo se divide en ideas y cómo las ideas se relacionan entre sí y con el tema en su totalidad.

A menudo, es útil organizar la información visualmente para poder ver la correspondencia entre las cosas. Una de las técnicas usadas para organizar ideas relacionadas es el **mapa de conceptos**. En un mapa de conceptos, una palabra o frase recuadrada representa una idea. La conexión entre dos ideas se describe con una línea donde se escriben una o dos palabras que explican la conexión. El tema general aparece arriba de todo. El tema se divide en subtemas, o ideas más específicas, por medio de líneas. Los temas más específicos aparecen en la parte de abajo.

Para hacer un mapa de conceptos, considera primero las ideas o palabras claves más importantes de un capítulo o sección. No trates de incluir mucha información. Usa tu juicio para decidir qué es lo realmente importante. Escribe el tema general arriba

de tu mapa. Un ejemplo servirá para ilustrar el proceso. Decides que las palabras claves de una sección son Escuela, Seres vivos, Artes del lenguaje, Resta, Gramática, Matemáticas, Experimentos, Informes, Ciencia, Suma, Novelas. El tema general es Escuela. Escribe esta palabra en un recuadro arriba de todo.

ESCUELA

Ahora, elige los subtemas: Artes del lenguaje, Ciencia, Matemáticas. Piensa cómo se relacionan con el tema. Agrega estas palabras al mapa. Continúa así hasta que todas las ideas y las palabras importantes estén incluídas. Luego, usa líneas para marcar las conexiones apropiadas. No dejes de escribir en la línea de conexión una o dos palabras que expliquen la naturaleza de la conexión.

No te preocupes si debes rehacer tu mapa (tal vez muchas veces), antes de que se vean bien todas las conexiones importantes. Si, por ejemplo, escribes informes para Ciencia y para Artes del lenguaje, te puede convenir colocar estos dos temas uno al lado del otro para que las líneas no se superpongan.

Algo más que debes saber sobre los mapas de conceptos: pueden construirse de diversas maneras. Es decir, dos personas pueden hacer un mapa diferente de un mismo tema. ¡No existe un único mapa de conceptos! Aunque tu mapa no sea igual al de tus compañeros, va a estar bien si muestra claramente los conceptos más importantes y las relaciones que existen entre ellos. Tu mapa también estará bien si tú le encuentras sentido y te ayuda a entender lo que estás leyendo. Un mapa de conceptos

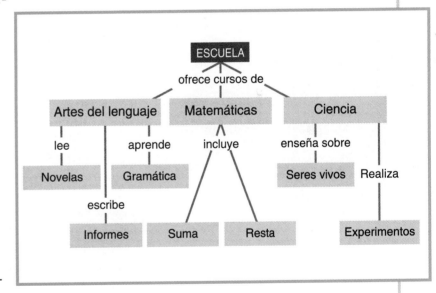

debe ser tan claro que, aunque se borraran algunas palabras se pudieran volver a escribir fácilmente siguiendo la lógica del mapa.

ECOLOGY

Earth's Natural Resources

▲ Is there a solar-powered telephone in your future? As nonrenewable energy resources are used up, solar energy and other alternative sources of energy will become increasingly important.

Like the United States, most countries rely on coal and oil, mined or drilled from the Earth, to produce the energy they need. But Iceland, a small island nation in the North Atlantic, mines "volcanic fires." Iceland sits atop a chain of volcanoes covering one third of its territory. Heat generated within the Earth, or geothermal energy, provides Iceland with energy for home heating, electricity, and manufacturing.

Iceland's use of geothermal energy demonstrates how clean, inexpensive alternative energy sources can be used to meet people's energy needs. As you read the chapters that follow, you will learn about various energy resources and their importance for present and future use. You will also learn about Earth's other nonliving resources: land, water, and air. You will read about the damage that people have done to these resources and find out what can be done to protect them.

An off-shore oil-drilling platform lights up the ocean at dusk. But obtaining and using energy resources such as oil can be harmful to the environment. ▶

▲ How can we save the Earth from polluted air and water? The use of wind generators and widespread recycling can help.

Discovery Activity

Reusable Paper

1. Soak some shredded newspaper in warm water overnight.

2. Mash the soaked newspaper into a pulpy mixture.

3. Cover your work area with a sheet of waxed paper. Spread a thin layer of the pulpy mixture on the waxed paper.

4. Cover the mixture with plastic wrap. Let the mixture dry overnight. What does the dried mixture look and feel like?

   ■ What could you use your reusable paper mixture for?

   ■ Why is reusing paper a good idea?

ECOLOGÍA

Las riquezas disponibles en el planeta

¿Hay un teléfono a energía solar en tu futuro? A medida que se agoten los recursos energéticos no renovables, la energía solar y otros recursos alternativos crecerán en importancia.

Como en Estados Unidos, la mayoría de los países dependen del carbón y el petróleo extraído de la Tierra para producir la energía que necesitan. Pero Islandia, una nación en una pequeña isla en el Atlántico Norte, explota "fuegos volcánicos." Islandia está situada sobre una cadena de volcanes que cubren un tercio de su territorio. El calor generado en la Tierra, o energía geotérmica, provee a Islandia de energía para electricidad, calefacción y manufactura.

El uso de energía geotérmica de Islandia demuestra cómo recursos alternativos limpios y baratos se pueden usar para satisfacer la necesidad de energía. Mientras leas los capítulos que siguen, aprenderás sobre varios recursos de energía y su importancia para el uso presente y futuro. También conocerás otros recursos naturales: el terreno, el agua y el aire. Vas a leer sobre el daño que la gente ha causado a estos recursos y encontrarás qué se puede hacer para protegerlos.

Una plataforma costera excavadora de petróleo ilumina el océano al atardecer. Pero la obtención y uso de los recursos energéticos como el petróleo pueden ser dañinos para el ambiente.

▲ ¿Cómo podemos salvar la Tierra de la contaminación del aire y del agua? El uso de generadores de viento y la difusión del reciclaje pueden ayudar.

Para averiguar Actividad

Papel reciclable

1. Remoja un periódico desmenuzado en agua tibia durante toda la noche.

2. Haz una mezcla pulposa con el papel remojado.

3. Cubre tu área de trabajo con una hoja de papel encerado. Desparrama una capa fina de la mezcla pulposa en el papel encerado.

4. Cubre la mezcla con una envoltura plástica. Deja que se seque durante toda la noche. ¿Cómo se ve y cómo es la textura de la mezcla seca?

   ■ ¿Cómo podrías usar tu mezcla de papel reciclable?

   ■ ¿Por qué reciclar el papel es una buena idea?

Energy Resources

Guide for Reading

After you read the following sections, you will be able to

1–1 What Are Fossil Fuels?
- Describe three main types of fossil fuels and their uses.

1–2 Energy From the Sun
- Compare active and passive solar heating.

1–3 Wind and Water
- Discuss the use of wind generators and hydroelectric power.

1–4 Nuclear Energy
- Compare nuclear fission and nuclear fusion.
- Describe the parts of a nuclear reactor.

1–5 Alternative Energy Sources
- Discuss the nature and importance of alternative energy sources.

What is 221 meters high, 379 meters long, 14 meters thick at the top, 201 meters thick at the bottom, and contains 2.5 million cubic meters of concrete? Give up? The answer is the Hoover Dam, the highest concrete dam in the Western Hemisphere. This huge dam is located in a canyon on the Colorado River between Nevada and Arizona.

You may wonder why enormous amounts of time and money were spent to build this mammoth structure. One reason for the effort was to control the flow of the Colorado River and provide irrigation for surrounding farmlands. The other equally important reason was to generate hydroelectric power. Hoover Dam's 17 electric generators provide electricity for 500,000 homes in Nevada, Arizona, and California.

Hydroelectric power—electricity generated by water—currently provides 13.5 percent of all the electricity produced in the United States. Where does the rest of our electricity come from? What are some other sources of energy for today and tomorrow? You will find the answers to these questions in the pages that follow.

Journal *Activity*

You and Your World What do you think your life might have been like 100 years ago, before the widespread use of electricity? How would it have been different from your life today? In your journal, describe what a typical day without electricity might be like.

This aerial view of Hoover Dam in Nevada shows the dam and the power plant in the foreground and Lake Mead in the background.

Recursos energéticos

Guía para la lectura

Después de leer las secciones siguientes, vas a poder

¿Qué tiene 221 metros de altura, 379 metros de largo, 14 metros de espesor en la cima, 201 metros de ancho en la base y contiene 2.5 millones de metros cúbicos de cemento? ¿Te das por vencido? La respuesta es la presa Hoover, la presa de cemento más alta en el hemisferio occidental. Esta inmensa presa está en el cañón del río Colorado entre Nevada y Arizona.

Te preguntarás por qué se gastaron enormes sumas de tiempo y dinero para construir esta estructura. Una razón fue para controlar el cauce del río Colorado e irrigar los terrenos de cultivo de alrededor. La otra razón fue generar poder hidroeléctrico. La presa de Hoover tiene 17 generadores hidroeléctricos que proveen de electricidad a 500,000 hogares en Nevada, Arizona y California.

El poder hidroeléctrico—electricidad generada por el agua—provee actualmente el 13.5 por ciento de toda la electricidad producida en los Estados Unidos. ¿De dónde viene el resto de la electricidad? ¿Qué otras fuentes de energía hay para hoy y mañana? Encontrarás las respuestas a estas preguntas en las páginas siguientes.

Diario *Actividad*

Tú y tu mundo ¿Cómo piensas que hubiera sido tu vida 100 años atrás, antes del uso de la electricidad hoy tan común? ¿Cuán diferente seria de tu vida actual? Escribe en tu diario cómo sería un día típico sin electricidad.

Esta vista aérea de la presa Hoover en Nevada muestra la presa y la planta eléctrica en el frente y el Lago Mead en el fondo.

1–1 What Are Fossil Fuels?

Stop for a minute and think about the many ways in which you use energy every day. Pretty impressive list, isn't it? Where does all this energy come from? More than 90 percent of the energy used in the United States—energy to light and heat your home and to run the family car—comes from **fossil fuels.** Fossil fuels formed hundreds of millions of years ago from the remains of dead plants and animals. The dead plants and animals were buried under layers of sediments such as mud, sand, silt, and clay. Over millions of years, heat and pressure changed the sediments into rocks and the plant and animal remains into fossil fuels. **The three main fossil fuels are coal, oil, and natural gas.**

Why are fossil fuels so useful as energy sources? The answer has to do with their chemical makeup. Fossil fuels are rich in **hydrocarbons.** Hydrocarbons are substances that contain the elements hydrogen and carbon (thus their name). The chart in Figure 1–1 lists some simple hydrocarbons.

Figure 1–1 *This chart lists some simple hydrocarbons and their chemical formulas. What is the name of the hydrocarbon used for bottled gas? What is its formula?*

SOME SIMPLE HYDROCARBONS

Name	Chemical Formula	Use
Methane	CH_4	Major part of natural gas; raw material for many synthetic products
Ethane	C_2H_6	Used to make ethyl alcohol, acetic acid, and other chemicals; refrigerant
Propane	C_3H_8	"Bottled gas" for home heating, portable stoves and heaters; refrigerant
Butane	C_4H_{10}	Used in portable lighters, home heating fuel, portable stoves and heaters
Pentane	C_5H_{12}	Solvent; measuring column in low-temperature thermometers
Hexane	C_6H_{14}	Major component of materials used in certain motor fuels and dry-cleaning solvents
Heptane	C_7H_{16}	Main part of turpentine from Jeffrey pine
Octane	C_8H_{18}	Important part of gasoline fuel for cars, trucks, buses, and the like

Guía para la lectura

Piensa en estas preguntas mientras lees.

- *¿Cuáles son los tres combustibles fósiles principales?*
- *¿Cuáles son algunos de los usos de los combustibles fósiles?*

1–1 ¿Qué son los combustibles fósiles?

Piensa un minuto en las muchas maneras que usas energía cada día. Increíble, ¿verdad? ¿De dónde viene toda esa energía? Más del 90 por ciento de la energía usada en los Estados Unidos, energía para iluminar y calentar la casa y mover el auto, viene de los **combustibles fósiles**. Se formaron hace cientos de millones de años atrás de los restos de plantas y animales muertos. Estos restos quedaron enterrados bajo capas de sedimentos como barro, arena, limo y arcilla. Durante millones de años, el calor y la presión convirtieron los sedimentos en rocas y los restos de plantas y animales en combustibles fósiles. **Los tres combustibles fósiles más importantes son el carbón, el petróleo y el gas natural.**

¿Por qué los combustibles fósiles son tan útiles? La respuesta está en su composición química. Son ricos en **hidrocarburos**. Estas son sustancias que contienen hidrógeno y carbón. La gráfica de la figura 1–1 enumera algunos hidrocarburos simples.

Figura 1–1 *Esta gráfica enumera algunos hidrocarburos simples y sus fórmulas químicas. ¿Cuál es el nombre del hidrocarburo usado para gas envasado? ¿Cuál es su fórmula?*

ALGUNOS HIDROCARBUROS SIMPLES

Nombre	Fórmula química	Uso
Metano	CH_4	Mayor parte del gas natural; materia prima para muchos productos sintéticos
Etano	C_2H_6	Usado para hacer alcohol etílico, ácido acético y otros productos químicos; refrigerante
Propano	C_3H_8	"Gas envasado" para calentar la casa, fogones portátiles y calentadores; refrigerante
Butano	C_4H_{10}	Usado para encendedores portátiles, combustible para calentar la casa, fogones y calentadores portátiles
Pentano	C_5H_{12}	Solvente; medidor en los termómetros de baja-temperatura
Hexano	C_6H_{14}	Principal componente de materiales usados en ciertos combustibles de motor y solventes de limpieza a seco
Heptano	C_7H_{16}	Parte principal de la trementina
Octano	C_8H_{18}	Parte importante del combustible de gasolina para autos, camiones, ómnibuses y otros

When the hydrocarbons in fossil fuels are combined with oxygen at high temperatures, heat energy and light energy are released. This process, commonly called burning, is known as **combustion.**

Other types of fuels also give off heat and light during the process of combustion. For example, people have been burning wood as a fuel ever since early cave dwellers learned how to start a fire. But wood does not produce as much energy per kilogram as fossil fuels do. One kilogram of coal, for example, provides twice as much heat as one kilogram of wood. The amount of heat energy provided by oil and natural gas is more than three times that provided by wood. In addition, fossil fuels are easier to transport, store, and use than wood is.

Despite these advantages, the use of fossil fuels presents several problems. Some deposits of coal and oil contain large amounts of sulfur. When these high-sulfur fuels are burned, they release dangerous pollutants such as sulfur dioxide into the atmosphere. You will learn more about the problem of pollution caused by the burning of fossil fuels in Chapter 3.

Coal

Coal is a solid fossil fuel. Historical records show that coal has been used in Europe for at least 4000 years. And Native Americans were using coal 400 years before Christopher Columbus was born! There are four types of coal, each of which represents a different stage of development. Each type of coal can be used as a fuel.

The first type of coal is **peat.** (Actually, peat is not really coal but only the first stage in the development of coal.) Peat is a soft substance made of decayed plant fibers. When burned, it gives off a great deal of smoke but little heat energy.

Pressure from the layers of rock above it changes peat into **lignite** (LIHG-night), the second type of coal. Lignite, or brown coal, is soft and has a woody texture. It is also low in heat energy.

Added pressure turns lignite into **bituminous** (bigh-TOO-muh-nuhs) **coal,** the third type of coal. Bituminous coal, which is dark brown or black, is also called soft coal. It is found deep within the

Figure 1–2 *The four types of coal are shown in this photograph. Going counterclockwise from the top right, they are peat, lignite, bituminous, and anthracite. Which is the hardest type of coal?*

Cuando los hidrocarburos en los combustibles fósiles se combinan a altas temperaturas con el oxígeno, se libera energía calórica y energía luminosa. Este proceso se llama **combustión**.

Otros tipos de combustibles también producen calor y luz durante el proceso de combustión. Por ejemplo, la gente ha quemado madera desde el momento en que el hombre de las cavernas aprendió a hacer fuego. Pero eso no produce tanta energía por kilogramo como los combustibles fósiles. Un kilogramo de carbón, por ejemplo, produce dos veces más calor que un kilogramo de madera. La cantidad de energía calórica que producen el petróleo y el gas natural es más de tres veces mayor. Además, los combustibles fósiles son más fáciles de transportar, almacenar y usar.

A pesar de estas ventajas, el uso de combustibles fósiles presenta varios problemas. Algunos depósitos de carbón y petróleo contienen grandes cantidades de sulfuro. Cuando estos combustibles con mucho sulfuro se queman, liberan en la atmósfera contaminantes peligrosos como el dióxido de sulfuro. Aprenderás más sobre este problema de contaminación en el Capítulo 3.

ACTIVIDAD
PARA LEER

La vida en las minas de carbón

El trabajo en las minas de carbón ha sido tradicionalmente arduo y peligroso, no exactamente poético. Pero para tener una imagen poética de la vida de un minero, puedes leer el poema *Calaban in the Coal Mines* por el poeta y crítico norteamericano Louis Untermeyer (1885–1977).

Carbón

El carbón es un combustible fósil sólido. Actas históricas muestran que el carbón se ha usado por más de 4,000 años. ¡Y los indígenas americanos estaban usándolo 400 años antes de que Cristóbal Colón hubiera nacido! Hay cuatro tipos; cada uno representa una fase distinta de desarrollo. Cada tipo de carbón se puede usar como combustible.

El primer tipo es **turba**. (En realidad, no es carbón, sólo la primera fase del desarrollo del carbón.) Es una sustancia blanda compuesta de fibras de plantas descompuestas. Cuando se quema, hace mucho humo, pero produce poca energía.

La presión de las capas de roca encima transforma la turba en **lignito**, el segundo tipo de carbón. Es también blando y tiene una textura como la madera. Produce poca energía calórica.

Más presión transforma el lignito en **carbón bituminoso**, el tercer tipo. Es marrón oscuro o negro, también llamado carbón blando. Se encuentra en las

Figura 1–2 *Los cuatro tipos de carbón aparecen en esta foto. En la dirección contraria de las agujas del reloj, turba, lignito, bituminoso y antracita. ¿Cuál es el más duro?*

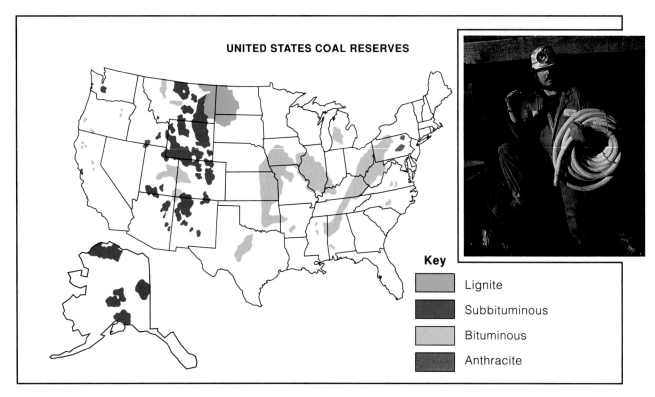

UNITED STATES COAL RESERVES

Key
- Lignite
- Subbituminous
- Bituminous
- Anthracite

Figure 1–3 *Coal miners dig for coal in deep underground mine shafts. Major coal reserves are located throughout the United States. Where is the coal deposit nearest your home located?*

Earth. Bituminous coal is the most abundant type of coal.

Tremendous pressure causes bituminous coal to change into **anthracite** (AN-thruh-sight), the fourth type of coal. Anthracite, or hard coal, is extremely hard and brittle. It is almost pure carbon. The map in Figure 1–3 shows the major coal reserves in the United States. Reserves are known deposits that can be developed economically using current technology. According to the map in Figure 1–3, where are the only reserves of anthracite located in the United States?

Oil and Natural Gas

Liquid fossil fuel is called oil, or petroleum. Oil is found in areas that were once covered by oceans. When plants and animals in the oceans died, they sank to the ocean floor and were covered by sediments. In time, the layers of sediments changed into rocks such as limestone, sandstone, and shale. Pressure from these rock layers, as well as great heat and the action of certain bacteria, changed the plant and animal remains into oil.

Limestone and sandstone contain tiny pores, or openings. Oil droplets probably seeped through

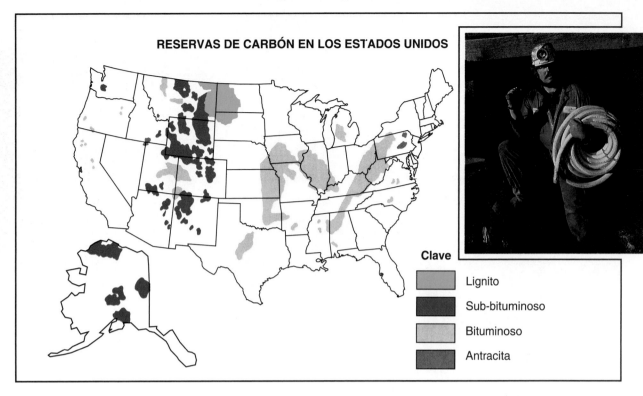

RESERVAS DE CARBÓN EN LOS ESTADOS UNIDOS

Clave

Lignito

Sub-bituminoso

Bituminoso

Antracita

Figura 1–3 *Los mineros del carbón excavan en las profundidades de las minas. Las mayores reservas están localizadas a través de Estados Unidos. ¿Dónde está el depósito de carbón más cercano a tu casa?*

profundidades de la Tierra. El carbón bituminoso es el tipo más abundante.

Tremendas presiones hacen que el carbón bituminoso cambie a **antracita**, el cuarto tipo. También llamado carbón duro, es muy quebradizo y duro; es casi puro. El mapa de la figura 1–3 muestra las mayores reservas de carbón en los Estados Unidos. Son depósitos que pueden ser desarrollados económicamente usando la tecnología actual. De acuerdo al mapa de la figura 1–3, ¿Dónde están las mayores reservas de antracita en los Estados Unidos?

Petróleo y gas natural

El combustible fósil líquido se llama aceite o petróleo. Se encuentra en áreas que fueron una vez cubiertas por océanos. Cuando las plantas y los animales en los océanos murieron, se hundieron y fueron cubiertos por sedimentos. Con el tiempo, las capas de sedimentos cambiaron a rocas como caliza, arenisca y pizarra. Las presiones de estas capas de rocas, mucho calor y la acción de ciertas bacterias, cambiaron los restos de plantas y animales en petróleo.

La caliza y la arenisca contienen pequeños poros. Gotas de petróleo probablemente se filtraron a

these pores and through cracks in the rock layers, forming underground pools of oil. Oil that is removed from these underground deposits is called crude oil.

Almost all the crude oil used in the world today is obtained by drilling wells into underground deposits. Some oil, however, is located near the surface of the Earth. Two sources of oil located near the Earth's surface are tar sands and oil shale. Tar sands are layers of sand soaked with thick, gooey petroleum. Oil shale is a gray rock containing a tarlike material. When oil shale is heated to a high temperature (about 600°C), it releases a hydrocarbon vapor that can be condensed (changed from the gas phase to the liquid phase) into crude oil. Unfortunately, obtaining oil from tar sands and oil shale is difficult and, therefore, not economical.

The third type of fossil fuel is natural gas. Natural gas is usually found associated with oil deposits. Because natural gas is less dense than oil, it rises above the oil. As a result, natural gas deposits are usually located above oil deposits. See Figure 1–5. The most common natural gas is methane.

Figure 1–4 *To obtain crude oil, wells may be drilled beneath the ocean floor. Oil from deposits in Alaska is transported through the Alaska pipeline. Oil shale may contain enough oil to be ignited.*

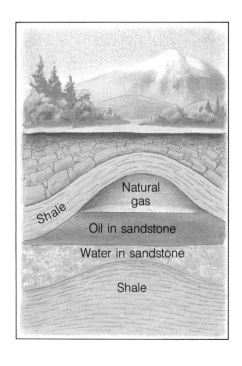

Figure 1–5 *Oil and natural gas are often found in the same deposit. Why is the natural gas usually found above the oil?*

través de estos poros y a través de roturas en las capas de roca, formando pozos de petróleo. Cuando se saca de estos depósitos subterráneos, se llama petróleo crudo.

Casi todo el petróleo crudo que se usa hoy en el mundo se obtiene taladrando agujeros para alcanzar los depósitos subterráneos. Sin embargo, a veces el petróleo está cerca de la superficie de la Tierra. Las fuentes son: arenas breadas y esquisto bituminoso. Las primeras son capas de arena empapadas de petróleo espeso y viscoso. La segunda es una roca gris que contiene material como la brea. Cuando se calienta a altas temperaturas (cerca de 600°C) libera un vapor de hidrocarburo que puede ser condensando (cambiado de gas a líquido) para formar petróleo crudo. Desafortunadamente, es difícil obtener petróleo de estas fuentes y por lo tanto poco económico.

El tercer tipo de combustible fósil es el gas natural. Generalmente se encuentra asociado con depósitos de petróleo. Como es menos denso que el petróleo, se levanta sobre el petróleo. Como resultado, los depósitos de gas natural se encuentran encima de los depósitos de petróleo. Ver la figura 1–5. El más común es el metano.

Figura 1–4 *Para obtener petróleo crudo, los pozos deben ser perforados en el suelo del océano. El petróleo de los depósitos en Alaska se transporta a través del oleoducto. El esquisto bituminoso puede contener suficiente petróleo para encenderse.*

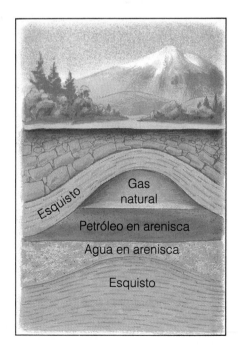

Figura 1–5 *El petróleo y el gas natural a menudo se encuentran en el mismo depósito. ¿Por qué el gas está usualmente sobre el petróleo?*

ACTIVITY DOING

Making Plastic

Plastics are a part of modern life. Most of the plastics we use are made from petroleum products, or petrochemicals. However, plastics can also be made from other materials. In this activity you will make plastic from milk!

1. Pour 300 mL of milk into a large beaker. Add some food coloring to the milk.

2. Gently warm the milk over a Bunsen burner. Do not boil the milk. **CAUTION:** *Be careful when using a Bunsen burner.*

3. Slowly stir 15 mL of vinegar into the milk.

4. Pour the mixture through a sieve. Rinse the solid that remains in the sieve with water.

5. Remove the solid from the sieve and form it into an interesting shape using a cookie cutter as a mold.

6. Allow the plastic to dry. After the plastic has set, remove it from the mold. Compare your plastic with other plastic objects. What similarities or differences do you observe?

Fossil fuels—coal, oil, and natural gas—are the main sources of energy for industry, transportation, and homes. Industry is the major consumer of fossil fuels, closely followed by transportation. The charts in Figure 1–6 illustrate the major uses of oil and coal in the United States. Most of the coal produced in the United States is used to generate electricity. Transportation relies on liquid fuels, such as gasoline, that are produced from crude oil.

Crude oil is used to make many of the products you use every day. The crude oil brought up from beneath the Earth's surface is a mixture of many hydrocarbons in addition to certain impurities. Before the crude oil can be used, it must be refined. That is, the impurities must be removed. Then the oil is used to make heating oil for homes, gasoline for automobiles, kerosene for lamps, waxes for candles, asphalt for roads, and **petrochemicals.** Petrochemicals are useful substances that are derived from oil or natural gas. Some petrochemicals are used to make plastics, fabrics, medicines, and building materials. Can you name some other petrochemical products?

Natural gas is a popular source of energy for home heating because it is less expensive and cleaner to use than oil or coal. Limited reserves, however, may cut down on the use of natural gas in the future.

Figure 1–6 *These charts show the various uses of oil and coal in the United States. What percentage of the oil is used for transportation? What is most of the coal used for?*

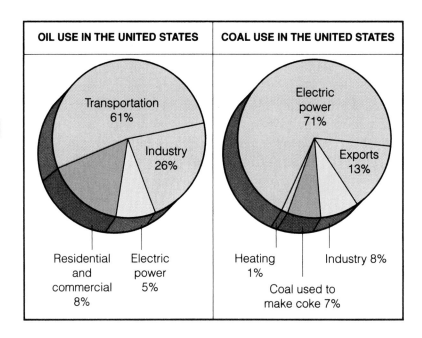

OIL USE IN THE UNITED STATES
- Transportation 61%
- Industry 26%
- Residential and commercial 8%
- Electric power 5%

COAL USE IN THE UNITED STATES
- Electric power 71%
- Exports 13%
- Heating 1%
- Industry 8%
- Coal used to make coke 7%

ACTIVIDAD

PARA HACER

Fabricar plástico

Los plásticos son parte de la vida moderna. La mayoría de los que usamos vienen de productos del petróleo, o de los petroquímicos. Pero los plásticos se pueden hacer también de otros materiales. En esta actividad, ¡harás plástico de la leche!

1. Coloca 300 mL de leche en un frasco de laboratorio. Agrega colorante a la leche.

2. Lentamente calienta la leche con un calentador Bunsen. No la hiervas. **CUIDADO:** *Cuando uses un calentador.*

3. Lentamente revuelve 15 mL de vinagre en la leche.

4. Pasa la mezcla por un cedazo. Enjuaga con agua el sólido que queda en el cedazo .

5. Saca el sólido del cedazo y dale forma interesante usando un cortador de bizcochos como molde.

6. Deja secar el plástico. Sácalo del molde. Compara tu plástico con otros objetos plásticos. ¿Qué parecidos y diferencias observas?

Figura 1– 6 *Estas gráficas muestran los varios usos del petróleo y el carbón en Estados Unidos. ¿Qué porcentaje se usa para transporte? ¿Para qué se usa la mayoría del carbón?*

Usos de los combustibles fósiles

Los combustibles fósiles—carbón, petróleo y gas natural—son la principal fuente de energía para la industria, transporte y vivienda. La industria es el mayor consumidor de combustibles fósiles, seguida de cerca por el transporte. La gráfica de la figura 1–6 ilustra los principales usos de petróleo y carbón en Estados Unidos. La mayoría del carbón producido en Estados Unidos se usa para generar electricidad. El transporte depende de los combustibles líquidos, como la gasolina, que se produce del petróleo crudo.

El petróleo crudo se usa para hacer muchos de los productos que usas todos los días. Sacado de la profundidad de la Tierra, es una mezcla de muchos hidrocarburos con ciertas impurezas. Antes de poderse usar debe ser refinado. Es decir, eliminar sus impurezas. Entonces, el petróleo se usa para dar calor a los hogares, gasolina para los autos, querosén para lámparas, cera para velas, asfalto de caminos y **petroquímicos**. Los petroquímicos son sustancias útiles derivadas del petróleo o del gas natural. Algunos se usan para hacer plásticos, tejidos, medicinas y materiales de construcción. ¿Podrías nombrar algunos otros productos petroquímicos?

El gas natural es una fuente popular de energía para calentar residencias porque es mas barato y más limpio que el petróleo o el carbón. Sin embargo, la limitación de las reservas podrían disminuir su uso en el futuro.

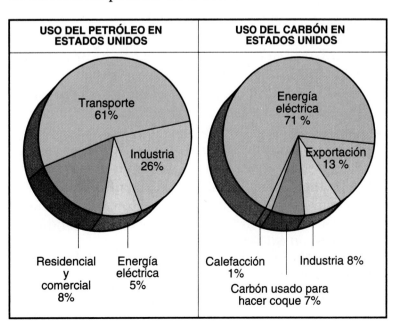

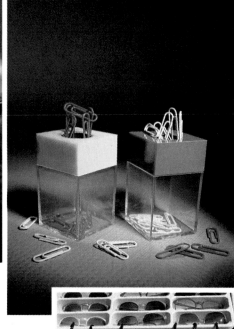

Figure 1–7 *A wide variety of products, such as plastics, can be derived from crude oil after it is refined. What are useful products derived from oil or natural gas called?*

Fossil Fuel Shortages

Since 1900, the population of the United States has increased from 76 million people to more than 250 million at the time of the most recent census in 1990. During the same period, energy use in the United States has increased 10 times. In fact, the United States, with only 5 percent of the world's population, now uses more than 30 percent of all the energy produced in the world today!

The reserves of fossil fuels in the Earth are limited. In fact, scientists estimate that in a relatively brief period in the Earth's history (less than 500 years), we will have used up almost all the coal, oil, and natural gas formed over a period of 500 million years! In only one day, humans use an amount of oil that took about 1000 years to form. At the present rate of use, the United States may run out of fossil fuels by the year 2060. By the year 2080, the entire world may run out of fossil fuels. How do you think the absence of fossil fuels will affect living conditions in the United States? Worldwide?

In the United States, coal is more abundant than oil and natural gas. Today, coal supplies about 20 percent of the energy used in this country. At the present rate of use, coal reserves may last another

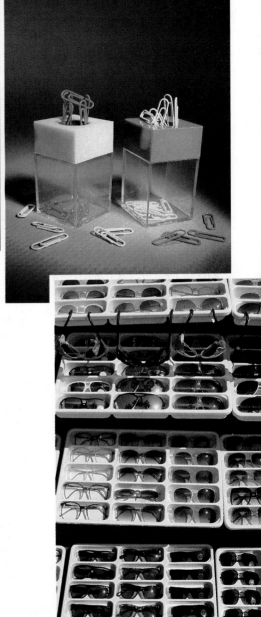

Figura 1–7 *Gran variedad de productos como los plásticos, pueden derivarse del petróleo crudo después de refinarse. ¿Cómo se llaman los productos útiles derivados del petróleo y del gas natural?*

Escasez de combustibles fósiles

Desde 1900, la población de los Estados Unidos ha aumentado de 76 millones a más de 250 millones. Durante el mismo período, el uso de energía ha aumentado 10 veces. En realidad, con sólo el 5 por ciento de la población mundial, ¡Estados Unidos ahora usa más del 30 por ciento de toda la energía producida en el mundo!

Las reservas de los combustibles fósiles son limitadas. Los científicos calculan que en un período relativamente breve en la historia de la Tierra (menos de 500 años), habremos usado casi todo el carbón, petróleo y gas natural formado en un período de ¡500 millones de años! En un día los humanos usan la cantidad de petróleo que tomó 1000 años para formarse. Estados Unidos puede quedarse sin combustibles fósiles para el año 2060. Para el 2080, el mundo entero podría quedarse sin combustibles fósiles. ¿Cómo piensas que esto afectaría las condiciones de vida en Estados Unidos? ¿Y en el mundo?

En los Estados Unidos, el carbón es el combustible fósil más abundante. Provee cerca del 20 por ciento de la energía. Con la presente tasa de uso, las reservas de carbón pueden durar otros 300

Figure 1-8 *Coal is the most abundant fossil fuel present in the United States. What will eventually happen to these coal reserves?*

300 years. But more coal is used for energy production—chiefly electricity—every year. Coal may become the main fossil fuel resource by the year 2000. In that case, reserves of coal will run out much sooner than originally estimated. It is important to remember, however, that mining and burning coal is harmful to the environment. You will learn more about the problems associated with the production and use of coal in Chapter 3.

Geologists are hard at work trying to find new sources of fossil fuels. Alternative energy sources are also being developed. Some of these alternative sources are discussed in the sections that follow. But conservation of current fossil fuel resources is still the best way to provide energy for the future. A thorough discussion of the need for conservation of energy resources is included in Chapter 4. Think about ways of conserving energy as you read the sections that follow and as you go about your daily routine. For example, what ways can you think of to conserve fossil fuels?

1-1 Section Review

1. Identify the three main types of fossil fuels.
2. What are the major uses of fossil fuels in the United States?
3. What are the four types of coal? Which represents the first stage in the development of coal? The last?
4. What are petrochemicals? List three products that are derived from petrochemicals.

Critical Thinking—*Making Inferences*
5. Oil and natural gas deposits were formed from the remains of plants and animals that lived in the oceans millions of years ago. Today, however, many oil and natural gas wells are located on dry land. Suggest an explanation for this fact.

Figura 1–8 *El carbón es el combustible fósil más abundante en Estados Unidos. ¿Qué sucederá a la larga con estas reservas?*

años. Pero cada año se usa más para la producción de energía, especialmente la eléctrica. El carbón podría ser la fuente principal de combustible para el año 2000. En ese caso, podría agotarse más pronto de lo calculado. Hay que recordar, sin embargo, que explotar y quemar carbón es nocivo para el ambiente. Aprenderás más sobre los problemas de la producción y el uso del carbón en el Capítulo 3.

Los geólogos están tratando de encontrar nuevas fuentes de combustibles fósiles. También se están desarrollando fuentes alternas. En las secciones siguientes se comenta sobre algunas de ellas. Pero la conservación de las fuentes actuales siguen siendo la mejor manera de proveer energía para el futuro. Una discusión sobre la necesidad de conservación de las fuentes de energía está incluída en el Capítulo 4. Piensa en maneras de conservar energía en tus rutinas diarias. ¿Qué maneras se te ocurren para conservar combustible?

CARRERAS

Geofísico(a):

Los depósitos de petróleo están debajo de cada océano y continente. Pero antes de obtenerlo hay que encontrarlo. Los científicos que lo localizan son los **geofísicos**. Estudian las formaciones rocosas y hacen los mapas que se usan para determinar el lugar de perforación.

Para saber más sobre esta carrera, escribe a Society of Exploration Geo-Physicists, PO Box 702740 Tulsa, OK 74101.

1–1 Repaso de la sección

1. Identifica los tres tipos principales de combustibles fósiles.
2. ¿Cuáles son los principales usos de combustibles fósiles en Estados Unidos?
3. ¿Cuáles son los cuatro tipos de carbón? ¿Cuál representa la primera fase de su evolución? ¿Y la última?
4. ¿Qué son los petroquímicos? Haz una lista de tres productos derivados de petroquímicos.

Pensamiento crítico—*Aplicación de conceptos*
5. Los depósitos de petróleo y gas natural vienen de los restos de plantas y animales que vivieron en los océanos hace millones de años. Hoy, sin embargo, muchos están en tierras secas. Sugiere una explicación para esto.

PROBLEM Solving

Examining World Oil Production

The graph below illustrates the world's crude oil production for the years 1900 to 1990. The dotted lines represent a prediction of crude oil production from 1990 to 2100. Use the graph to answer the questions that follow. (OPEC stands for the Organization of Petroleum Exporting Countries. The OPEC countries are Algeria, Ecuador, Gabon, Indonesia, Iran, Iraq, Kuwait, Libya, Nigeria, Quatar, Saudi Arabia, United Arab Emirates, and Venezuela.)

1. When was the production of crude oil in the United States at its peak?

2. According to the prediction, when will the United States stop producing crude oil?

3. What was the largest amount of crude oil produced in the world in a single year?

4. According to the prediction, what is the total amount of crude oil that will be produced by all countries in the year 2100?

5. Making Predictions According to the prediction, most of the crude oil reserves in the United States will be exhausted early in the next century. What sources of energy do you think we may be using for heating, cooling, transportation, and electricity in 2050?

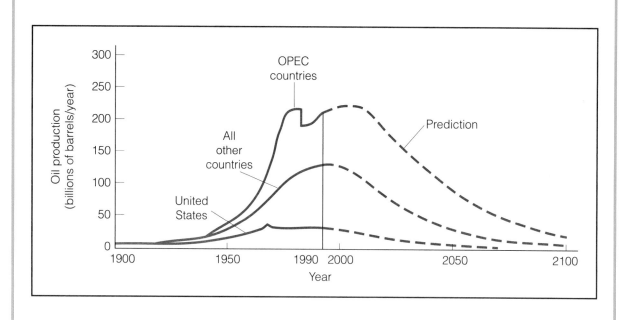

PROBLEMA
a resolver

Estudio de producción mundial de petróleo

La gráfica muestra la producción mundial de petróleo crudo desde los años 1900 hasta 1990. Las líneas de puntos representan una predicción de la producción desde 1990 hasta 2100. Usa la gráfica para contestar las preguntas siguientes. (OPEP responde a la Organización de los Países Exportadores de Petróleo que son Argelia, Arabia Saudita, Ecuador, Emiratos Arabes Unidos, Gabón, Indonesia, Irán, Iraq, Kuwait, Libia, Nigeria, Quatar, y Venezuela.

1. ¿Cuándo fue el tope de la producción de petróleo crudo en Estados Unidos?

2. De acuerdo con las predicciones, ¿cuándo se dejará de producir petróleo crudo en Estados Unidos?

3. ¿Cuál fue la mayor de producción mundial de petróleo crudo en un año?

4. De acuerdo a las predicciones, ¿cuál será la cantidad total de petróleo crudo producido por todos los países en el año 2100?

5. Hacer Predicciones De acuerdo a las predicciones, la mayoría de las reservas de petróleo crudo en Estados Unidos se agotarán al principio del próximo siglo. ¿Qué fuentes de energía crees que usaremos para calefacción, refrigeración, transporte y electricidad en el año 2050?

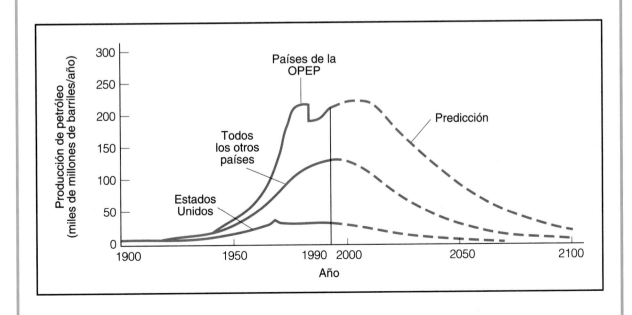

A Solar Oven

Solar energy has many practical uses. Before reading this section, design and build a simple solar oven to cook a hot dog or boil an egg. After reading this section, what changes would you make in your oven based on what you have learned?

Figure 1–9 *Without energy from the sun, life on Earth would not be possible. What is another name for energy from the sun?*

1–2 Energy From the Sun

Life on Earth would not be possible without energy from the sun, or **solar energy.** Without solar energy, plants would not grow, rain would not fall, and winds would not blow. Earth would be a cold, dark planet on which nothing could survive.

Scientists estimate that the solar energy received by the Earth in one day is enough to meet the world's energy needs for 30 years at the present rate of energy use. **Solar energy can be used to heat buildings and to produce electricity.** To be useful, however, solar energy must first be collected, converted, and stored. Why are collection, conversion, and storage necessary?

Solar energy is spread out over a wide area, not concentrated in one place. So solar energy must be collected before it can be used. In addition, most of the sun's energy is received in the form of light. Thus, sunlight must be converted into other forms of energy, such as heat and electricity, before it can be used. And finally, solar energy must be stored for use when the sun is not shining (at night or during cloudy weather). There are several ways to solve the problems of collection, conversion, and storage of solar energy. Solar-heating systems for homes, schools, and commercial buildings may be one answer.

Passive Solar Heating

Solar-heating systems can be either passive or active. In a passive solar-heating system, the windows of a building are positioned so that sunlight enters directly and heats the building. Shades covering the windows hold in the heat during the night. An overhang prevents too much heat from entering during the summer.

The obvious problem with passive solar heating is that when the sun is not shining, the source of heat is removed. To solve this problem, a backup heating system is needed. In a passive solar home, a small wood stove can often be used as the backup system.

Passive solar heating can also be used to heat water for home use, such as for bathing, showering,

Una cocina solar

La energía solar tiene muchos usos prácticos. Antes de leer esta sección, dibuja y construye una cocina solar sencilla para cocinar un hot dog o hervir un huevo. Después de leer esta sección, ¿qué cambios le harías?

Figura 1–9 *Sin la energía del sol, la vida en la Tierra no sería posible. ¿Cuál es el otro nombre para la energía del sol?*

1–2 Energía del sol

La vida en la Tierra no sería posible sin la energía del sol, o **energía solar**. Sin ella, no crecerían las plantas, no caería la lluvia, y no soplarían los vientos. La Tierra sería un planeta frío y oscuro donde nada podría sobrevivir.

Los científicos estiman que la energía solar que recibe la Tierra en un día es suficiente para satisfacer las necesidades mundiales durante 30 años. **La energía solar se puede usar para calentar edificios y producir electricidad.** Para ser útil, sin embargo, hay que rocogerla, transformarla y almacenarla. ¿Por qué es necesario todo esto?

La energía solar no está concentrada en un solo lugar. Hay que recogerla antes de usarla. Además, la mayoría de la energía solar se recibe en forma de luz. De modo que hay que transformarla en otras formas de energía como calefacción y electricidad, antes de usarla. Finalmente, debe ser almacenada para su uso cuando el sol no brilla (de noche o en días nublados). Hay varias maneras de resolver estos problemas. Los sistemas de calentamiento solar para residencias, escuelas y edificios comerciales pueden ser una respuesta.

Sistema pasivo de calefacción solar

Los sistemas de calefacción solar pueden ser pasivos o activos. En los pasivos, las ventanas de un edificio están ubicadas de manera que la luz solar entra directamente y lo calienta. Cortinas que cubren las ventanas mantienen el calor durante la noche. Un alero previene la entrada de demasiado calor en el verano.

Los problemas obvios del sistema es que cuando el sol no brilla, no hay calor. Para resolver esto, es necesario un sistema auxiliar. En una casa, este sistema auxiliar puede ser una estufa a leña.

También este sistema se puede usar para calentar agua para el baño, la ducha y lavar los platos. Si no

Figure 1–10 *Some modern homes are designed to make use of passive solar-heating systems. Why is the position of the windows important in a passive solar home?*

and washing dishes. Although you may not realize it, between 30 and 50 percent of the energy used in most homes is used to heat water. Solar hot-water systems, which can be used all year round, could save up to 50 percent of the energy cost of heating water. Today, about 800,000 solar hot-water systems are being used in the United States.

Active Solar Heating

An active solar-heating system involves collecting the sun's energy in a device called a **solar collector.** In a typical solar collector, a black surface absorbs energy from the sun and converts it to heat. The surface is covered with glass or plastic panels to trap the heat. Water is heated by pumping it through pipes on the surface. The heated water in the pipes then flows through a storage tank filled with water. Heat is transferred from the water in the pipes to the water in the storage tank. The heated water in the storage tank is pumped throughout the building to provide heat and hot water. At the same time, the water in the pipes returns to the solar collector to be reheated by the sun. You can get a better idea of how an active solar-heating system works by studying Figure 1–11.

Figure 1–11 *Water in a solar collector on the roof of a home is heated by the sun (top). The heat is then transferred in a heat exchanger and used to provide hot water and heat for the home.*

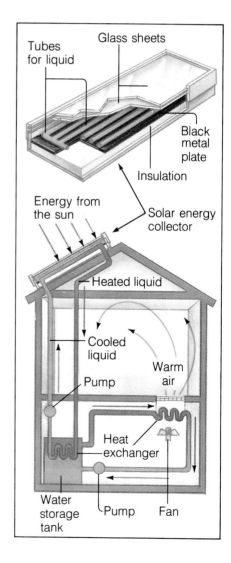

Figura 1-10 *Algunas casas modernas se diseñan para usar el sistema de calefacción solar pasivo. ¿Por qué es importante la posición de las ventanas en una casa con este sistema?*

te has dado cuenta, del 30 al 50 por ciento de la energía en las casas es para calentar agua. El sistema solar para agua caliente, que puede usarse durante todo el año, puede ahorrar más del 50 por ciento del costo de esta energía. Hoy, hay cerca de 800,000 de estos sistemas en el país.

Sistema activo de calefacción solar

El sistema activo de calefacción solar recoge la energía solar en un aparato llamado **colector solar**. Una superficie negra absorbe la energía del sol y la transforma en calor. La superficie está cubierta por paneles de vidrio o plástico para retener el calor. El agua se calienta al bombearla a través de una cañería en la superficie. Luego el agua, ya caliente, pasa a través de un tanque de almacenamiento lleno de agua. El calor del agua se transfiere por los tubos al agua en el tanque. El agua caliente en el tanque se bombea por todo el edificio. Mientras, el agua en los tubos vuelve al colector solar para ser recalentada por el sol. Tendrás una mejor idea de cómo funciona el sistema solar activo estudiando la figura 1-11.

Figura 1-11 *El agua en un colector solar en el techo de una casa es calentada por el sol (arriba). El calor pasa luego por un convertidor de calor y es usado para proveer de agua caliente y calor a la casa.*

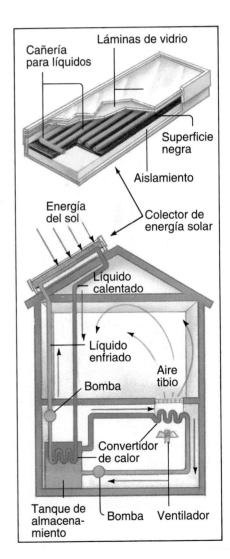

Solar Cells

At the present time, solar-heating systems represent the most common use of solar energy. In the future, however, solar cells may become much more common as sources of usable energy. Solar cells, or **photovoltaic cells,** convert sunlight directly into electricity. (The prefix *photo-* means light, and the suffix *-voltaic* means electrical.) You may be familiar with the use of solar cells in pocket calculators.

A solar cell is a "sandwich" made of extremely thin layers of the element silicon. When sunlight strikes the surface of this sandwich, electrons (negatively charged particles) flow across the layers. This flow of electrons is an electric current, which can be put to work in electric motors or other electrical devices.

Unfortunately, each solar cell produces only a small amount of electricity. A single solar cell can now provide only about 1 watt of electricity—while the sun shines. (The watt is the unit of electric power.) This is about the same amount of power produced by a standard flashlight battery. So large numbers of solar cells are needed to produce useful amounts of electricity. Roof panels consisting of about 5000 solar cells would be needed to provide electricity for an average American home!

Solar cells were first used on a large scale in 1958 to generate electricity aboard the United States satellite *Vanguard I.* Since then, they have been used to generate electricity on many other satellites and spacecraft. Why do you think solar cells would be especially effective in space?

When it comes to providing solar energy for the widest possible use, cost and storage are important considerations. The major disadvantage of solar cells in terms of meeting the everyday electricity needs of homes, schools, and factories has been their cost. In 1959, electricity from solar cells cost about $500 per watt. The cost is now down to about $6 per watt. But it will probably be many years before solar cells

Sunlight

Wires in surface pick up electrons

Silicon layers

Electrons

Figure 1–12 *A solar cell, or photovoltaic cell, converts sunlight directly into electricity. A solar-powered car gets all its energy from solar cells. In future space stations, energy will be provided by huge panels of solar cells.*

Células solares

La calefacción solar es hoy la forma más común del uso de la energía solar. En el futuro, las células solares pueden ser la fuente más común de energía. Llamadas también **células fotovoltaicas**, éstas transforman la luz solar directamente en electricidad (*foto* = luz, *voltaicas* = electricidad). Quizás estés familiarizado con su uso en algunas calculadoras de bolsillo.

Una célula solar es un "sandwich" hecho de capas muy finas del elemento silicio. Cuando la luz solar alcanza las superficie de este sandwich, se liberan electrones (partículas de carga negativa) a través de estas capas. Así se produce una corriente eléctrica que puede hacer funcionar motores y otros aparatos eléctricos.

Desafortunadamente, cada célula solar produce sólo 1 vatio de electricidad—cuando brilla el sol. (El vatio es la unidad de poder eléctrico.) Ésta es casi la misma cantidad de poder producido por una batería común de linterna. De manera que se necesitan grandes números de células solares para producir cantidades útiles de electricidad. Se necesitarían cerca de 5000 células solares en los paneles del techo de una casa típica para proveerla de electricidad.

La primera vez que se usaron células solares fue en 1958 para generar electricidad en el satélite *Vanguard I*. Desde entonces, se han usado en varios satélites y naves espaciales. ¿Por qué piensas que las células solares son especialmente efectivas en el espacio?

Cuando queremos producir energía solar para un uso muy amplio, el costo y almacenamiento son consideraciones importantes. La mayor desventaja de las células solares para su uso en casas, escuelas y fábricas, es su costo. En 1959, la electricidad de las células solares costaba $500 el vatio. Ahora ha bajado a $6 el vatio. Pero posiblemente pasen muchos años antes de que las células solares puedan

Figura 1–12 *Una célula solar, o fotovoltaica, transforma la luz solar directamente en electricidad. Un carro-solar toma toda su energía de las células solares. En las estaciones espaciales del futuro, la energía será provista por paneles enormes de células solares.*

can compete with the cost of electricity from fossil fuels (about $1 per watt).

Looking further into the future, the National Aeronautics and Space Administration (NASA) has proposed using solar satellites in Earth orbit to provide electricity for people on Earth. These huge panels of solar cells, several kilometers on a side, would be assembled in space. Sunlight falling on the solar panels would produce electricity. The electricity would then be converted to microwaves, a form of radio waves now used in microwave ovens. The microwaves would be beamed to receiving stations on Earth and changed back into electricity for general distribution.

Power Towers

Have you ever used a magnifying glass to focus sunlight onto a spot on a piece of paper or on a leaf? If so, you were probably able to burn a hole through the paper or the leaf. This simple activity illustrates another way of using solar energy. An array of mirrors can be used to focus sunlight onto a boiler mounted on a tower. The sun's heat converts water in the boiler into steam, which drives a turbine to generate electricity. The first such solar plant, called Solar One, is shown in Figure 1–13. Several other similar plants are now being tested. As research continues and new technology is developed, solar energy will probably play an increasingly important role in your life.

Figure 1–13 *In a solar-energy plant, curved mirrors reflect the sun's rays toward a tower of water. Here the heat turns the water into steam, which is used to turn turbines and generate electricity.*

1–2 Section Review

1. What are two uses of solar energy?
2. Briefly describe two types of solar-heating systems.
3. What is a photovoltaic cell? How does it work?

Connection—*You and Your World*

4. In what ways is solar energy now used in your home? Considering the area of the country in which you live, what other uses of solar energy might be appropriate in your home?

competir con el costo de electricidad de los combustibles fósiles (cerca de $1 el vatio).

Mirando hacia el futuro, la NASA (Administración Nacional de Aeronáutica y el Espacio) ha propuesto usar satélites solares en órbita alrededor de la Tierra para generar electricidad. Estos enormes paneles de células solares de varios kilómetros de tamaño, se montarían en el espacio. La luz del sol produciría electricidad al alcanzar los paneles. La electricidad se transformaría en microondas. Éstas se mandarían a estaciones receptoras en la Tierra y convertidas de nuevo en electricidad para distribución general.

Torres de energía

¿Has usado una lupa para enfocar la luz solar sobre un papel o en una hoja? Posiblemente has hecho un agujero en el papel o la hoja. Esta simple actividad ilustra otra manera de usar la energía solar. Se puede usar una serie de espejos para enfocar la luz solar en una caldera montada en una torre. El calor del sol transforma el agua de la caldera en vapor, lo que mueve una turbina para generar electricidad. La primera planta solar como ésta, llamada Solar One, está ilustrada en la figura 1–13. Otras similares se están probando ahora. Si las investigaciones continúan y se desarrollan nuevas tecnologías, la energía solar jugará un papel cada vez más importante en tu vida.

Figura 1–13 *En una planta de energía solar, espejos curvos reflejan los rayos solares hacia una torre de agua. Aquí el calor convierte el agua en vapor que se usa para impulsar turbinas y generar electricidad.*

1–2 Repaso de la sección

1. ¿Cuáles son dos usos de la energía solar?
2. Describe brevemente dos tipos de sistemas de calefacción solar.
3. ¿Qué es una célula fotovoltaica? ¿Cómo funciona?

Conexión—*Tú y tu mundo*
4. ¿De qué manera se usa la energía solar en tu casa? Considerando el área del país en el que vives, ¿qué otros usos de energía solar serían apropiados en tu casa?

Blowing in the Wind, p.122

1–3 Wind and Water

Throughout history, people have made use of the energy of wind and water. Wind energy has been used to propel sailing ships, turn mill wheels, and pump water from wells. Water mills were once common along thousands of small rivers and streams in the United States, where they were used to grind corn and grain. **Today, the energy of wind and water is used to generate electricity.**

Wind Energy

Winds are caused by the uneven heating of the Earth's atmosphere by the sun. So wind energy can be thought of as an indirect form of solar energy. People have been taking advantage of this readily available source of energy for thousands of years.

Around 1860, small windmills started appearing on farms across the United States. Lightweight, efficient, relatively inexpensive, and easy to install, the early windmills were used to pump water out of the ground. These wind-powered pumps were essential in providing water for crops and farm animals in the farming regions of the Midwest and Southwest.

In 1890, a Danish inventor developed a windmill that could produce small amounts of electricity. American farmers could now enjoy the benefits of electricity provided by their own windmills. Windmill generators were common until the 1930s and 1940s, when transmission lines brought electricity from central power plants to even the most isolated farms.

Figure 1–14 *Windmills on farms are used mainly to pump water. At Altamont Pass in California, thousands of wind generators are used to produce electricity. Why is wind energy considered an indirect form of solar energy?*

1–3 Viento y agua

A través de la historia, la gente ha hecho uso de la energía del viento y del agua. La energía del viento, ha sido usada para impulsar veleros, molinos de viento y bombear agua de los pozos. Los molinos de agua eran comunes en ríos y arroyos de Estados Unidos, donde se usaban para moler maíz y grano. **Hoy, las energías del viento y del agua se usan para generar electricidad.**

Pozo de actividades

Soplar viento, p. 122

Energía del viento

Los vientos se producen por el calentamiento desparejo de la atmósfera de la Tierra por el sol. Así, la energía del viento puede considerarse como una forma indirecta de energía solar. La gente la ha usado durante miles de años.

Alrededor de 1860, pequeños molinos de viento comenzaron a aparecer en granjas de Estados Unidos. Livianos, eficientes, baratos y fáciles de instalar, se usaban para sacar agua del suelo. Estas bombas de viento eran esenciales para proveer agua a los cultivos y animales desde el medioeste al sudeste.

En 1890, un inventor danés desarrolló un molino de viento que podía producir pequeñas cantidades de electricidad. Los granjeros podían ahora disfrutar de los beneficios de la electricidad. Los generadores de molinos de viento fueron comunes hasta 1940, cuando las líneas de transmisión llevaron electricidad de las centrales eléctricas aún hasta las granjas más aisladas.

Figura 1–14 *Los molinos de viento en las granjas se usan para extraer agua. En Altamont Pass, en California, se usan miles de generadores de viento para producir electricidad. ¿Por qué se puede considerar la energía del viento como una forma indirecta de la energía solar?*

As a source of electricity, wind generators were not always reliable. Can you think of some reasons why? They did not work on calm days. And they were easily knocked down or blown apart by strong winds. So when hydroelectric power plants started supplying electricity to rural areas, farmers welcomed the change. The electricity provided by power plants was more dependable than that produced by the wind. By 1950, most wind generators had been abandoned.

But wind energy was not ignored for long! The oil shortages of the early 1970s caused concern about an energy crisis and sparked renewed interest in wind generators. The designs of modern wind generators range from airplane-type propellers to giant "eggbeaters." Designers of large wind generators must select a location where the wind is strong (13 kilometers per hour or more) and blows steadily most of the time. Then they design and build a wind generator to suit that location.

Instead of giant individual wind generators, some developers have built "wind farms" that contain up to several hundred smaller windmills. Today, more than 100 of these wind farms are in operation, and the use of wind energy is growing rapidly. Unfortunately, wind energy will not meet all our energy needs. But some energy planners predict that by the year 2000, almost 10 percent of the electricity generated in the United States will be produced by wind energy. In addition, the increased use of wind energy will save fossil fuels and reduce pollution.

Figure 1–15 *For centuries, the mechanical energy of moving water has been used in water mills. Today, falling water at Glen Canyon Dam is used to generate electricity. Is water energy a direct or an indirect form of solar energy?*

Water Energy

Like wind energy, water energy is an indirect form of solar energy. Energy from the sun causes water to evaporate from lakes and oceans. This water vapor enters the atmosphere and condenses to form clouds. From the clouds, water falls back to the Earth as rain, snow, sleet, or hail. Runoff from rain and melting snow forms rushing streams and rivers, which eventually empty into the oceans—and the cycle continues.

In the late 1700s, water mills in the United States provided energy for machine looms to make cloth or for turning millstones to grind grain. By the 1800s,

Como fuentes de electricidad, los generadores de viento no eran siempre seguros. ¿Puedes pensar por qué? No funcionan en días sin viento. Y los vientos fuertes los derribaban o rompían con facilidad. De manera que cuando las centrales hidroeléctricas comenzaron a llevar electricidad a las áreas rurales, los granjeros se alegraron. Esta forma de electricidad era más segura. En 1950 la mayoría de los generadores de viento se habían abandonado.

¡Pero la energía del viento no fue ignorada por mucho tiempo! La escasez de petróleo de 1970 causó preocupación sobre la crisis de energía y le dió renovado interés. Los diseños de los generadores de viento modernos son diversos. Los diseñadores deben elegir un lugar donde el viento es fuerte (13 kilómetros por hora o más) y sopla de manera uniforme todo el tiempo. Entonces idean y construyen un generador de viento de acuerdo al lugar.

En vez de generadores gigantes individuales, algunos han construído "granjas de viento" que contienen cientos de pequeños molinos. Hoy, más de 100 de estas granjas están operando y su uso crece rápidamente. Pero, aunque la energía del viento no satisfaga todas nuestras necesidades, algunos planificadores predicen que para el año 2000, casi el 10 por ciento de la electricidad generada en Estados Unidos será producida de esta manera. Así se ahorrarían los combustibles fósiles, y disminuiría la contaminación.

Energía del agua

Como la energía del viento, la energía del agua es una forma indirecta de la energía solar. La energía del Sol hace que el agua de los lagos y de los océanos se evapore. Estos vapores entran en la atmósfera y se condensan formando las nubes. De las nubes, el agua cae a la Tierra como lluvia, nieve, aguanieve o granizo. Todo esto forma arroyos y ríos, que con el tiempo llegan a los océanos—y el ciclo continúa.

Al final del 1700, los molinos de agua en Estados Unidos daban energía a las máquinas de hacer telas o de moler grano. En los 1800, la mayoría fue

Figura 1–15 *Por siglos, la energía mecánica de las aguas en movimiento se ha usado en molinos de agua. Hoy, en la presa de Glen Canyon, se usan para generar electricidad. La energía del agua, ¿es una forma directa o indirecta de la energía solar?*

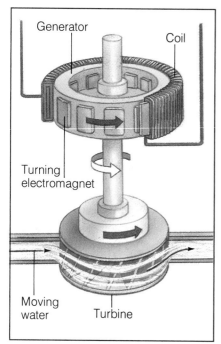

Figure 1–16 *Inside a generator at Hoover Dam, the mechanical energy of moving water spins a turbine. The spinning turbine causes large electromagnets to turn. The turning electromagnets generate electricity.*

most water mills had been replaced by steam engines. But with the invention of the electic light bulb by Thomas Edison in 1879, the demand for electricity increased tremendously. Water energy became important once again as a means of generating electricity.

The use of the mechanical energy of falling or running water to generate usable electricity is called **hydroelectric power.** (The prefix *hydro-* means water.) In a hydroelectric power plant, dams—such as Hoover Dam, which was described at the beginning of this chapter—hold back millions of tons of water in reservoirs. Some of this water is drawn through pipes into the power plant, where it flows through turbines within the plant. The rushing water spins the blades of the turbines, producing electricity in generators. You can see the basic plan and operation of a hydroelectric power plant in Figure 1–16.

Although new hydroelectric power plants are being built, the number of locations in which large dams can be constructed is limited. In this sense, the use of hydroelectric power as a source of energy is limited. In addition, hydroelectric power plants can be somewhat harmful to the environment. For example, patterns of fish migration in rivers may be altered by dams on those rivers. The reservoirs formed behind dams may flood land that might have been used for farming or that might have had great cultural value. For these and other reasons, energy planners do not expect the use of hydroelectric power to increase significantly in the future.

1–3 Section Review

1. Describe how the energy of wind and the energy of water are being used today.
2. Why can both wind energy and water energy be considered indirect forms of solar energy?
3. Why were early wind generators not reliable energy sources?

Critical Thinking—*Making Comparisons*
4. Compare the use of wind generators and hydroelectric power plants in terms of the benefits and problems associated with each.

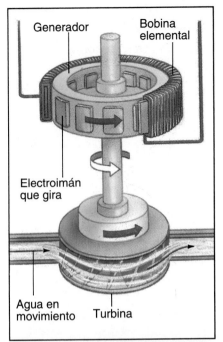

Generador

Bobina elemental

Electroimán que gira

Agua en movimiento   Turbina

Figura 1–16 *Dentro de un generador en la presa de Hoover, la energía mecánica del agua hace rotar una turbina, causando que giren grandes electroimanes. Éste girar genera electricidad.*

reemplazados por los motores de vapor. Pero con la invención de la bombilla eléctrica por Thomas Edison en 1879, la demanda de electricidad aumentó enormemente. La energía del agua recobró importancia otra vez como generadora de electricidad.

El uso de la energía mecánica del agua en movimiento para generar electricidad útil se llama **energía hidroeléctrica** (*hidro* = agua). En una planta de energía hidroeléctrica, las presas—como la presa de Hoover—mantienen millones de toneladas de agua en los embalses. Parte del agua se conduce por cañerías a la planta, donde pasa por turbinas. El agua mueve las aspas de estas turbinas produciendo electricidad en los generadores. Puedes ver el plan y la operación de una planta hidroeléctrica en la figura 1–16.

Aunque se siguen construyendo más plantas, el número de lugares donde se pueden levantar es limitado. Por lo tanto, el poder hidroeléctrico como fuente de energía, también es limitado. Además, las plantas hidroeléctricas podrían dañar el ambiente. Por ejemplo, las pautas de migración de los peces pueden alterarse con estas presas en los ríos. Los embalses formados detrás de las presas pueden inundar terrenos usados para cultivos o con gran valor cultural. Por estas y otras razones, no se espera que el uso de la energía hidroeléctrica aumente de manera significativa en el futuro.

1–3 Repaso de la sección

1. Describe cómo se usa hoy la energía del viento y del agua.
2. ¿Por qué la energía del viento y del agua pueden considerarse formas indirectas de energía solar?
3. ¿Por qué los antiguos molinos de viento no eran fuentes de energía confiables?

Pensamiento crítico—*Hacer comparaciones*
4. Compara los beneficios y los problemas causados por el uso de los generadores de viento y las plantas hidroeléctricas.

1-4 Nuclear Energy

As you have read in Section 1-2, life on Earth would not be possible without the energy we receive from the sun. Where does the sun get its energy? The heat and light of the sun (and of all other stars) are produced as a result of reactions taking place deep within the nuclei (NOO-klee-igh; singular, nucleus: NOO-klee-uhs) of atoms. Atoms are the basic building blocks of matter. All objects in the universe are made of matter—and thus of atoms. The **nucleus** is the tiny center of an atom. It is made up of positively charged particles called protons and electrically neutral particles called neutrons. In 1905, Albert Einstein, one of the greatest scientists who ever lived, predicted that if the nucleus of an atom could be split, a new and powerful energy source would be available. This energy, called **nuclear energy,** is the energy locked within the atomic nucleus.

Nuclear Fission

In 1939, **nuclear fission** was discovered. In 1942, the first sustained nuclear fission reaction was carried out by scientists at the University of Chicago. **Nuclear fission is the splitting of an atomic nucleus into two smaller nuclei, during which nuclear energy is released.** Figure 1-18 on page 28 illustrates how a nuclear fission reaction can be made to happen. The diagram shows the most common type of fission reaction, which involves the splitting of a uranium-235 nucleus. (Uranium-235 is a form of the element uranium, containing 92 protons and 143 neutrons in its nucleus.)

To split a uranium-235 nucleus, scientists must shoot a nuclear "bullet" into the nucleus. The nuclear bullet in a fission reaction is a neutron. When a neutron strikes a uranium-235 nucleus, the nucleus is split into two smaller nuclei. During this process, two or more neutrons are released from the uranium-235 nucleus. Energy is released as well.

Each neutron released during a fission reaction is capable of causing another fission reaction by splitting another uranium-235 nucleus. The neutrons released by each of these reactions can then split

Guide for Reading

Focus on this question as you read.

▶ *How is energy released by means of nuclear fission and nuclear fusion?*

Figure 1-17 *An atom consists of a central core, or nucleus, made up of protons and neutrons. A cloud of whirling electrons surrounds the nucleus.*

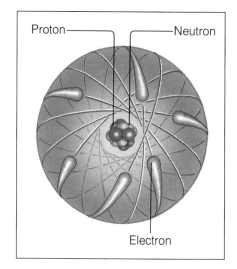

Proton — — Neutron

Electron

1-4 Energía nuclear

Como has leído en la sección 1–2, la vida en la Tierra no sería posible sin la energía que recibimos del sol. ¿De dónde saca la energía el sol? El calor y la luz del sol (y de todas las otras estrellas) se producen como resultado de las reacciones que tienen lugar en los núcleos de los átomos. Los átomos son los bloques básicos de la materia. Todos los objetos en el universo están hechos de materia, por lo tanto, de átomos. El **núcleo** es el pequeño centro de un átomo. Está compuesto de partículas cargadas positivamente llamadas protones y partículas eléctricamente neutrales llamadas neutrones. En 1905, Albert Einstein, uno de los más grandes científicos, predijo que si el núcleo de un átomo pudiera dividirse, una poderosa fuente de energía se podría aprovechar. Esta energía, **la energía nuclear**, es la energía atrapada en el núcleo atómico.

Fisión nuclear

La **fisión nuclear** fue descubierta en 1939. En 1942, el primer proceso de fisión nuclear fue ejecutado por científicos en la Universidad de Chicago. **La fisión nuclear es la separación de un núcleo atómico en dos núcleos más pequeños, durante la cual se libera energía nuclear.** La figura 1–18 de la página 28 ilustra cómo puede ser provocado un proceso de fisión nuclear. El diagrama muestra el tipo más común de fisión, que incluye la separación de un núcleo de uranio-235. (El uranio-235 es una forma del elemento uranio que contenie en su núcleo 92 protones y 143 neutrones.)

Para dividir un núcleo de uranio-235, debe lanzarse una "bala" nuclear dentro del núcleo. Esta bala en un proceso de fision es un neutrón. Cuando el neutrón golpea el núcleo de uranio-235, éste se separa en dos núcleos más pequeños. Durante este proceso, dos o más neutrones son liberados del núcleo, liberando energía tambien.

Cada neutrón liberado durante la fisión es capaz de causar otro proceso de fisión dividiendo otro núcleo de uranio-235. Los neutrones liberados por cada una de estas reacciones pueden dividir entonces varios núcleos más. En otras palabras, un neutrón, al chocar

Figura 1–17 *Un átomo consiste de una parte central, el núcleo, compuesto de protones y neutrones. Una nube de electrones en órbita rodea el núcleo.*

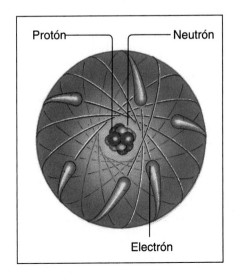

Protón — Neutrón

Electrón

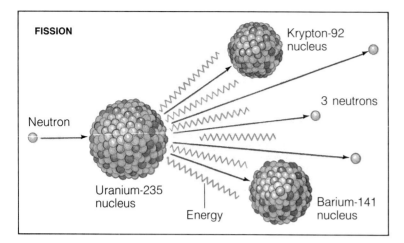

FISSION

Krypton-92 nucleus

Neutron

3 neutrons

Uranium-235 nucleus

Energy

Barium-141 nucleus

Figure 1–18 *In a fission reaction, a uranium-235 nucleus is split by a neutron "bullet." The additional neutrons produced by the fission reaction may cause a nuclear chain reaction. What are the products of a fission reaction?*

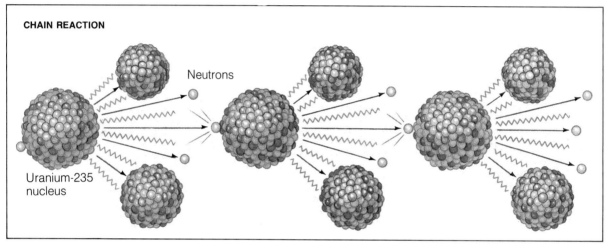

CHAIN REACTION

Neutrons

Uranium-235 nucleus

several more nuclei. In other words, one neutron striking one uranium-235 nucleus starts a chain of nuclear fission reactions. The process in which the splitting of one nucleus causes the splitting of additional nuclei is called a nuclear **chain reaction.**

If a nuclear chain reaction is uncontrolled, the nuclear energy that is released will create a huge explosion. That is just what happens in an atomic bomb in which the energy is released all at once. If the chain reaction is carefully controlled, however, the energy that is released can be a valuable energy resource. Controlled nuclear chain reactions take place in nuclear power plants.

Nuclear Power Plants

The energy released during nuclear fission is mostly in the form of heat energy. In a nuclear power plant, this heat energy is used to convert

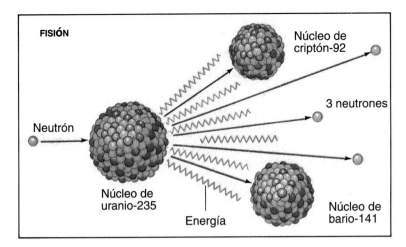

FISIÓN

Neutrón

Núcleo de
uranio-235

Energía

Núcleo de
criptón-92

3 neutrones

Núcleo de
bario-141

Figura 1–18 *En un proceso de fisión nuclear, un núcleo de uranio-235 se divide con una "bala" de neutrón. Los neutrones adicionales producidos pueden causar una reacción nuclear en cadena. ¿Cuáles son los productos de la fisión?*

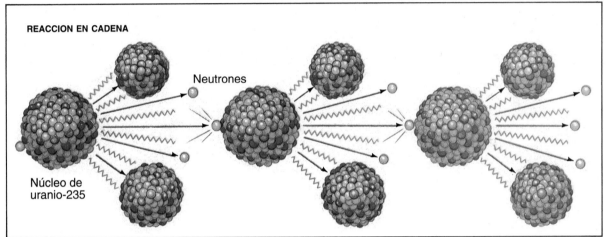

REACCION EN CADENA

Neutrones

Núcleo de
uranio-235

contra el núcleo de uranio-235, inicia una cadena de reacciones de fisión nuclear. Este proceso se llama **reacción en cadena**.

Si una reacción nuclear en cadena no se controla, la energía nuclear liberada creará una enorme explosión. Esto es lo que pasa en una bomba atómica en la que toda la energía se libera a un tiempo. Sin embargo, si se controla, puede ser una valiosa fuente de energía. Cadenas de reacciones nucleares controladas se realizan en las plantas nucleares.

Plantas nucleares

La mayor parte de la energía liberada durante la fisión nuclear es en forma de energía calórica. En una planta nuclear, se usa para transformar agua en vapor.

water into steam. The steam then passes through a turbine in an electric generator. The steam spins the blades of the turbine, which produces electricity. So nuclear power plants produce electricity from the energy locked within the nuclei of atoms.

Fission reactions in a nuclear power plant are produced and controlled in a nuclear reactor. The main parts of a nuclear reactor are the containment building and the reactor vessel, which contains the fuel rods and the control rods. Figure 1–19 shows a typical nuclear reactor. Refer to the diagram as you read the description that follows.

The reactor vessel is the central part of a nuclear reactor. It is within the reactor vessel that nuclear fission takes place. To begin a fission reaction, nuclear fuel rods are placed in the reactor vessel. The most common nuclear fuel is uranium-235. When neutrons strike the fuel rods containing pellets of uranium-235, nuclear fission begins. It is important to note that a single nuclear fuel rod does not contain enough uranium-235 to support a chain reaction. Only when many fuel rods are placed close together does a chain reaction occur.

In order for a fission reaction to produce useful energy, the overall speed of the reaction must be

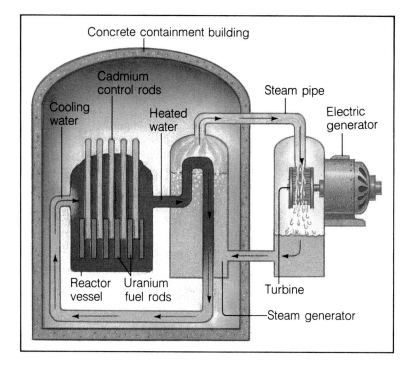

Concrete containment building

Cadmium control rods

Cooling water

Heated water

Steam pipe

Electric generator

Reactor vessel

Uranium fuel rods

Turbine

Steam generator

Figure 1–19 *The first nuclear reactor was built under the football stadium at the University of Chicago. This illustration shows the design of a typical modern nuclear reactor. How is the heat produced by a chain reaction converted into electricity?*

El vapor entonces pasa por una turbina en un generador eléctrico. El vapor hace girar la turbina, produciendo electricidad. Las plantas nucleares producen electricidad de la energía dentro del núcleo de los átomos.

Los procesos de fisión en una planta nuclear son producidos y controlados por un reactor nuclear. Sus partes principales son la cubierta de hormigón y el recipiente del reactor que contienen las varillas de combustible y las barras de mando. La figura 1–19 muestra un típico reactor nuclear. Consulta el diagrama mientras lees las descripciones siguientes.

El recipiente del reactor es la parte central del reactor nuclear. Es donde tiene lugar la fisión nuclear. Para iniciar el proceso de fisión, las varillas de combustible nuclear se colocan en el recipiente del reactor. El combustible nuclear más común es uranio-235. Cuando los neutrones chocan contra las varillas de combustible que contienen los perdigones de uranio-235, la fisión nuclear comienza. Es importante notar que una sola varilla de combustible nuclear no contiene suficiente uranio-235 para producir una reacción en cadena. La reacción ocurre sólo cuando muchas varillas de combustible se colocan juntas.

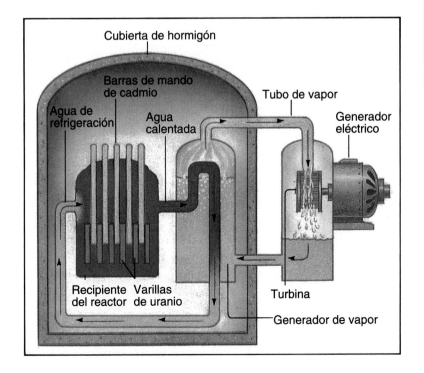

Figura 1–19 *El primer reactor nuclear fue construído bajo el estadio de fútbol en la Universidad de Chicago. Esta ilustración muestra el diseño de un típico reactor nuclear moderno. ¿Cómo se transforma en electricidad, el calor producido por una reacción en cadena?*

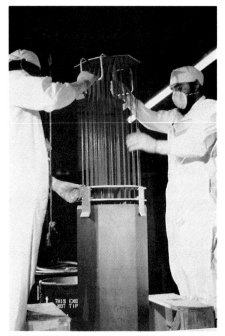

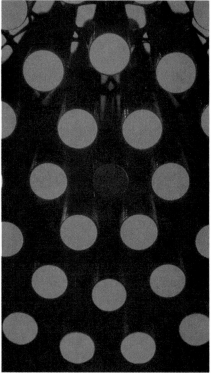

Figure 1–20 *Before being placed in a reactor, nuclear fuel rods are carefully inspected. When the fuel rods are placed at just the right distance from one another, a controlled chain reaction will occur. What is the most common fuel used in nuclear fuel rods?*

carefully controlled. To control the rate of the reaction, neutron-absorbing control rods are placed between the fuel rods. In many reactors, the control rods are made of the element cadmium. When the cadmium control rods are inserted into the reactor, they "soak up" neutrons and slow down the reaction. When the control rods are removed, the fission reaction is speeded up. Thus, the rate of the reaction is controlled by moving the cadmium control rods into or out of the reactor.

Even if a nuclear reactor should get out of control, a nuclear explosion similar to an atomic bomb is impossible. However, it is possible for the reactor to overheat. To prevent the reactor from overheating, water is circulated through the reactor vessel. The hot water from the reactor vessel then passes through a steam generator, where it produces steam to spin a turbine and generate electricity.

Problems With Nuclear Power

At one time, energy planners predicted that nuclear power would become the world's leading source of energy. Just 0.5 kilogram of uranium-235 can produce as much energy as 900 metric tons of coal! And nuclear power does not produce the kinds of pollution caused by burning fossil fuels. Yet predictions of widespread use of nuclear power have not come true. In the United States, only 14 percent of the total electricity generated is produced by nuclear power plants. What went wrong?

Safety is the most obvious concern of many people when they discuss nuclear power. The problem of safety can be divided into four major areas. First, there is the possibility of harmful radiation leaking into the environment. Second, there is the question of what to do with the dangerous radioactive wastes produced by nuclear power plants. Third, there is the possibility of a disastrous meltdown resulting from overheating due to a loss of cooling water in the reactor vessel. And fourth, there is the problem of security; that is, of preventing nuclear fuel from falling into the hands of terrorists.

Aside from the potential safety problems associated with nuclear power plants, the main reason nuclear power has not become a more important energy resource is an economic one. Nuclear power

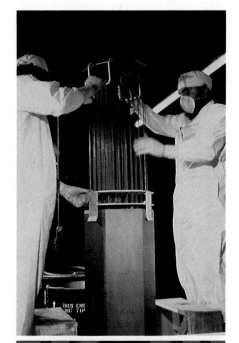

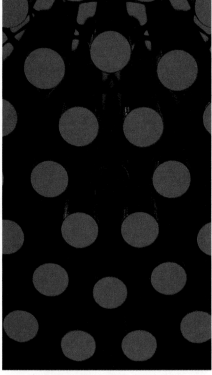

Figura 1–20 *Las varillas de combustible se inspeccionan cuidadosamente antes de ser colocadas en un reactor. Cuando se colocan a la distancia adecuada una de otra, ocurrirá una reacción en cadena controlada. ¿Cuál es el combustible más común usado en las varillas de combustible nuclear?*

Para que la fisión produzca energía útil, la velocidad del proceso debe ser cuidadosamente controlada. Para controlar la reacción, las barras de mando que absorben neutrones se colocan entre las varillas de combustible. En muchos reactores, las barras de mando están hechas de cadmio. Cuando las barras de mando se insertan en el reactor, "absorben" neutrones y aminoran la fisión. Cuando se sacan las barras de mando, la fisión se acelera. La velocidad de la fisión se controla moviendo las barras de mando dentro y fuera del reactor.

Aún si un reactor nuclear se descontrolara, una explosión nuclear similar a una bomba atómica es imposible. Sin embargo, es posible que un reactor se sobrecaliente. Para prevenir que esto ocurra, se circula agua por todo el recipiente del reactor. El agua caliente del recipiente del reactor entonces pasa por el generador a vapor donde produce vapor para impulsar una turbina y generar electricidad.

Problemas con el poder nuclear

Una vez se predijo que el poder nuclear podría ser la fuente de energía dominante del mundo. Apenas 0.5 kilogramos de uranio-235 puede producir ¡tanta energía como 900 toneladas métricas de carbón! Y el poder nuclear no produce la contaminación que causan los combustibles fósiles. Pero las predicciones no han resultado. En Estados Unidos, sólo el 14 por ciento del total de electricidad generada se produce en plantas nucleares. ¿Qué ocurrió?

La preocupación principal de mucha gente obviamente es la seguridad. Este problema puede dividirse en cuatro aspectos. Primero, existe la peligrosa posibilidad de un derrame de radiación en el ambiente. Segundo, la cuestión de qué hacer con los peligrosos desechos radioactivos producidos por las plantas nucleares. Tercero, la posibilidad de un desastroso derretimiento debido al sobrecalentamiento por pérdida de agua refrigerada en el recipiente del reactor. Y cuarto, el problema de la seguridad pública, o sea, evitar que el combustible nuclear llegue a manos de terroristas.

Además de los posibles problemas de seguridad, la razón principal es económica. La construcción de las

plants are expensive to build. And the electricity produced by nuclear power plants costs more than electricity produced by other energy sources, such as coal.

The problems associated with the use of nuclear power will be discussed more fully in Chapter 3. Scientists are now trying to solve these problems. Will they be able to make nuclear power safer and more cost effective? If they succeed, nuclear power may become a greater source of energy in the future.

Nuclear Fusion

Just as splitting an atomic nucleus releases energy, so does combining two atomic nuclei. **Nuclear fusion is the combining of two atomic nuclei to produce one larger nucleus, with the release of nuclear energy.** In fact, **nuclear fusion** produces far more energy per atom than nuclear fission. Nuclear fusion is the reaction that produces the energy given off by stars such as our sun.

Like other stars, the sun is composed mainly of hydrogen. Within the sun, enormous heat and pressure cause the nuclei of hydrogen atoms to combine, or fuse, into helium nuclei. During this fusion process, some of the mass of the hydrogen is converted into energy. This is the same process that results in the uncontrolled release of nuclear energy in a hydrogen bomb.

To be able to generate useful energy from nuclear fusion, scientists must be able to produce

Figure 1–21 *Three Mile Island nuclear power plant in Pennsylvania was the site of a serious accident in 1979. Radiation escaped into the atmosphere when the reactor's cooling system failed and the reactor overheated.*

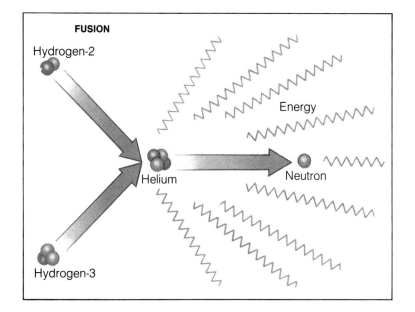

Figure 1–22 *Tremendous amounts of energy are released when two hydrogen nuclei collide to form a helium nucleus. What is this type of nuclear reaction called?*

plantas nucleares es cara. Y la electricidad producida por ellas cuesta más que la producida por otros recursos energéticos, como el carbón.

Los problemas asociados con el uso del poder nuclear serán considerados en el capítulo 3. Los científicos ahora tratan de resolver estos problemas. ¿Podrán hacer del poder nuclear algo más seguro económico y efectivo? Si lo logran, el poder nuclear puede ser el recurso energético más importante del futuro.

Fusión nuclear

Así como la separación de un núcleo atómico libera energía, lo mismo ocurre al combinarse dos núcleos atómicos. **La fusión nuclear es la combinación de dos núcleos atómicos para producir un núcleo más grande, acompañada por la liberación de energía nuclear.** De hecho **la fusión nuclear** produce más energía por átomo que la fisión nuclear. La fusion nuclear es la re-acción que produce la energía que dan estrellas como nuestro sol.

Como otras estrellas, el sol está en gran parte compuesto de hidrógeno. Dentro del sol, la gran cantidad de calor y presión hace que los núcleos de hidrógeno se fusionen en núcleos de helio. Durante este proceso, parte de la masa de hidrógeno se transforma en energía. Este es el mismo proceso que resulta en la incontrolada liberación de energía nuclear en la bomba de hidrógeno.

Figura 1–21 *La planta nuclear en Three Mile Island, en Pennsylvania, fue escenario de un serio accidente en l979. Se escapó radiación a la atmósfera cuando el sistema de refrigeración del reactor falló, provocando su recalentamiento.*

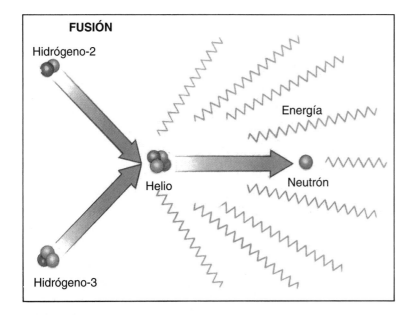

FUSIÓN

Hidrógeno-2

Energía

Helio

Neutrón

Hidrógeno-3

Figura 1–22 *Enormes cantidades de energía se liberan cuando dos núcleos de hidrógeno chocan para formar un núcleo de helio. ¿Cómo se llama este tipo de reacción nuclear?*

controlled fusion reactions. If controlled nuclear fusion were practical, it would solve all our energy needs. Because a nuclear fusion reactor would use hydrogen from water, an inexpensive and unlimited supply of fuel would be available. In addition, nuclear fusion would be safer and less polluting than nuclear fission. Unfortunately, scientists have not yet been able to solve the problems involved in producing and sustaining the extremely high temperatures and pressures needed for fusion. Research is continuing, but it will probably be many years before nuclear fusion becomes a practical source of energy.

1–4 Section Review

1. How is energy released in a nuclear fission reaction? In a nuclear fusion reaction?
2. What is the "bullet" used to start a nuclear fission reaction? Why is the fission reaction that takes place in a nuclear reactor called a chain reaction?
3. What fuel is used in a nuclear fission reaction? In a nuclear fusion reaction?
4. What are the main parts of a nuclear fission reactor? How is the rate of the fission reaction in a nuclear reactor controlled?

Critical Thinking—*Relating Concepts*
5. Why would safe, economical nuclear power provide a good alternative to the use of fossil fuels?

Figure 1–23 *Scientists at Princeton University are trying to produce a controlled nuclear fusion reaction in this test reactor. If nuclear fusion could be controlled, why would it provide a source of energy that could meet all our future needs?*

Guide for Reading

Focus on this question as you read.

▶ *What are some alternative energy sources?*

1–5 Alternative Energy Sources

Most of our energy—90 percent—comes from fossil fuels. The remaining 10 percent comes from other energy sources—nuclear, solar, wind, and hydroelectric. Today, there are enough energy sources to meet the world's appetite for energy. For the future, however, alternative energy sources will be needed. Why are these alternative energy sources

Figura 1–23 *Científicos en la Universidad de Princeton tratan de producir una fusión nuclear controlada en este reactor de prueba. Si la fusión pudiera ser controlada, ¿por qué sería un recurso energético que proveería todas nuestras necesidades futuras?*

Para poder generar energía de la fusión nuclear, los científicos deben producir fusiones controladas. Si la fusión controlada fuera práctica, resolvería todas nuestras necesidades de energía. Como un reactor de fusión nuclear usaría hidrógeno de agua, tendríamos un suministro de combustible ilimitado y barato. Y podría ser más segura y menos contaminante que la fisión nuclear. Pero aún no se han resuelto los problemas de producción y mantenimiento de las temperaturas y presiones extremadamente altas que son necesarias para la fusión. La investigación continúa, pero faltan muchos años para que la fusión sea un recurso práctico.

1–4 Repaso de la sección

1. ¿Cómo se libera la energía en una reacción de fisión nuclear? ¿Y en una reacción de fusión nuclear?
2. ¿Qué es la "bala" usada para empezar una fisión nuclear? ¿Por qué la fisión que se realiza en un reactor nuclear se llama reacción en cadena?
3. ¿Cuál es el combustible usado en una fisión nuclear? ¿Y cuál el de una fusión nuclear?
4. ¿Cuáles son las partes principales de un reactor de fisión nuclear? ¿Cómo se controla la fisión nuclear?

Pensamiento crítico—*Aplicación de conceptos*
5. ¿Por qué un poder nuclear seguro y económico sería una buena alternativa para el uso de combustibles fósiles?

Guía para la lectura

Piensa en esta pregunta mientras lees.

▶ *¿Cuáles son algunas fuentes alternativas de energía?*

1–5 Fuentes alternativas de energía

La mayoría de nuestra energía, el 90 por ciento, viene de los combustibles fósiles. El resto viene de otras fuentes: nucleares, solares, viento e hidroeléctricas. Hoy hay suficientes recursos para satisfacer la necesidad de

needed? The answer is twofold. One reason people must look for new, clean sources of energy is pollution. Pollution problems are associated with many energy resources, not just fossil fuels. You will read about some of these pollution problems in Chapter 3.

The other reason people must develop new energy resources is to meet the future energy needs of a growing population. The global population is now more than 5 billion people, and it is expected to reach 6 billion by the year 2000. The present available energy resources cannot be used up today without preparing for tomorrow. Today's generation must use energy wisely to ensure its availability for future generations. **Throughout the world, scientists are working to develop alternative energy sources, such as geothermal energy, tidal energy, biomass, and hydrogen power.**

Geothermal Energy

You may not have realized it, but there is a lot of energy right beneath your feet! **Geothermal energy** is energy produced from the heat energy within the Earth itself. (The word geothermal is made up of the prefix *geo-* meaning Earth and the suffix *-thermal* meaning heat.) The interior of the Earth is extremely hot. Molten (melted) rock deep within the Earth has an average temperature of 1800°C. In some places, the molten rock comes close to the Earth's surface. These places are called hot spots. When water near the Earth's surface comes into contact with these hot spots, the water is heated and bursts forth from the Earth in fountains of steam and boiling water known as geysers. Old Faithful, in Yellowstone National Park, is an example of such a geyser.

In some parts of the world, steam from geysers is used to generate electricity. Steam from geysers can also be used to heat homes, greenhouses, and other buildings directly. In some places, steam is obtained from geothermal wells drilled into reservoirs of hot water.

Hot spots can be used to obtain geothermal energy in another way. Wells can be drilled into hot, dry rock. When water is pumped into these dry wells, the heat in the hot rock turns the water into steam. The steam is then pumped to the surface and

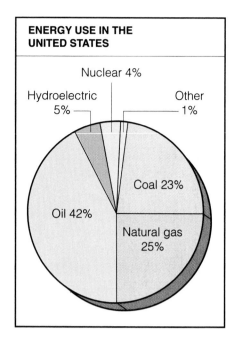

Figure 1–24 *This chart shows the sources of energy used in the United States. How much energy is presently obtained from fossil fuels?*

Dinosaur Power

A dinosaur called *Stegosaurus* roamed the Earth about 150 million years ago. Some scientists believe *Stegosaurus* used solar energy in an unusual way. Find a picture of *Stegosaurus* in a library. Based on the picture, write a hypothesis describing how you think *Stegosaurus* might have used part of its body to absorb solar energy.

energía del mundo. En el futuro, sin embargo, fuentes alternativas de energía serán necesarias. ¿Por qué son necesarias estas alternativas? Una razón por la cual la gente debe buscar recursos nuevos y limpios es la contaminación. Los problemas de contaminación se asocian con muchas fuentes de energía, no sólo los combustibles fósiles. Leerás más sobre esto en el capítulo 3.

La otra razón es para satisfacer las necesidades futuras de energía de una población creciente. La población global es ahora de más de 5 mil millones de personas y se espera que llegue a 6 mil millones en el año 2000. Los actuales recursos de energia disponbles no pueden ser usados hoy sin pensar en el mañana. Esta generación debe usar la energía sabiamente para asegurar su disponibilidad a las generaciones futuras. **En todo el mundo, los científicos están tratando de desarrollar fuentes alternativas de energía como la geotérmica, la de las mareas, la de biomasa y el poder del hidrógeno.**

Energía geotérmica

No te habrás dado cuenta, ¡pero hay mucha energía bajo tus pies! La **energía geotérmica** es producida por la energía calórica en el interior de la Tierra (*geo* = tierra, *térmica* = calor). El interior de la Tierra es muy caliente. Rocas fundidas en la profundidad de la Tierra tienen una temperatura promedio de 1800°C. En algunos lugares, están cerca de la superficie. Estos lugares se llaman puntos calientes. Cuando el agua cerca de la superficie de la Tierra se pone en contacto con estos puntos calientes, se calienta y sale de la Tierra en forma de fuentes de vapor y agua hirviente llamados géisers. Un ejemplo es Old Faithful, en el Parque Nacional de Yellowstone.

En algunos lugares del mundo, el vapor del géiser se usa para generar electricidad. Este vapor también puede usarse para calentar casas, invernaderos, y otros edificios directamente. En otros lugares, se obtiene de pozos geotérmicos perforados en embalses de agua caliente.

Los puntos calientes pueden usarse para obtener energía geotérmica de otra manera. Se perforan pozos en rocas calientes. Cuando se les vierte agua, el calor de las rocas la convierte en vapor. Este vapor se lleva a la superficie y se usa para generar

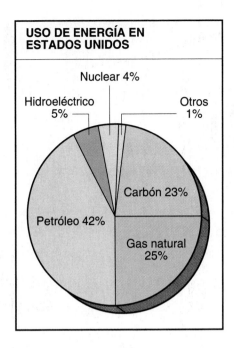

USO DE ENERGÍA EN ESTADOS UNIDOS

Figura 1–24 *Esta gráfica muestra los recursos energéticos usados en Estados Unidos. ¿Cuánta energía se obtiene de los combustibles fósiles actualmente?*

ACTIVIDAD
PARA ESCRIBIR

Energía de Dinosaurio

Un dinosaurio llamado *Estegosaurio* habitaba la Tierra hace 150 millones de años. Algunos científicos creen que usaba la energía solar de una manera poco usual. Busca un dibujo de un *Estegosaurio* en la biblioteca. Usa el dibujo y formula una hipótesis que describa cómo crees que el *Estegosaurio* habrá usado parte de su cuerpo para absorber energía solar.

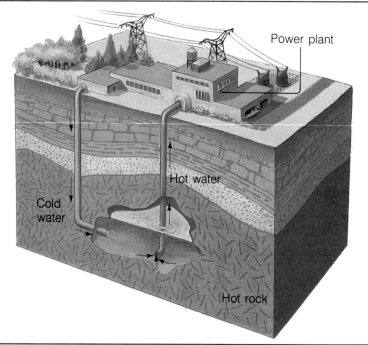

Power plant

Hot water

Cold water

Hot rock

Figure 1–25 *Old Faithful geyser erupts, carrying geothermal energy from deep within the Earth. In a geothermal power plant, cold water is pumped into the Earth, where it is heated, returned to the power plant, and used to generate electricity.*

used to generate electricity or, if the geothermal wells are near a city, to heat homes and other buildings directly.

Geothermal energy is currently being used in Iceland, New Zealand, and parts of the United States, including California and Hawaii. Because the number of hot spots on the Earth is limited, however, geothermal energy is unlikely to keep pace with the world's growing energy needs.

Tidal Energy

Twice a day, the waters of the oceans rise and fall. These high tides and low tides are caused by the gravitational interactions of the sun, the moon, and the Earth. In areas where the difference between high tides and low tides is great, the movement of water can be used as a source of **tidal energy.**

In a tidal power plant, a low dam is built across the entrance to a shallow bay. As the rising and falling tides cause water to flow into and out of the bay, the dam holds back the flow of tidal water. The water then flows past turbines to generate electricity. (This is similar to the way in which electricity is generated in hydroelectric power plants.) Tidal power plants are now in use in France, Canada, and other countries. The use of tidal power as an energy

ACTIVITY

CALCULATING

Time and Tide . . .

At Cape May, New Jersey, along the shore of the Atlantic Ocean, there are two high tides every 24 hours and 50 minutes. If the first high tide occurs at 6:00 AM on Tuesday, at what time will it occur on Wednesday? On Thursday?

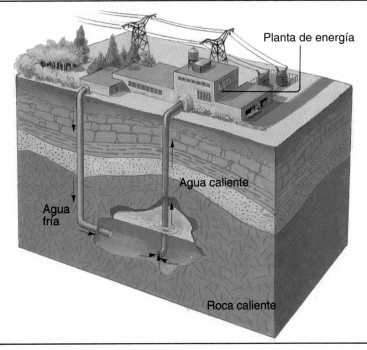

Figura 1–25 *El géiser Old Faithful hace erupción, extrayendo energía geotérmica desde las profundidades de la Tierra. En una planta geotérmica, se bombea agua fría en la Tierra, donde se calienta, se devuelve a la planta y se usa para generar electricidad.*

electricidad o, si el pozo geotérmico está cerca de una ciudad, para calentar casas u otros edificios directamente.

La energía geotérmica se usa en Islandia, Nueva Zelandia y partes de Estados Unidos como California y Hawai. Como el número de puntos calientes es limitado, no se puede contar con la energía geotérmica para suplir las necesidades de un mundo creciente.

Energía de las mareas

Dos veces al día, las aguas del océano suben y bajan. Estas mareas altas y bajas, son causadas por la interacción gravitacional entre el sol, la luna, y la Tierra. Cuando la diferencia entre mareas altas y bajas es grande, este movimiento se puede usar como fuente de **energía de las mareas**.

En una planta de energía de las mareas, se construye una presa a lo largo de la entrada de una bahía poco profunda. Las mareas causan la entrada y salida de agua en la bahía, y la que queda en la presa, fluye a través de turbinas que generan electricidad. (Así se genera la electricidad en una planta hidroeléctrica.) Las plantas de energía de mareas se usan en Francia, el Canadá y otros países. El uso de la energía de las

ACTIVIDAD

PARA CALCULAR

Tiempo y marea . . .

En Cape May, New Jersey, en la costa del océano Atlántico, hay dos mareas altas cada 24 horas y 50 minutos. Si la primera marea alta ocurre a las 6:00 a.m. del martes, ¿a qué hora ocurrirá el miércoles? ¿Y el jueves?

resource is quite limited, however, since there are relatively few areas in the world where tidal power plants can be built.

Biomass

Any materials that can be burned are said to be combustible. Combustible materials can be used in a variety of ways to produce energy. They can be burned to produce steam, which can then be passed through a turbine to generate electricity. Combustible materials can also be burned to provide heat for homes and factories. The oldest and still most widely used combustible material is wood. Wood is an example of a group of materials known as **biomass.** The term biomass refers to any materials that come from living things. (Remember that wood was once part of a living tree.) Biomass can be burned directly as a fuel or converted into other types of fuels.

DIRECT BURNING Biomass has been burned for cooking and heating purposes for thousands of years. In addition to wood, other forms of biomass are plants and animal wastes. Plants used as biomass fuels include corn husks, sugar cane, sunflowers, and seaweed. In many parts of the world, animal wastes are dried in the sun and used as heating fuel.

Some cities in the United States have recently built power plants that produce steam by burning garbage and other trash. The steam produced in these plants is used directly as a source of heat and hot water or indirectly to generate electricity.

ALCOHOL PRODUCTION Another use of biomass is to produce an alternative fuel to gasoline. Almost all cars in the United States are powered by gasoline. During the gasoline shortages of the 1970s, scientists began looking for alternatives to gasoline. One alternative that was developed is **gasohol.** Gasohol is a mixture of gasoline and alcohol. Ethanol, or ethyl alcohol, is the alcohol that is commonly used in gasohol.

Ethanol is produced by the action of yeast cells on various grains such as corn, wheat, and barley. The yeast cells convert the sugar in the grain into ethanol and carbon dioxide in a process called fermentation (fer-muhn-TAY-shuhn). The use of gasohol was begun in Brazil, which now has large-scale

Figure 1–26 *Sunflowers are combustible materials that can be burned to provide energy. A power plant in California uses discarded automobile tires to generate electricity.*

Figure 1–27 *Gasohol is a fuel that is a mixture of gasoline and alcohol. Where does the alcohol used in gasohol come from?*

mareas como recurso energético es limitado, debido a las pocas áreas en el mundo donde se puedan instalar las plantas.

Biomasas

Todo material que se pueda quemar se llama combustible. Estos materiales pueden usarse de diferentes maneras para producir energía. Para producir vapor, y que pueda ser pasado por una turbina para generar electricidad, y también para proveer calor a casas y fábricas. El material más antiguo usado es la madera, un ejemplo del grupo llamado **biomasa**. La biomasa se refiere a los materiales que vienen de seres vivos. (Recuerda que la madera fue una vez parte de un árbol.) Las biomasas se pueden quemar directamente como combustible o transformar en otros tipos de combustibles.

QUEMA DIRECTA La biomasa se ha usado para cocinar y calentar durante miles de años. Además de la madera, hay otras como desechos de plantas y animales. Las plantas que se usan son maíz, caña de azúcar, girasol, y algas. En muchos lugares, deshechos de animales se secan al sol y se usan como combustible para la calefacción.

Algunas ciudades en Estados Unidos han construído plantas que producen vapor quemando basura. Este vapor se usa de manera directa o indirecta como fuente de calor y agua caliente para generar electricidad.

PRODUCCIÓN DE ALCOHOL Otro uso de la biomasa es la producción de un combustible alternativo a la gasolina. Casi todos los automóviles en Estados Unidos usan gasolina, pero durante la escasez de la década de 1970, los científicos empezaron a buscar alternativas. Una que fue desarrollada es el **gasohol**, una mezcla de gasolina y alcohol. El alcohol que se usa comúnmente para este combustible es el etanol o alcohol etílico.

El etanol se produce por la acción de células de levadura en granos como maíz, trigo y cebada. La levadura transforma el azúcar del grano en etanol y dióxido de carbono en un proceso llamado fermentación. El uso de gasohol comenzó en Brasil, que ahora tiene grandes plantas de fermentación que

Figura 1–26 *Los girasoles son materiales combustibles que pueden quemarse para proveer energía. Una planta en California usa los restos de llantas de auto para generar electricidad.*

Figura 1–27 *El gasohol es un combustible, mezcla de gasolina y alcohol. ¿De dónde viene el alcohol que se usa en el gasohol?*

Figure 1–28 *Hydrogen gas may someday provide a clean source of energy for automobiles, buses, and other motor vehicles.*

fermentation plants that use sugar cane. Gasohol is widely used in cars in Brazil. Scientists are now experimenting with cars that run entirely on ethanol.

Hydrogen Power

Hydrogen has often been called the "fuel of the future." With the exception of sunlight, hydrogen is the only truly unlimited energy source on Earth. Oceans, rivers, and lakes all contain hydrogen as part of water. Hydrogen gas can be burned in place of fossil fuels such as natural gas. Experimental cars and buses that run on hydrogen gas have been built. And unlike gasoline, the only exhaust from burning hydrogen gas is water!

The problem with using the hydrogen in water is that it is bound to oxygen atoms. A water molecule (H_2O) contains 2 hydrogen atoms bonded to 1 oxygen atom. To obtain hydrogen gas for combustion (burning), a water molecule must be broken down. This is usually done by passing an electric current through water. The process of using electricity to break down water into hydrogen and oxygen is called electrolysis. Electrolysis, however, uses more energy in the form of electricity to produce hydrogen gas than can be obtained by burning hydrogen gas. So at this time, hydrogen power does not appear to be a major alternative energy source.

1–5 Section Review

1. What are four possible alternative energy sources?
2. What is gasohol? How is it produced?
3. What is biomass? Describe two ways of using biomass to produce energy.
4. What is tidal energy? How are tidal power plants similar to hydroelectric power plants?

Connection—*Chemistry*

5. When water is broken down into hydrogen gas and oxygen gas during the process of electrolysis, twice as much hydrogen gas as oxygen gas is produced. Explain this fact using the formula for a water molecule given in this section.

Figura 1–28 *El gas de hidrógeno puede proveer algún día un recurso energético limpio para autos, omnibuses y otros vehículos a motor.*

usan caña de azúcar. En Brasil se usa extensamente el gasohol. Los científicos experimentan ahora con carros que funcionan con etanol.

Poder del hidrógeno

A menudo se ha llamado al hidrógeno "el combustible del futuro." Con excepción de la luz solar, es el único recurso energético ilimitado. Océanos, ríos y lagos contienen hidrógeno como parte del agua. Puede quemarse en lugar de combustibles fósiles como gas natural. Se han construído autos de prueba que funcionan con gas de hidrógeno. ¡Y el único escape que produce el gas de hidrógeno es agua!

El problema del uso de hidrógeno en el agua es que está ligado a átomos de oxígeno. La molécula de agua (H_2O) contiene 2 átomos de hidrógeno ligados a 1 átomo de oxígeno. Para obtener gas de hidrógeno por combustión, la molécula de agua debe ser degradada. Esto se hace comunmente pasando una corriente eléctrica por el agua. Este proceso se llama electrólisis. La electrólisis sin embargo, usa más energía en forma de electricidad para producir gas de hidrógeno que lo que obtiene quemando gas de hidrógeno. Por el momento no parece ser un fuente alternativa de energía.

ACTIVIDAD

PARA ESCRIBIR

Otros recursos de energía

Escribe una composición sobre uno de los siguientes recursos de energía:
Reactor reproductor rápido de metal líquido
Generador magnetohidrodinámico
Transformación de la energía oceánica térmica
Células de combustible
Combustibles sintéticos
Gas metano

1–5 Repaso de la sección

1. ¿Cuáles son las cuatro fuentes alternativas de energía?
2. ¿Qué es el gasohol? ¿Cómo se produce?
3. ¿Qué es la biomasa? Describe dos formas de usar la biomasa para producir energía.
4. ¿Qué es la energía de las mareas? ¿En qué se parecen las plantas de energía de las mareas a las plantas hidroeléctricas?

Conexión—*Química*
5. Cuando se degrada el agua en gases de hidrógeno y oxígeno durante la electrólisis, se produce el doble de gas hidrógeno que de oxígeno. Explica esto usando la fórmula del agua de esta sección.

Cold Fusion or ConFusion?

Fusion—the energy that powers the stars—could supply an unlimited source of inexpensive, clean energy. But fusion requires tremendously high temperatures and pressures. *Physicists* have been experimenting with different ways to produce a controlled fusion reaction for nearly 20 years. So far, however, they have not been able to sustain a reaction that produces more energy than is needed to start the reaction.

In 1989, two *chemists* startled the scientific world with a surprising announcement. They claimed to have produced fusion reactions in a simple table-top experiment at room temperature! "Fusion in a bottle"—or cold fusion, as it came to be called—could solve all the world's future energy needs.

Researchers worldwide immediately tried to repeat the original experiment. A National Cold Fusion Research Institute was set up. Hundreds of research papers were published in scientific journals. Although some interesting observations were reported, the results were generally disappointing. More than two years after the first announcement, the existence of cold fusion still had not been confirmed. What was going on?

Some researchers think that the normal procedures of science were ignored because the potential benefits of cold fusion are so great. After all, the first description of cold fusion was given at a press conference, not in a scientific journal. In addition, the two chemists did not share the details of their experimental procedure with researchers trying to duplicate their results.

SCIENCE NEWS TODAY

Fusion Claim Stuns Scie...

The stakes couldn't be much higher. On March 23, two highly respected chemists parachuted onto the center stage of phys- ... in a public announcement of a ... harnessing

fusion unleashes energy when the nuclei of lighter elements fuse into heavier ones. To achieve these unions, the enormous repulsive forces between positively charged nuclei must be overcome or ... vented. To date, most fusion re- ... ory the celestial

❄ SCIENCE NEWS WEEKLY

New Find Heats Up the Cold Fus...

An unpublished finding that cold fu- sion experiments apparently created he- lium has rekindled debate about the still

thus far confounded researchers' efforts to show that cold fusion experiments ...

Cold ConFusio...

Despite the doubts of their colleagues, a few scientists ... contested reaction.

they made is ...iment," con- ... a materials ...sion at Los ...st chemically ...I have had to

...ire finesse in ...physics. Re- ...ys or weeks to ...radically and ...riod of time, ...ment changes ...same results," ...cil of the Colo- ...olden.

...dramatic impli- ...and for society ...ns of results. A ...tion of the phe- ...y upset conven- ...t the same time ...uctive prospec- ...s quantities c ...ntion riches an ...ess the proces ...researchers hav ...aluating exper

...s in the Unit ...pain, the Sov ...na ...d forwa ...hroug ...th

Still, none of the experiments performed so far have disproved cold fusion. And many researchers are optimistic that they will eventually be able to produce a cold fusion reaction. Research is continuing in the hope that energy from cold fusion may one day be widely available.

¿ConFusión o Fusión fría?

NOTICIAS DE CIENCIA
La Fusión Asombra a

SEMANARIO DE CIENCIAS
Descubrimientos Remecen la

La fusión, la energía del poder de las estrellas, podría ser un recurso energético ilimitado, barato y limpio. Pero requiere temperaturas y presiones enormemente altas. *Los físicos* han estado investigando distintas formas por casi 20 años. Sin embargo, no se ha podido sostener una reacción que produzca más energía que la que se necesita para comenzar.

En 1989, dos *químicos* asombraron al mundo científico. ¡Habían producido reacciones de fusión en un simple experimento a temperatura ambiente! La "fusión en botella" podría satisfacer todas las necesidades energéticas futuras del mundo.

Inmediatamente, los científicos del mundo trataron de duplicar el experimento. Se instaló un Instituto Nacional de Investigación de Fusión Fría. Se escribieron cientos de artículos para publicarse en las revistas científicas. Pese a algunas observaciones interesantes, los resultados han sido frustrantes. Más de dos años después del primer anuncio, la existencia de la fusión fría no había sido confirmada. ¿Qué sucedía?

Algunos investigadores piensan que se ignoraron los procedimientos normales de la ciencia porque los beneficios de la fusión fría son tan grandes. Después de todo, la primera descripción de fusión fría se hizo en una conferencia de prensa, no en una revista científica. Además, los dos químicos no compartieron los detalles de la prueba con los investigadores que trataron de duplicar sus resultados.

Sin embargo, ninguno de los experimentos ejecutados hasta ahora han refutado la fusión fría. Y muchos investigadores piensan con optimismo que a la larga podrán producir una reacción de fusión fría. Hay esperanzas de que un día la energía de la fusión fría pueda ser ampliamente disponible.

Laboratory Investigation

Solar Heating

Problem

How does the color of an object affect the amount of solar energy it absorbs?

Materials *(per group)*

black and white construction paper
tape
scissors
2 metal or plastic containers with plastic
   lids
2 Celsius thermometers
clock or watch

Procedure ⚗

1. Tape two layers of black paper around one container. Tape two layers of white paper around the other container.

2. Using the scissors, carefully punch a small hole through the center of each lid. Each hole should be large enough to hold a thermometer. **CAUTION:** *Be careful when using scissors.*

3. Fill each container with water at room temperature and cover with a plastic lid.

4. Carefully insert a thermometer through the hole in each lid. Make sure the bulb of the thermometer is below the surface of the water in the container.

5. Place the containers on a sunny window-sill. Be sure each is in direct sunlight.

6. Record the temperature of the water in each container every 3 minutes for 36 minutes. Record your data in a data table.

Observations

1. During which time interval did the temperature in the black container begin to rise? During which time interval did the temperature in the white container begin to rise?

2. What was the final temperature of the water in the black container? In the white container?

3. Make a graph of your data, plotting temperature on the vertical axis and time on the horizontal axis.

Analysis and Conclusions

1. How effectively did the sun's energy heat the water in the containers?

2. Did the color of the containers affect the amount of solar energy they absorbed? Explain your answer.

3. What hidden variable might have affected your results?

4. Based on the results of this experiment, what color clothing would you be likely to wear in the winter? In the summer?

5. **On Your Own** Design an experiment to test the effects of different colors, such as red, orange, and yellow, on the absorption of solar energy.

Investigación de laboratorio

Calefacción solar

Problema

¿Cómo afecta el color de un objeto la cantidad de energía que absorbe?

Materiales (para cada grupo)

cartulina blanca y negra
cinta
tijeras
2 envases de plástico o metal con tapa plástica
2 termómetros Celsius
reloj

Procedimiento 🧪

1. Pega dos capas de cartulina negra alrededor de un envase y dos capas de cartulina blanca alrededor del otro envase.
2. Con las tijeras, haz cuidadosamente un agujero en el centro de cada tapa. Cada agujero debe poder sostener un termómetro. **CUIDADO:** *al usar las tijeras.*
3. Llena cada envase con agua templada y cúbrelos con una tapa plástica.

4. Inserta cuidadosamente un termómetro en el agujero de cada tapa. Asegúrate de que la cubeta del termómetro esté bajo la superficie del agua en el envase.
5. Coloca los envases en una ventana soleada. Asegúrate de que reciban la luz directa del sol.
6. Anota la temperatura del agua en cada envase cada 3 minutos durante 36 minutos. Anota tus datos en una tabla de datos.

Observaciones

1. ¿Durante qué intervalo de tiempo empezó a subir la temperatura en el envase negro? ¿Y en el envase blanco?
2. ¿Cuál fue la temperatura final del agua en el envase negro? ¿Y en el envase blanco?
3. Haz una gráfica de tus datos, anotando las temperaturas en el eje vertical y el tiempo en el eje horizontal.

Análisis y conclusiones

1. ¿Calentó la energía solar eficientemente el agua en los envases?
2. ¿El color de los envases afectó la cantidad de energía solar que absorbieron? Explica tu respuesta.
3. ¿Qué variable escondida podría haber afectado tus resultados?
4. Basándote en los resultados de este experimento ¿Qué color de ropa preferirías usar en invierno? ¿Y en verano?
5. **Por tu cuenta** Diseña un experimento para probar los efectos de diferentes colores, como rojo, naranja y amarillo, en la absorción de la energía solar.

Study Guide

Summarizing Key Concepts

1–1 What Are Fossil Fuels?

▲ The three main fossil fuels are coal, oil, and natural gas.

▲ Fossil fuels were formed millions of years ago from the remains of dead plants and animals.

▲ Fossil fuels are used to produce energy for industry, transportation, and home use.

1–2 Energy From the Sun

▲ Life on Earth would not be possible without energy from the sun, or solar energy.

▲ Solar energy is used to heat buildings and to produce electricity.

▲ Solar-heating systems may be either active or passive.

▲ Solar energy is converted directly into electricity by photovoltaic cells.

1–3 Wind and Water

▲ Energy from wind and water can be used to generate electricity.

▲ The use of the energy in moving water to generate electricity is hydroelectric power.

1–4 Nuclear Energy

▲ Nuclear energy is the energy trapped within the nuclei of atoms.

▲ In nuclear fission, energy is released by splitting an atomic nucleus into two smaller nuclei.

▲ In nuclear fusion, energy is released by combining two atomic nuclei into one larger nucleus.

1–5 Alternative Energy Sources

▲ Geothermal energy is produced from heat energy within the Earth.

▲ Tidal energy is produced by the movement of the tides.

▲ Biomass materials, which come from living things, can be used to produce energy.

▲ Hydrogen gas can be burned in place of fossil fuels to produce energy.

Reviewing Key Terms

Define each term in a complete sentence.

1–1 What Are Fossil Fuels?
fossil fuel
hydrocarbon
combustion
peat
lignite
bituminous coal
anthracite
petrochemical

1–2 Energy From the Sun
solar energy
solar collector
photovoltaic cell

1–3 Wind and Water
hydroelectric power

1–4 Nuclear Energy
nucleus
nuclear energy
nuclear fission
chain reaction
nuclear fusion

1–5 Alternative Energy Sources
geothermal energy
tidal energy
biomass
gasohol

Guía para el estudio

Resumen de los conceptos claves

1–1 ¿Qué son combustibles fósiles?

▲ Los tres combustibles fósiles más importantes son carbón, petróleo y gas natural.

▲ Los combustibles fósiles se formaron hace millones de años de los restos de plantas y animales muertos.

▲ Los combustibles fósiles producen energía para la industria, el transporte y las residencias.

1–2 Energía del sol

▲ La vida en la Tierra no sería posible sin la energía del sol, o energía solar.

▲ La energía solar se usa para calentar edificios y producir electricidad.

▲ Los sistemas calóricos solares pueden ser activos o pasivos.

▲ Las células fotovoltaicas transforman la energía solar directamente en electricidad.

1–3 Viento y agua

▲ La energía del viento y del agua se puede usar para generar electricidad.

▲ El uso de la energía de las aguas en movimiento para generar electricidad es el poder hidroeléctrico.

1–4 Energía nuclear

▲ La energía nuclear es la energía atrapada en los núcleos de los átomos.

▲ En la fisión nuclear, la energía se libera separando un núcleo atómico en dos núcleos más pequeños.

▲ En la fusión nuclear, la energía se libera combinando dos núcleos atómicos en un núcleo más grande.

1–5 Fuentes arternativas de energía

▲ La energía geotérmica es producida por la energía calórica del interior de la Tierra.

▲ La energía de las mareas es producida por el movimiento de las mareas.

▲ Los materiales de biomasa, que vienen de seres vivos, se pueden usar para producir energía.

▲ El gas de hidrógeno se puede quemar en lugar de los combustibles fósiles para producir energía.

Repaso de palabras claves

Define cada palabra o palabras con una oración completa.

1–1 ¿Qué son los combustibles fósiles?
combustible fósil
hidrocarburo
combustión
turba
lignito
carbón bituminoso
antracita
petroquímico

1–2 Energía del sol
energía solar
colector solar
célula fotovoltaica

1–3 Viento y agua
energía hidroeléctrica

1–4 Energía nuclear
núcleo
energía nuclear

fisión nuclear
reacción en cadena
fusión nuclear

1–5 Fuentes alternativas de energía
energía geotérmica
energía de las mareas
biomasa
gasohol

Chapter Review

Content Review

Multiple Choice

Choose the letter of the answer that best completes each statement.

1. Wind energy and water energy are both indirect forms of
   a. electric energy.
   b. solar energy.
   c. nuclear energy.
   d. heat energy.
2. Which of the following is *not* a product made from crude oil?
   a. kerosene
   b. heating oil
   c. gasoline
   d. oil shale
3. The fuel rods in a nuclear reactor contain pellets of the element
   a. carbon.
   b. cadmium.
   c. silicon.
   d. uranium.
4. Before being used, solar energy must be converted to other forms of energy because it is
   a. spread out over a wide area.
   b. not available at night.
   c. received mostly in the form of light.
   d. not concentrated in one place.

5. The three main fossil fuels are coal, oil, and
   a. tar sands.
   b. natural gas.
   c. hydrogen gas.
   d. petroleum.
6. The process by which yeast cells produce alcohol from biomass materials is called
   a. combustion.
   b. electrolysis.
   c. fermentation.
   d. fusion.
7. Solar cells, or photovoltaic cells, are made of thin layers of the element
   a. carbon.
   b. uranium.
   c. silicon.
   d. hydrogen.
8. Which of the following is a problem associated with the use of nuclear power?
   a. possible radiation leaks
   b. storing radioactive wastes
   c. meltdown due to overheating
   d. all of these

True or False

If the statement is true, write "true." If it is false, change the underlined word or words to make the statement true.

1. In a nuclear <u>fission</u> reaction, two hydrogen nuclei <u>combine</u> to form a helium nucleus.
2. Large windmills <u>cannot</u> be used to generate electricity.
3. The "bullet" used to start a nuclear chain reaction is a <u>proton</u>.
4. The form of coal that is almost pure carbon is <u>lignite</u>.
5. The alcohol that is mixed with gasoline to produce gasohol is <u>ethanol</u>.
6. Most of the energy used in this country comes from <u>alternative energy sources</u>.
7. A backup heating system usually <u>is not</u> needed in a passive solar home.

Concept Mapping

Complete the following concept map for Section 1–1. Refer to pages L6–L7 to construct a concept map for the entire chapter.

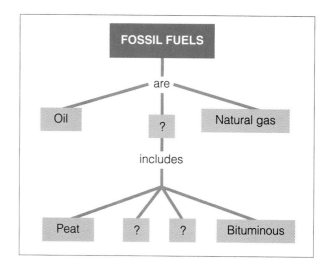

Repaso del capítulo

Repaso del contenido

Selección múltiple

Escoge la letra de la respuesta que mejor complete cada frase.

1. Las energías del viento y del agua son formas indirectas de
   a. energía eléctrica.
   b. energía solar.
   c. energía nuclear.
   d. energía calórica.

2. ¿Cuál de los siguientes no es un producto derivado del petróleo crudo?
   a. queroseno
   b. petróleo de uso doméstico
   c. gasolina
   d. esquisto

3. En un reactor, las varillas de combustible contienen perdigones del elemento
   a. carbón.
   b. cadmio.
   c. silicio.
   d. uranio.

4. Antes de ser usada, la energía solar debe ser transformada en otras formas de energía porque es
   a. desparramada en un área amplia.
   b. no disponible de noche.
   c. recibida principalmente de la luz.
   d. no concentrada en un lugar.

5. Los tres principales combustibles fósiles son carbón, petróleo y
   a. arena breada.
   b. gas natural.
   c. gas de hidrógeno.
   d. petróleo.

6. El proceso por el que las células de levadura producen alcohol de los materiales de biomasa se llama
   a. combustión.
   b. electrólisis.
   c. fermentación.
   d. fusión.

7. Las células solares, o células fotovoltaicas, están compuestas de finas capas de
   a. carbón.
   b. uranio.
   c. silicio.
   d. hidrógeno.

8. ¿Cuál de los siguientes es un problema asociado con el uso del poder nuclear?
   a. posible escape de radiación
   b. almacenamiento de desechos radioactivos
   c. derretimiento por recalentamiento
   d. todos ellos

Verdadero o falso

Si la afirmación es verdadera, escribe "verdad." Si es falsa, cambia las palabras subrayadas para que sea verdadera.

1. En una reacción de <u>fisión</u> nuclear, dos núcleos de hidrógeno se combinan para formar un núcleo de helio.

2. Grandes molinos de viento <u>no</u> se pueden usar para generar electricidad.

3. La "bala" usada para comenzar una reacción en cadena nuclear es un <u>protón</u>.

4. La forma de carbón que es casi puro carbón es <u>lignito</u>.

5. El alcohol que se mezcla con gasolina para producir gasohol es <u>etanol</u>.

6. La mayoría de la energía usada en este país viene de <u>fuentes alternativas de energía</u>.

7. Un sistema extra de calefacción <u>no</u> se necesita en una casa solar pasiva.

Mapa de conceptos

Completa el siguiente mapa de conceptos para la Sección 1–1. Para hacer un mapa de conceptos de todo el capítulo, consulta las páginas L6–L7.

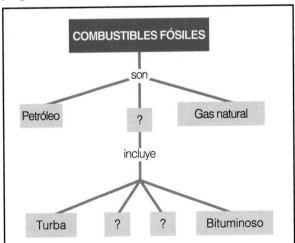

Concept Mastery

Discuss each of the following in a brief paragraph.

1. Discuss the advantages and disadvantages of solar cells.
2. Describe the four stages in the development of coal.
3. Describe how a nuclear fission reaction is controlled in a nuclear reactor.
4. Explain what is meant by a nuclear chain reaction.
5. Compare the benefits and risks of nuclear fission and nuclear fusion as a source of energy.
6. Trace the use of wind energy in the United States from 1860 to the present.
7. Describe two uses of biomass as a source of energy.
8. Explain why the use of geothermal energy, hydroelectric power, and tidal power is limited.

Critical Thinking and Problem Solving

Use the skills you have developed in this chapter to answer each of the following.

1. **Making calculations** The population of the United States is approximately 250 million people. For each person, approximately 35 kilograms of fossil fuels are consumed every day. How much fossil fuel is used in the United States every day? Every month? Every year?
2. **Making observations** Keep a list of the ways in which you use energy every day for a period of several days. Be sure to identify the source of each type of energy used. Are there any ways in which you could have reduced your use of energy?
3. **Making maps** Choose either geothermal energy or tidal power. Find out where in the world these energy resources are located. Identify these locations on a world map.
4. **Making predictions** Some states, such as Texas, Louisiana, and Alabama, depend on oil and natural gas reserves for much of their income. What do you think might happen to the economy of these states if the oil and natural gas reserves were used up? How do you think this could be prevented from happening?
5. **Interpreting diagrams** Describe what is happening in this diagram. What is this process called?

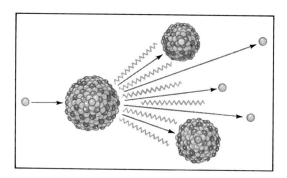

6. **Using the writing process** Write an essay explaining why you agree or disagree with the following statement: The United States should abandon the use of nuclear reactors as a source of energy and concentrate on developing alternative energy sources.

Dominio de conceptos

Comenta sobre cada uno de los puntos siguientes en un párrafo breve.

1. ¿Cuáles son las ventajas y desventajas de las células solares?
2. Describe los cuatro pasos en el desarrollo del carbón.
3. Describe cómo una reacción de fisión nuclear es controlada por un reactor nuclear.
4. Explica qué significa una reacción en cadena.
5. Compara los beneficios y riesgos de la fisión nuclear y de la fusión nuclear como recurso energético.

6. Describe el uso de la energía del viento en Estados Unidos desde 1860 a la actualidad.
7. Describe dos usos de biomasa como recurso energético.
8. Explica por qué el uso de la energía geotérmica, la energía hidroeléctrica, y la energía de las mareas, es limitado.

Pensamiento crítico y solución de problemas

Usa las destrezas que has desarrollado en este capítulo para resolver lo siguiente.

1. **Hacer cálculos** La población de Estados Unidos es aproximadamente de 250 millones de personas. Por cada persona se consumen, cada día, aproximadamente 35 kilogramos de combustibles fósiles. ¿Cuánto combustible fósil se usa en Estados Unidos cada día? ¿Cada mes? ¿Cada año?
2. **Hacer observaciones** Anota en una lista las maneras en que usas energía, cada día, durante varios días. Asegúrate de identificar la fuente de cada tipo de energía que usas. ¿Hay alguna forma en que puedas reducir tu uso de energía?
3. **Hacer mapas** Escoge energía geotérmica o de mareas. Busca dónde están estos recursos energéticos. Identifica estos lugares en un mapamundi.
4. **Hacer predicciones** Algunos estados, como Texas, Louisiana y Alabama, dependen de las reservas de petróleo y de gas natural para la mayoría de sus ingresos. ¿Qué crees que le puede pasar a la economía de estos estados si las reservas de petróleo y gas natural se agotaran? ¿Cómo crees que esto se

puede prevenir?
5. **Interpretar gráficas** Describe qué está sucediendo en esta gráfica. ¿Cómo se llama este proceso?
6. **Usar el proceso de la escritura** Escribe

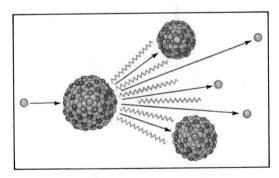

una composición explicando por qué concuerdas o no con la siguiente declaración: Estados Unidos debe abandonar el uso de los reactores nucleares como recurso energético y concentrarse en desarrollar fuentes alternativas de energía.

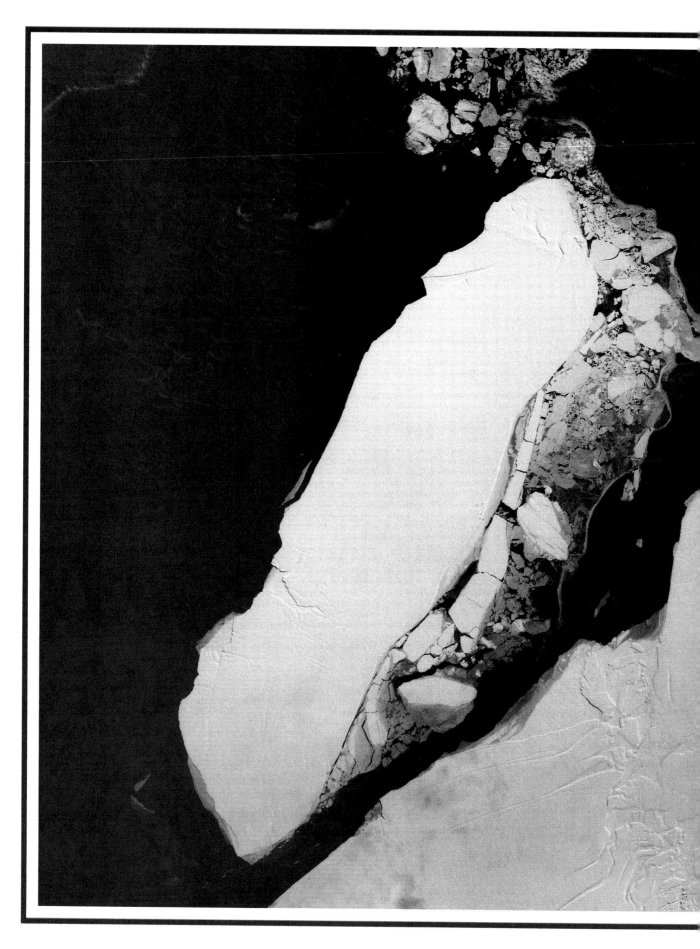

Earth's Nonliving Resources

Guide for Reading

After you read the following sections, you will be able to

2–1 Land and Soil Resources

- Identify ways in which people use land and soil resources.
- Define erosion and describe some methods of preventing erosion.

2–2 Water Resources

- Relate freshwater supplies to people's needs.

2–3 Mineral Resources

- Identify common metallic and nonmetallic minerals.

Like a ghostly floating island, a huge iceberg drifts through the polar ocean past the frozen coast of Antarctica. The floating island of ice—154 kilometers long, 35 kilometers wide, and 225 meters deep—broke away from Antarctica's Ross Ice Shelf in 1987. Before splitting up into three smaller pieces in 1990, the mountainous iceberg floated a distance of 2000 kilometers. Scientists tracking the iceberg estimated that it contained enough fresh water to provide everyone on Earth with two glasses of water a day for the next 1977 years!

Almost 3 percent of the Earth's freshwater supply is locked up in the ice at the North and South poles. Antarctica alone contains about 90 percent of the world's ice. Might we someday be using this ice as a source of fresh water? Where does most of our drinking water come from today? You will find the answers to these questions as you read this chapter about the Earth's nonliving resources. You will also learn about some of the Earth's other nonliving resources—land, soil, and minerals.

Journal *Activity*

You and Your World Are you a "water waster"? In your journal, keep a record of all the ways in which you use water every day. Identify the ways in which you may be wasting water. Then make a list of ways in which you might be able to use less water every day. (No, skipping a shower or not brushing your teeth doesn't count!)

Icebergs are large chunks of ice that break off glaciers and drift into the oceans. Do you think icebergs may someday provide a source of fresh water?

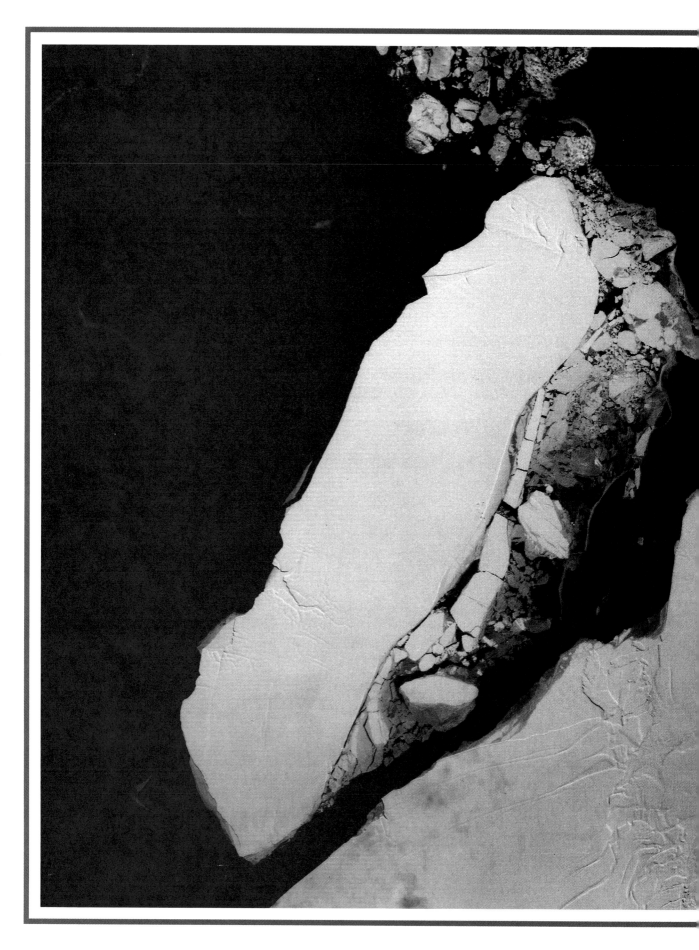

Recursos naturales terrestres

Guía para la lectura

Después de leer las secciones siguientes, vas a poder

2–1 Recursos del terreno y suelo

■ Identificar maneras de usar los recursos del terreno y del suelo.

■ Definir erosión y describir métodos para prevenirla.

2–2 Recursos del agua

■ Relacionar el suministro de agua dulce con las necesidades de la gente.

2–3 Recursos minerales

■ Identificar los minerales metálicos y no metálicos.

Como una fantasmagórica isla flotante, un enorme témpano se desliza por el océano polar pasando por las costas heladas de la Antártida. La isla de hielo que tiene 154 kilómetros de largo, 35 km de ancho y 225 metros de profundidad, se desprendió del Ross Ice Shelf en 1987. Antes de separarse en tres secciones, el témpano flotó una distancia de 2000 km. Los científicos estimaron que contenía suficiente agua dulce para proveer a todo el mundo de dos vasos de agua diarios ¡durante 1977 años!

Casi el 3 por ciento del suministro de agua dulce en la Tierra se encuentra en el hielo de los Polos Norte y Sur. La Antártida contiene cerca del 90 por ciento del hielo del mundo. ¿Lo usaremos alguna vez como fuente de agua dulce? ¿De dónde viene hoy nuestra agua potable? Encontrarás las respuestas a estas preguntas leyendo este capítulo sobre los recursos naturales terrestres. También sobre otros recursos sin vida—terreno, suelo y minerales.

Diario *Actividad*

Tú y tu mundo ¿Eres un "gastador de agua"? En tu diario, mantén una lista de todas las maneras en que usas agua cada día. Identifica las maneras en que estarías malgastándola. Luego, haz una lista de las maneras como podrías usar menos agua cada día. (No, ¡dejar de bañarte o cepillarte los dientes no vale!)

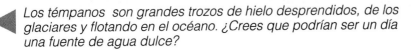

Los témpanos son grandes trozos de hielo desprendidos, de los glaciares y flotando en el océano. ¿Crees que podrían ser un día una fuente de agua dulce?

Guide for Reading

*Focus on this question as
you read.*

▶ *What are some ways in
which people make use of
the Earth's land and soil
resources?*

2-1 Land and Soil Resources

More than 5 billion people now inhabit the Earth. Everything people need to survive must come from the Earth itself. In fact, the Earth is like a giant storehouse of useful materials. Materials removed from the Earth and used by people are called **natural resources**. The fossil fuels—coal, oil, and natural gas—you read about in Chapter 1 are examples of the Earth's natural resources. Natural resources are the riches of the Earth. They provide a treasure chest of materials that improve our lives. And they are the inheritance we will leave to our children and grandchildren.

Scientists divide the Earth's natural resources into two groups. One group is the **nonrenewable resources**. These resources cannot be replaced by nature. Fossil fuels are nonrenewable resources. Once they are gone, they cannot be replaced. Minerals, such as copper and iron, are also nonrenewable resources. They are not replaced by nature. Mineral resources are discussed in Section 2-3.

The other group of natural resources is the **renewable resources**. Renewable resources can be replaced by nature. Wood is a renewable resource because forests can be replanted. Water is a renewable resource because it is constantly replaced by rain, snow, sleet, and hail. You will learn more about the Earth's water resources in the following section.

Figure 2-1 *All the natural resources humans need to survive—land, water, and minerals—come from the Earth. Is land a renewable or a nonrenewable resource?*

2–1 Recursos del terreno y del suelo

Más de 5 mil millones de gente habita la Tierra. Todo lo que necesitan para sobrevivir debe provenir de la Tierra misma. La Tierra es como un depósito gigante de materiales útiles, llamados **recursos naturales.** Los combustibles fósiles—carbón, petróleo y gas natural—de los que leíste en el capítulo 1, son ejemplos de los recursos naturales de la Tierra. Ellos nos proveen de un tesoro de materiales que mejoran nuestras vidas. Y son la herencia que dejaremos a nuestros hijos y nietos.

Los científicos dividen los recursos naturales terrestres en dos grupos. Un grupo es el de los **recursos no renovables**, que no puede reemplazar la naturaleza. Los combustibles fósiles son recursos no renovables. Una vez agotados, no pueden reemplazarse. Los minerales como el cobre y el hierro, también son no renovables. Los recursos minerales se discuten en la sección 2–3.

El otro grupo es el de los **recursos renovables**, que pueden ser reemplazados por la naturaleza. La madera es renovable porque los bosques se pueden reforestar. El agua es un recurso renovable porque se reemplaza constantemente con lluvia, nieve, cellisca y granizo. Aprenderás más sobre esto en la siguiente sección.

Figura 2–1 *Todos los recursos naturales que los humanos necesitan para sobrevivir: terreno, agua y minerales, vienen de la Tierra. ¿Es el terreno un recurso renovable o no renovable?*

Soil, too, is a renewable resource because new soil is formed on the Earth every day. Soil formation, however, is an extremely slow process. Although land and soil resources are renewable, nature may take anywhere from a few decades to several million years to replace land and soil that have been lost.

Land Use

One third of the Earth's surface—about 13 billion hectares—is covered by land. But only a portion of this land can be used for farming or for living space. All land is not suitable for all uses. **Land is used for cities, highways, forests, farms, and pastures.** And even though a growing population needs more and more land, it is a limited resource. As the American writer and humorist Mark Twain said about land, "They don't make it anymore."

Land is needed for building cities and towns to house the increasing human population. Land is also needed for industry and for farming. These needs must be carefully weighed and balanced. If too much land is used for cities, there may not be enough left for farms. But both uses are important.

An increasing population requires an increase in food production. The Earth's farmland must be used to its fullest potential. New and improved crop varieties must be developed. Better growing methods must be used to make existing farms more productive.

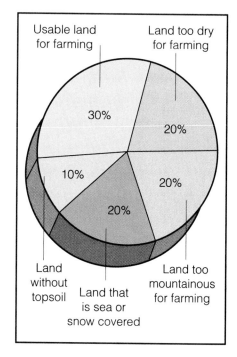

Figure 2–2 *Land is a valuable resource that is used for many purposes. What percentage of the Earth's land is used for farming?*

Figure 2–3 *Land that is too dry for farming may be irrigated or it may be used as grazing land for cattle. These pigs are enjoying a hearty barnyard meal. Where does the food used to feed pigs and other farm animals come from?*

El suelo también es un recurso renovable porque se forma en la Tierra todos los días. Pero éste es un proceso muy lento. A pesar que los recursos del terreno y el suelo son renovables, le tomará a la naturaleza desde décadas hasta millones de años para reemplazar el terreno y el suelo perdido.

Uso del terreno

Un tercio de la superficie de la Tierra, cerca de 13 mil millones de hectáreas, está cubierto de terreno. Pero sólo una porción puede usarse para cultivo o vivienda. Todo terreno no es adecuado para cualquier uso. **El terreno se usa para las ciudades, autopistas, bosques, granjas y forraje.** Y aunque una población creciente necesita más y más, es un recurso limitado. Como dijo el escritor humorista Mark Twain, "No lo hacen más."

El terreno se necesita para construir ciudades y pueblos como vivienda de una creciente población. También para la industria y el cultivo. Estas necesidades deben ser cuidadosamente balanceadas. Si se usa demasiado para las ciudades puede no haber suficiente para el cultivo. Pero ambos usos son importantes.

Una población creciente requiere un aumento de producción de alimentos. Por eso se deben desarrollar nuevas y mejores variedades en las cosechas y mejorar los métodos de cultivo para obtener granjas más productivas.

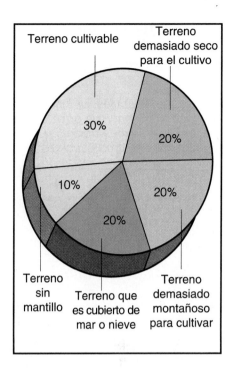

Figura 2–2 *El terreno es un recurso valioso usado de varias maneras. ¿Qué porcentaje de terreno de la Tierra se usa para el cultivo?*

Figura 2–3 *Un terreno demasiado seco para el cultivo debe ser irrigado o se puede usar como pasto para el ganado. Los cerdos disfrutan de una suculenta comida. ¿De dónde viene la comida que se usa para alimentar a los cerdos y otros animales?*

Activity Bank

How Does Your Garden Grow?, p.123

Figure 2–4 Nodules, or lumps, of nitrogen-fixing bacteria grow on the roots of soybean plants. How do farmers use crops such as clover to prevent depletion of nutrients from the soil?

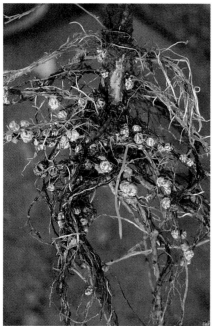

And land that is now unusable for farming must be made fertile. One way to do this is by **irrigation** (ihr-uh-GAY-shuhn). Irrigation is the process of supplying water to dry regions. As a result of irrigation, regions that do not have enough water for crops can be made suitable for farming.

Land is also needed for raising animals. Pigs, sheep, chickens, and cattle are renewable resources. But they must be fed. An enormous amount of farmland is used to grow food for animals. For example, more than 10 kilograms of grain are required to produce only 1 kilogram of beef from a steer! In fact, about 30 percent of all the grain grown in the world is used to feed livestock (farm animals). And land that is used as pasture or open range for grazing animals cannot be used to grow crops at all.

Land Management

If limited land resources are to be preserved, land use must be carefully planned and managed. Different land areas are best suited for different purposes. For example, some land areas are best for growing trees. Other land areas are best used as pastures for cattle and sheep. Areas that can produce the best crops should become farmland. Recreational areas should be carefully developed so as not to damage nearby farmlands and forests. Cities, towns, and factories should be built in areas where the least harm will be done to the environment. What do you think happens when cities are built without careful planning?

Even farming must be a planned activity. Crops use up nutrients (NOO-tree-uhnts) in the soil. Nutrients are chemical substances necessary for plant growth. When one type of crop is grown on the same land for too long, **depletion** may result. Depletion occurs when nutrients are removed from the soil. Corn, for example, removes nitrogen from the soil. Certain crops naturally put back nutrients that others remove. Crops such as clover and peanuts put nitrogen back into the soil. So farmers alternate crops on the same land each year. They may plant a nitrogen-using crop, such as corn, one year and a nitrogen-producing crop, such as clover, the next. This method of farming is called **crop rotation**.

Figura 2–4 *Nódulos o bultos de bacterias fijadoras del nitrógeno crecen en las raíces de las plantas de soja. ¿Qué hacen los granjeros para prevenir el agotamiento de nutrientes en el suelo?*

Además el terreno para la agricultura debe ser fértil. Una manera de lograr esto es por medio de la **irrigación.** La irrigación es el proceso de abastecer de agua las tierras secas. Como resultado, las regiones que no tienen suficiente agua para el cultivo, se pueden adecuar para la agricultura.

El terreno también se necesita para criar animales. Cerdos, ovejas, pollos y ganado son recursos renovables. Pero hay que alimentarlos. Mucho terreno se usa para cultivar sus alimentos. Por ejemplo, más de 10 kilogramos de grano se necesitan para producir ¡1 kg de carne de res! Cerca del 30 por ciento del grano cultivado en el mundo se usa para alimentar animales de granja. Y el terreno que se usa para pasto no se puede usar para ninguna otra cosecha.

Administración del terreno

Si se van a proteger los recursos terrestres limitados, el uso del terreno debe ser cuidadosamente planeado y controlado. Por ejemplo, algunas áreas son mejores para cultivar árboles, otras para pasto para vacas y ovejas. Las áreas que pueden producir las mejores cosechas deben ser tierras de cultivo. Las recreativas deben ser desarrolladas cuidadosamente para no dañar los sembrados y bosques cercanos. Ciudades, pueblos y fábricas deben ser construídas en zonas donde el ambiente se dañe lo menos posible. ¿Qué crees que sucede cuando las ciudades son construídas sin planificación cuidadosa?

La agricultura también debe ser planeada. Los cultivos agotan los nutrientes del suelo, que son sustancias químicas necesarias para el crecimiento de las plantas. Cuando un producto se cultiva en el mismo terreno por demasiado tiempo, se produce el **agotamiento.** Esto ocurre cuando se toman nutrientes del suelo. Por ejemplo, el maíz, toma nitrógeno. Algunos cultivos devuelven nutrientes que otros sacan, como el trébol y el maní que devuelven nitrógeno al suelo. De manera que los granjeros alternan los cultivos del mismo terreno cada año. Pueden sembrar un cultivo que usa nitrógeno, como el maíz, un año, y productores de nitrógeno como el trébol, el próximo. Este método se llama **rotación de cosechas.** La rotación de

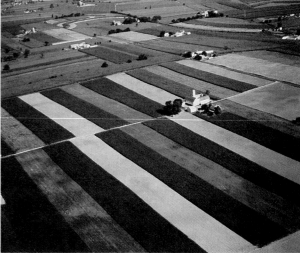

Figure 2–5 *Two methods of preventing erosion are contour plowing (left) and strip cropping (right). What are two cover crops often used in strip cropping?*

Crop rotation keeps nutrients in the soil from being depleted. Why is this important?

Two other good land-management practices are **contour plowing** and **strip cropping**. Contour plowing involves planting crops across the face of a slope of land instead of up and down the slope. See Figure 2–5. In strip cropping, farmers plant strips of low cover crops between strips of other crops. Cover crops are crops that completely cover the soil. They help to hold down the soil between other crops. Hay and wheat are two common cover crops that are often planted between rows of corn.

Erosion

Growing crops is one of the most important uses of soil. Crops are grown in topsoil, which is the rich upper layer of soil. It can take anywhere from 200 to 400 years to form 1 centimeter of topsoil. In many areas, topsoil is being lost because of **erosion**. Erosion is the carrying off of soil by water or wind. Although erosion is a natural process, poor land-management practices can speed up its rate. Worldwide, topsoil is being lost up to ten times faster than new soil is being formed.

Both contour plowing and strip cropping can prevent erosion. Another method for preventing erosion is called **terracing**. Terracing is plowing a

Figura 2–5 *Dos métodos de prevenir la erosión son el cultivo de nivel (izquierda) y el cultivo en franjas (derecha). ¿Cuáles son los dos cultivos de cubierta usados en el cultivo de franjas?*

cosechas evita el agotamiento de nutrientes en el suelo. ¿Por qué es esto importante?

Otras dos prácticas de control son el **cultivo de nivel** y el **cultivo en franjas.** El primero es cuando se siembran cultivos en ángulo recto con el declive del terreno en vez de hacia arriba y hacia abajo. Ver figura 2–5. En el cultivo de franjas se cultivan hileras de cultivos de cubierta entre franjas de otros cultivos. Los cultivos de cubierta son cultivos que cubren el suelo completamente y ayudan a retener el suelo entre cultivos. Heno y trigo son cultivos comunes de cubierta, que se siembran a menudo entre hileras de maíz.

La erosión

La agricultura es uno de los usos más importantes del suelo. Los cultivos crecen en el mantillo, que es la capa rica superficial del suelo. Toma entre 200 a 400 años para formar 1 cm. de mantillo. En muchas áreas, el mantillo se pierde debido a la **erosión.** La erosión es el arrastre del suelo por el agua o el viento. Aunque es un proceso natural, una mala práctica de control puede acelerar la erosión. En el mundo, el mantillo se pierde diez veces más rápido que lo que toma formar el suelo nuevo.

El cultivo de nivel y el cultivo en franjas pueden evitar la erosión. Otro método es el **cultivo en terrazas.** Las terrazas se cultivan en laderas en una serie de escalones o

Figure 2–6 *To prevent soil erosion due to water running down the sides of a hill in Bali, the hill has been plowed into a series of level steps. What is this method of plowing called?*

slope into a series of level steps, or terraces, for planting. The use of terracing and contour plowing on slopes slows down the runoff of water after heavy rains or from melting snow. Both methods help prevent the water from rushing downhill and carrying away valuable topsoil.

To prevent erosion due to wind, farmers often plant windbreaks. Windbreaks are rows of trees planted between fields of crops. The trees act as a barrier to help prevent topsoil from being blown away by the wind.

Some regions are too dry for crops to be grown, but they can support grasslands. These grasslands have traditionally been used for grazing animals, such as cattle and sheep. If there are too many animals on the land, however, they may eat all the available grasses. This results in overgrazing the land. Overgrazing leaves the topsoil exposed to wind erosion. As a result of erosion caused by overgrazing, dry grasslands become deserts. This process is called **desertification** (dih-zert-ih-fih-KAY-shuhn). Desertification is taking place all over the world, even in parts of the United States. The United States Bureau of Land Management has estimated that an area of land the size of Utah is currently in danger of desertification because of overgrazing.

ACTIVITY

CALCULATING

Erosion Losses

It has been estimated that the Earth loses 1.8 billion kilograms of soil to erosion every year. How many kilograms of soil are lost in 5 years? In 10 years?

Figura 2–6 *Para evitar la erosión del suelo debido al agua que corre por las laderas de una colina en Bali, ésta se ha labrado en una serie de escalones. ¿Cómo se llama este método de cultivo?*

terrazas. El cultivo en terrazas y el cultivo de nivel retardan el arrastre del agua después de fuertes lluvias o por nieves derretidas. Ambos métodos evitan la caída del agua cuesta abajo, arrastrando el valioso mantillo.

Para evitar la erosión del viento, los granjeros plantan cortavientos, que son hileras de árboles plantados entre los otros cultivos. Los árboles actúan como una barrera que evita que el mantillo sea arrastrado por el viento.

Algunas regiones son muy secas para sembrar pero pueden sostener prados. Estos prados han sido usados tradicionalmente para el pastoreo de los animales como vacas y ovejas. Si hay demasiados animales en el terreno, sin embargo, pueden acabar con todo el pasto disponible. Esto produce el sobrepastoreo, que deja el mantillo expuesto a la erosión del viento. Como resultado de este proceso, aparecen los desiertos. Este proceso se llama **desertización.** Esto está ocurriendo en todo el mundo, aún en partes de Estados Unidos. La oficina del Control de la Tierra de Estados Unidos calcula que un área del tamaño de Utah está en peligro de convertirse en desierto debido al sobrepastoreo.

ACTIVIDAD

PARA CALCULAR

Pérdidas por erosión

Se ha calculado que la Tierra pierde 1,800 millones de kilogramos de suelo cada año debido a la erosión. ¿Cuántos kilos de suelo se pierden en 5 años? ¿Y en 10 años?

Figure 2-7 *A woman in Zimbabwe, Africa, carries a load of firewood. Cutting down trees for firewood speeds up soil erosion and may lead to desertification.*

Land and Soil Reclamation

Sometimes valuable land resources must be disturbed to get at resources of fossil fuels or minerals below the surface. Coal just beneath the surface of the land often can be removed only by strip mining. In strip mining, huge power shovels dig up the land above the coal and remove the coal. But this does not necessarily mean that the land must be destroyed forever. It may be possible for the land to be reclaimed, or restored to its original condition.

Land reclamation involves several steps. First, the valuable topsoil is carefully removed and stored. Then the less valuable layers of soil beneath the topsoil are stripped away. The coal, which is now exposed, is removed and shipped to coal-processing plants. During this procedure, the disturbed soil must be protected from erosion, and water in the area must be monitored to make sure it does not become chemically polluted. After all the coal has been mined, the layers of soil and the topsoil are put back in place. The final step in land reclamation is seeding and planting the land. Although strip mining is not as destructive as it once was, it still has harmful effects on the land. What do you think some of these effects are?

The Ethics of Land Use

Often, making decisions about land use is not easy. In his book *The Sand County Almanac,* published in the 1940s, Aldo Leopold pointed out the need for a land ethic. An ethic is a system of values by which decisions are made and on which actions are based. Leopold called for an ethic by which decisions about land use are based on the ecological value of land resources. What do you think about this idea?

Figura 2–7 *Una mujer en Zimbabwe, África, lleva una carga de leña. La tala de árboles para este fin acelera la erosión del suelo y puede llevar a la desertización.*

Reclamo de terreno y suelo

A veces los recursos de valiosos terrenos deben ser perturbados para llegar a los combustibles fósiles o los minerales bajo la superficie. El carbón cerca de la superficie del terreno sólo puede extraerse por medio de la explotación en zanja. Esto se hace con palas mecánicas que excavan y extraen el carbón. Pero esto no significa necesariamente que hay que destruir el terreno para siempre. Es posible reclamar el terreno o devolverlo a su condición original.

Para reclamar terreno se siguen varios pasos. Primero, el mantillo se saca cuidadosamente y se guarda. Luego, las capas menos valiosas se sacan. El carbón, ahora expuesto, se saca y se envía a las plantas de procesamiento. Durante este procedimiento, el suelo perturbado debe ser protegido de la erosión, y el agua en la región debe ser controlada para asegurar que no se contamine. Después de que se ha minado todo el carbón, las capas del suelo y el mantillo se devuelven al lugar. El paso final en el reclamo es el sembrado del terreno. Aunque la excavación no es tan destructiva como antes, sigue teniendo efectos dañinos. ¿Cuáles son estos efectos?

ACTIVIDAD
PARA LEER

La ética del uso del terreno

A menudo, no es fácil tomar decisiones sobre el uso del terreno. En su libro *The Sand Country Almanac,* publicado en 1940, Aldo Leopold señaló la necesidad de una ética para el terreno. La ética es un sistema de valores en el que se basan decisiones y acciones. Leopold exigió una ética por la cual las decisiones sobre el uso del terreno se basen en el valor ecológico de sus recursos. ¿Qué te parece esta idea?

Figure 2-8 *Mining coal just beneath the surface of the land causes ugly scars on the land. But the land can be reclaimed and returned to its natural beauty. What is this kind of coal mining called?*

2-1 Section Review

1. What are some ways in which people use land and soil resources?
2. What is the difference between renewable and nonrenewable resources? Name at least two nonrenewable and two renewable resources.
3. Describe two farming methods that help prevent soil erosion due to water runoff.
4. Why is it important to prevent overgrazing of grasslands?

Critical Thinking—*Making Predictions*
5. Predict how an increase in population will affect land use in the future.

Guide for Reading

Focus on this question as you read.

▶ *Why is it important to preserve supplies of fresh water?*

2-2 Water Resources

"Water, water everywhere" is probably the first thought that comes to mind when you look at a photograph of the Earth from space. As the science fiction writer Arthur C. Clarke has pointed out, although our planet is called Earth, it might just as well be called Water. In fact, there are 1520 billion billion liters of water above, on, and in the Earth! The problem is that only a small percentage of this

Figura 2–8 *La excavación del carbón bajo la superficie del terreno produce feas cicatrices. Pero el terreno se puede reclamar y devolvérsele su belleza natural. ¿Cómo se llama este tipo de excavación de carbón?*

2–1 Repaso de la sección

1. ¿Cuáles son algunas maneras en que la gente usa los recursos del terreno y el suelo?
2. ¿Cuál es la diferencia entre los recursos renovables y no renovables? Nombra por lo menos dos recursos renovables y dos no renovables.
3. Describe dos métodos de cultivo que ayudan a evitar la erosión del suelo por el acarreo del agua.
4. ¿Por qué es importante evitar el sobrepastoreo de los prados?

Pensamiento crítico—*Hacer predicciones*
5. Predice cómo un aumento de población afectará el uso del terreno en el futuro.

Guía para la lectura

Piensa en esta pregunta mientras lees.

▶ *¿Por qué es importante preservar las fuentes de agua dulce?*

2–2 Recursos del agua

"Agua, agua por todas partes" probablemente es lo primero que viene a tu mente cuando miras una foto de la Tierra desde el espacio. Como dijo el escritor de ciencia ficción Arthur C. Clarke, a pesar de que el planeta se llama Tierra, debería llamarse Agua. Hay 1520 mil millones de miles de millones de litros de agua encima, dentro y sobre la Tierra.

vast water resource is available for use by people. **Even though water is a renewable resource, there is a limited supply of fresh water.** Most of the Earth's water—97 percent—is in the oceans. But ocean water cannot be used for drinking, irrigation, or industrial processes. Do you know why? You are correct if you said because it is too salty.

Uses of Water

In the United States, billions of liters of water are used every day. The chart in Figure 2–10 shows the estimated daily use of water for an average American family of four. Each person drinks about 1.5 liters of water per day. People also need water for other uses, such as bathing, cooking, and cleaning. It has been estimated that each person in the United States uses more than 400 liters of water daily! Based on this estimate, what would be the total amount of water used by your class in one year?

In the United States, industry uses more than 10 billion liters of water every day. And it takes more than 375 billion liters of water per day to irrigate farmlands in the southern and western United States. Where do you think this water comes from?

Figure 2–9 *Without water, life on Earth would be impossible. But most of the Earth's water is in the oceans. And ocean water is too salty to be used for drinking or for irrigation.*

Activity Bank

Too Much, Too Little, or Just Right?, p.125

Figure 2–10 *According to the graph, about how much water does a family of four use for bathing every day?*

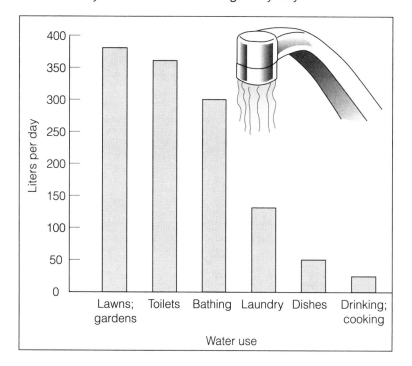

Pero sólo un pequeño porcentaje de este recurso sirve para que lo use la gente. **Aunque el agua es un recurso renovable, existe una cantidad limitada de agua potable.** La mayor parte del agua de la Tierra, 97 por ciento, está en los océanos. Pero no se puede usar para beber, irrigar ni para procesar. ¿Sabes por qué? Porque es salada.

Usos del agua

En Estados Unidos, mil millones de litros de agua se usan cada día. La gráfica de la figura 2–10 muestra el cálculo del uso diario de agua para una familia típica de cuatro. Cada persona bebe cerca de 1.5 litros de agua al día. También se usa para bañarse, cocinar y limpiar. Se ha calculado que cada persona en Estados Unidos usa ¡más de 400 litros de agua diarios! Basándote en esto ¿cuál sería la cantidad total usada por tu clase en un año?

En Estados Unidos la industria usa más de 10 mil millones de litros de agua cada día. Y se necesitan más de 375 mil millones de litros diarios para irrigar los terrenos del sur y del oeste de Estados Unidos. ¿De dónde crees que viene el agua?

Figura 2–9 *Sin agua, la vida en la Tierra sería imposible. Pero la mayor parte del agua está en los océanos. Y el agua del océano es demasiado salada para beber o para irrigar.*

Pozo de actividades

¿Demasiado, muy poco o lo justo?, p. 125

Figura 2–10 *De acuerdo a la gráfica ¿qué cantidad de agua usa una típica familia de cuatro por día?*

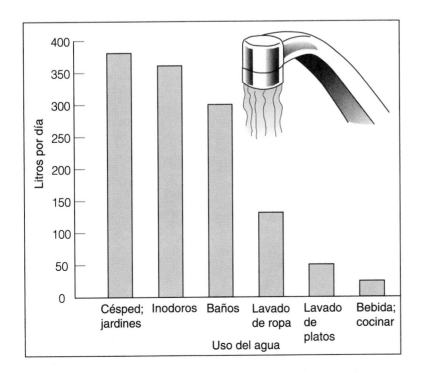

The Water Cycle

The Earth's supply of fresh water is constantly being renewed by means of the **water cycle**. A cycle is a continuous, repeating chain of events. The water cycle is the movement of water from the Earth's surface to the atmosphere (the envelope of air surrounding the Earth) and back to the surface. Three basic steps make up the water cycle. Refer to the diagram in Figure 2–11 as you read the description that follows.

In the first step of the water cycle, water on the Earth's surface is heated by the sun and evaporates (changes from a liquid to a gas). This gas, or water vapor, then rises into the atmosphere. As water vapor rises into the upper atmosphere, the vapor cools, condenses (changes from a gas to a liquid), and forms clouds. This is the second step of the water cycle. During the third step of the water cycle, the water falls back to the surface of the Earth as precipitation—rain, snow, sleet, or hail. Most precipitation falls directly into oceans, lakes, rivers,

Figure 2–11 *The water cycle constantly renews Earth's supply of fresh water. What happens to the water that falls to Earth as precipitation?*

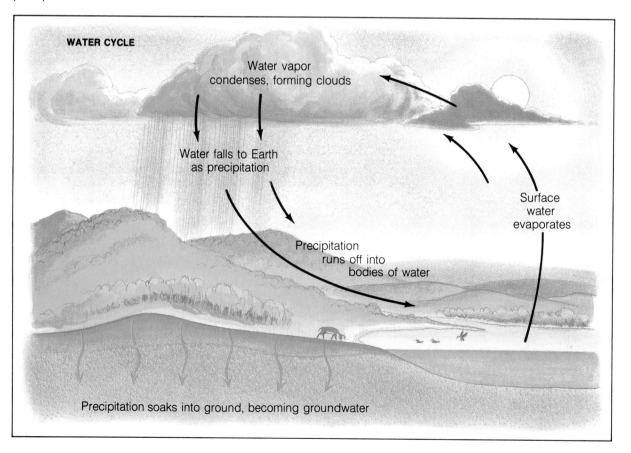

WATER CYCLE

Water vapor condenses, forming clouds

Water falls to Earth as precipitation

Precipitation runs off into bodies of water

Surface water evaporates

Precipitation soaks into ground, becoming groundwater

El ciclo del agua

La cantidad de agua dulce de la Tierra es constantemente renovada por el **ciclo del agua**. Un ciclo es una cadena continua y repetida de sucesos. El ciclo del agua es el movimiento del agua de la superficie de la Tierra hacia la atmósfera (la capa de aire que rodea la Tierra) y de vuelta a la superficie. Tres pasos básicos componen el ciclo del agua. Mira el diagrama de la figura 2–11 mientras lees la siguiente descripción.

En el primer paso, el agua en la superficie de la Tierra se calienta con el sol y se evapora (cambia de líquido a gas). Este gas, o vapor de agua, sube a la atmósfera. Cuando esto sucede, el vapor se enfría, se condensa (cambia de gas a líquido) y forma nubes. Éste es el segundo paso. Durante el tercero, el agua cae a la superficie de la Tierra en forma de precipitación—lluvia, nieve, cellisca o granizo. La mayor parte cae directamente en los océanos, lagos,

Figura 2–11 *El ciclo del agua renueva constantemente la cantidad de agua potable en la Tierra. ¿Qué sucede con la que cae a la Tierra en forma de precipitación?*

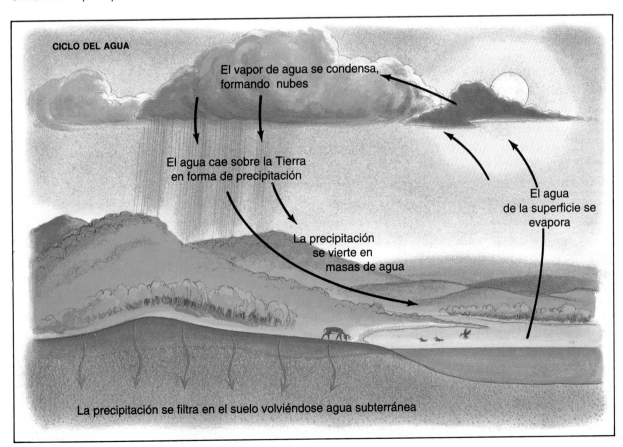

CICLO DEL AGUA

El vapor de agua se condensa, formando nubes

El agua cae sobre la Tierra en forma de precipitación

La precipitación se vierte en masas de agua

El agua de la superficie se evapora

La precipitación se filtra en el suelo volviéndose agua subterránea

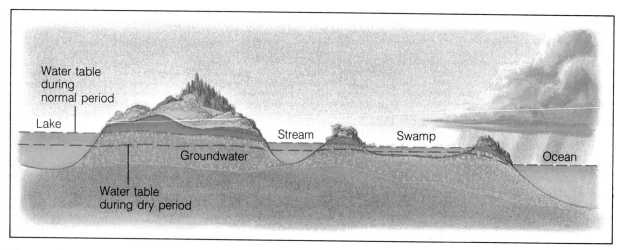

Figure 2–12 *Water that is stored in the soil is called groundwater. The level below which the soil is soaked with water is called the water table. As you can see in the diagram, the water table follows the shape of the land.*

and streams. Some precipitation falls onto the land and runs off into these bodies of water. Eventually, the water returns to the atmosphere through evaporation, and the cycle continues.

Sources of Fresh Water

Most of the Earth's water resources are in oceans, lakes, rivers, and streams. Water is also found in the soil as **groundwater** and frozen as ice in glaciers and polar icecaps. As you know, water in the oceans is too salty to be used. And the ice in glaciers is not directly available. So the main sources of fresh water for human use are groundwater, freshwater lakes, and rivers.

More than 300 billion liters of groundwater are taken out of the ground daily in this country, mostly for use on farms and in factories. Half of the drinking water in the United States comes from groundwater. Although the United States has a plentiful supply of groundwater, it takes hundreds of years for large amounts of groundwater to accumulate. In many parts of the country, groundwater is being used up faster than it is being replaced. As a result, the level of groundwater is dropping and lakes and rivers may eventually dry up. Wells must be drilled deeper and deeper as the groundwater level drops. Where can we turn for new sources of fresh water?

Figure 2–13 *A severe drought, or dry period, may cause reservoirs and other sources of fresh water to dry up.*

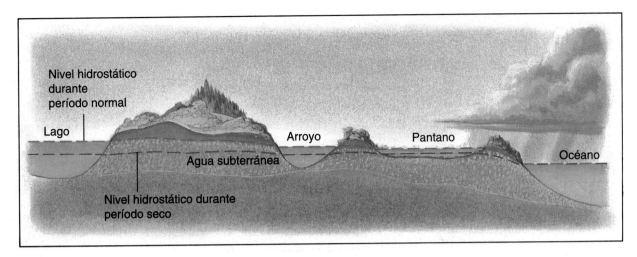

Figura 2–12 *El agua almacenada en el suelo se llama agua subterránea. El nivel bajo en el cual el suelo queda empapado con agua se llama nivel hidrostático. Como puedes ver en la gráfica, el nivel hidrostático corresponde al contorno.*

ríos y arroyos. La precipitación que cae sobre el terreno se vierte en las masas de agua. A la larga, el agua vuelve a la atmósfera a través de la evaporación, y el ciclo continúa.

Fuentes de agua dulce

La mayoría del agua de la Tierra está en océanos, lagos, ríos y arroyos. También se encuentra en el suelo como **agua subterránea** y congelada como hielo en los glaciares y en el casquete polar. Como sabes, el agua de los océanos es muy salada para usarse. Y el hielo en los glaciares no está disponible directamente. Así que la fuente principal para uso humano son el agua subterránea y el agua dulce de los lagos y los ríos.

Más de 300 mil millones de litros de agua subterránea se sacan diariamente en este país, la mayor parte para uso en cultivos y fábricas. La mitad del agua potable en Estados Unidos viene del agua subterránea. Y aunque hay más que suficiente, toma cientos de años para que se acumulen grandes cantidades de agua subterránea. En muchos lugares, se está usando más rápido de lo que puede ser reemplazada. Como resultado, el nivel está bajando y con el tiempo, los lagos y los ríos se secarán. Deben perforarse pozos cada vez más profundos a medida que baja el nivel. ¿Dónde podemos buscar nuevas fuentes de agua dulce?

Figura 2–13 *Una sequía severa, o período seco, puede causar que los embalses y otras fuentes de agua se sequen.*

ACTIVITY

WRITING

Some Words About Water

The following terms can be used to describe water:
  water quality
  fresh water
  salt water
  brackish water
  hard water
  soft water
  polluted water
  purified water
Using reference materials in the library, find out what each term means.

Figure 2–14 *Yuma, Arizona, in the middle of a desert, gets some of its fresh water from a desalination plant. Most of the Earth's fresh water is frozen in glaciers.*

New Sources of Fresh Water

An abundant supply of fresh water can be made available by **desalination** (dee-sal-uh-NAY-shuhn) of ocean water. Desalination is the process by which salt is removed from ocean water. (The word salt comes from the Latin word *sal*.) Some cities in the United States, such as Key West, Florida, and Freeport, Texas, have already built desalination plants. The desalination plants supply these cities with more than 20 million liters of fresh water daily. Other plants are planned for California, which has a serious shortage of fresh water.

What about the fresh water locked in the ice of glaciers? Is there any way to obtain this water for human use? In fact, some scientists have suggested that it might be possible to tow icebergs from around the poles to large coastal cities in the United States. Once there, the icebergs could be mined for fresh water. Scientists are not sure, however, what effects such a project might have on the environment.

In order to have enough usable fresh water in the future, harmful substances and dangerous organisms must be removed from our water supplies. The problem of water pollution is discussed in detail in Chapter 3. In addition, everyone must learn to use our limited sources of fresh water wisely. You will learn more about the importance of safeguarding our water resources in Chapter 4.

ACTIVIDAD

PARA ESCRIBIR

Algunas palabras sobre el agua

Estos términos se pueden usar para describir el agua:
   calidad de agua
   agua dulce
   agua salada
   agua salobre
   agua dura
   agua liviana
   agua contaminada
   agua purificada
   Usa material de referencia en la biblioteca, y encuentra el significado de cada término.

Figura 2–14 *Yuma, Arizona, en medio de un desierto, saca parte de su agua dulce de una planta de desalación. La mayor parte del agua dulce de la Tierra está congelada en los glaciares.*

Nuevas fuentes de agua dulce

La **desalinización** puede ser una fuente abundante de agua dulce. Este proceso se lleva a cabo al extraer la sal del agua del océano. Algunas ciudades en Estados Unidos, como Key West, Florida, y Freeport, Texas, han construído plantas de desalinización. Estas plantas abastecen a las ciudades con más de 20 millones de litros de agua diarios. Se planean otras plantas en California que tiene una escasez muy seria de agua dulce.

¿Y qué del agua dulce contenida en el hielo de los glaciares? ¿Hay alguna manera de utilizarla para uso humano? Algunos científicos han sugerido que sería posible transportar témpanos desde los polos hasta grandes ciudades costeras en Estados Unidos. Pero no se sabe qué efecto produciría este proyecto sobre el ambiente.

Para poder tener suficiente agua dulce en el futuro, se deben sacar sustancias dañinas y peligrosos organismos de las reservas de agua. El problema de contaminación del agua se considera en detalle en el capítulo 3. Además, todos debemos aprender a usar con prudencia nuestras limitadas fuentes de agua dulce. Aprenderás más sobre la importancia de la protección de nuestros recursos de agua en el capítulo 4.

PROBLEM Solving

Oil in the Soil

What do you think of when you hear the words oil spill? You probably have an image of a large black oil slick floating on the surface of the ocean or of beaches covered with gooey tar. Most oil spills do fit these descriptions. But there is another kind of oil spill that can be just as damaging although it usually receives little or no publicity. This type of oil spill occurs underground.

Unlike dramatic above-ground oil spills, underground oil spills are usually slow leaks that may take years to be noticed. Most underground spills come from leaks in underground petroleum storage tanks, gas station tanks, or home-heating-oil tanks. Some underground oil spills have been known to exist for years, even decades. But it is only recently that the danger of these spills has been recognized.

Making Inferences

1. What do you think is the danger of underground oil spills? (*Hint:* Where does most of our drinking water come from?)

2. Do you think underground oil spills are more difficult to clean up than above-ground oil spills?

2–2 Section Review

1. Why might it be necessary to find new sources of fresh water?
2. About how much water does each person in the United States use daily?
3. What is a cycle? Trace the sequence of steps in the water cycle.
4. What are the main sources of fresh water now used by people? What are some possible new sources of fresh water?

Connection—*You and Your World*

5. Using Figure 2–10, estimate the amount of water you use daily. Suppose a water shortage existed in your region and people were asked to decrease their use of water by 25 percent. How would you cut back on your water use?

PROBLEMA a resolver

Petróleo en el suelo

¿Qué piensas cuando oyes las palabras derrame de petróleo? Probablemente tengas la imagen de una capa negra y aceitosa flotando en la superficie del océano o de playas cubiertas de brea pegajosa. La mayoría de los derrames de petróleo concuerdan con estas descripciones. Pero hay otra clase de derrame de petróleo que puede ser tan dañino pero que no recibe tanta publicidad. Este derrame ocurre bajo tierra.

A diferencia de los derrames de petróleo sobre la superficie, los derrames subterráneos son generalmente lentas pérdidas que pueden tomar años para ser notadas. Gran parte de estos derrames vienen de pérdidas de tanques de almacenamiento subterráneos, tanques de gasolineras o tanques de combustible para la calefacción en las casas. Algunos de los derrames subterráneos han existido por años, hasta décadas. Pero sólo recientemente se ha reconocido su peligro.

Hacer deducciones

1. ¿Qué piensas del peligro de los derrames de petróleo subterráneos? (Pista: ¿De dónde viene la mayoría de nuestra agua potable?)

2. ¿Crees que los derrames de petróleo subterráneos son más difíciles de limpiar que los que ocurren en la superficie?

2-2 Repaso de la sección

1. ¿Por qué podría ser necesario encontrar nuevas fuentes de agua dulce?
2. ¿Qué cantidad de agua, más o menos, usa una persona cada día en los Estados Unidos?
3. ¿Qué es un ciclo? Describe el orden de los pasos en el ciclo del agua.
4. ¿Cuáles son las principales fuentes de agua dulce que la gente usa hoy? ¿Cuáles son las nuevas fuentes posibles de agua dulce?

Conexiones—*Tú y tu mundo*

5. Usa la figura 2–10, para calcular la cantidad de agua que usas diariamente. Imagina que hay una escasez de agua en tu zona y que se ha pedido que la gente disminuya el consumo en un 25 por ciento. ¿Cómo reducirías el uso del agua?

2–3 Mineral Resources

Since the dawn of human civilization, people have used materials from the Earth to make tools. Archaeologists have uncovered primitive tools from the Stone Age, the Iron Age, and the Bronze Age. Even the names given to these periods in human history reflect the importance of toolmaking and of the materials used to make the tools. Many of these materials are even more important in today's modern technological society.

In this textbook, a **mineral** is defined as a naturally occurring chemical substance found in soil or rocks. Today, minerals are used to make a variety of products, from aluminum cans to silver jewelry. Minerals are nonrenewable resources. Why do you think minerals are considered nonrenewable resources?

Minerals are either metallic or nonmetallic. **Metallic minerals include copper, iron, and aluminum. Nonmetallic minerals include quartz, limestone, and sulfur.** The chart in Figure 2–15 lists some common metallic and nonmetallic minerals. Both metallic and nonmetallic minerals are important natural resources.

Ores

To obtain a useful mineral, the mineral must be mined, or removed from the Earth. Deposits of

SOME IMPORTANT MINERAL RESOURCES			
Nonmetallic		**Metallic**	
Mineral	**Use**	**Mineral**	**Use**
Calcite	Cement	Hematite	Cast iron
Quartz	Watches	Bauxite	Aluminum cans
Sulfur	Chemicals	Argentite	Silver jewelry
Halite	Salt	Cuprite	Copper wire
Potash	Fertilizer	Rutile	Titanium aircraft parts
Clay	Brick	Wolframite	Tungsten steel

Figure 2–15 The chart lists some important metallic and nonmetallic minerals. What is the mineral potash used for?

Guía para la lectura

Piensa en esta pregunta mientras lees.

▶ *¿Cuáles son algunos de los minerales comunes metálicos y no metálicos?*

2–3 Recursos minerales

Desde los albores de la civilización, la gente ha usado materiales de la Tierra para hacer herramientas. Los arqueólogos han descubierto herramientas primitivas de la Edad de Piedra, la Edad de Hierro y la Edad de Bronce. Hasta los nombres de estos períodos en la historia humana reflejan la importancia de la fabricación de herramientas y de los materiales usados para hacerlas. Muchos de estos materiales son aún más importantes en la sociedad tecnológica moderna.

En este libro de texto, un **mineral** se define como una sustancia química natural que se encuentra en el suelo o en las rocas. Se usan para fabricar una gran variedad de productos, desde latas de aluminio hasta joyas de plata. ¿Por qué crees que se considera a los minerales como recursos no renovables?

Los minerales pueden ser metálicos o no metálicos. **Los minerales metálicos incluyen cobre, hierro y aluminio. Los minerales no metálicos incluyen el cuarzo, piedra caliza y azufre.** La gráfica de la figura 2–15 enumera algunos minerales metálicos y no metálicos. Ambos son recursos naturales importantes.

Vetas

Para obtener un mineral útil, debe ser minado o extraído de la Tierra. Los depósitos de minerales

ALGUNOS RECURSOS MINERALES IMPORTANTES

No metálicos		Metálicos	
Mineral	**Uso**	**Mineral**	**Uso**
Calcita	Cemento	Hematita	Hierro fundido
Cuarzo	Relojes	Bauxita	Latas de aluminio
Azufre	Sustancias químicas	Argentita	Joyas de plata
Halita	Sal	Cuprita	Cable de cobre
Potasa	Fertilizante	Rutilo	Partes de titanio para aviones
Arcilla	Ladrillo	Volframita	Acero Tungsten

Figura 2–15 *La gráfica enumera algunos minerales metálicos y no metálicos. ¿Para qué se usa la potasa?*

minerals that can be mined at a profit are called **ores**. If the percentage of a mineral in an ore is high, the ore is called a high-grade ore. If the percentage of the mineral is low, the ore is called a low-grade ore. Ores are found all over the Earth. Do you know of any ores that are mined in your state?

The Earth's crust is a storehouse of mineral riches. Iron is the most widely used metal extracted from metallic ores. Other elements, including chromium, nickel, and carbon, can be added to iron to produce steel. Steel is an **alloy**, or a substance made of two or more metals. By combining various amounts of chromium, nickel, and carbon with iron, different alloys of steel with different properties can be made. Chromium is added in the steelmaking process to provide resistance to rusting. A low percentage of carbon results in very soft steel, such as that used in paper clips.

Other metals removed from metallic ores include copper, which is used in electric wires, and aluminum, which is used in cans. Gold and silver, used in jewelry, are also found in metallic ores. What other metals do you use in your daily life?

Figure 2–16 *Simple tools made of copper were used by the people of Peru thousands of years ago. Where did they obtain the copper to make the tools?*

Mining and Processing Ores

Once mineral deposits have been located, they must be mined. Unfortunately, the only practical way to obtain most minerals—especially from low-grade ores—is through open-pit mining. And open-pit mining can have disastrous effects on land and groundwater resources. You will learn more about

Figure 2–17 *Copper, which is obtained from open-pit mines, is today used to make wire, pipes, and nails. One common source of copper is the mineral bornite.*

que pueden ser explotados con fines lucrativos se llaman **vetas.** Si el porcentaje de un mineral en una veta es alto, se le llama veta de alto grado. Si el porcentaje es bajo, se le llama veta de bajo grado. Las vetas se encuentran en toda la Tierra. ¿Conoces alguna veta que se explote en tu estado?

La corteza de la Tierra es un depósito de riquezas minerales. El hierro, que se extrae de vetas metálicas es el que más se usa. Otros elementos, incluyendo el cromo, níquel y carbono, se pueden agregar al hierro para producir acero. El acero es una **aleación,** o una sustancia hecha de dos o más metales. Combinando diferentes cantidades de cromo, níquel y carbono con hierro, producen distintas aleaciones de acero con distintas propiedades. Agregando cromo al proceso hace al acero resistente a la oxidación. Un bajo porcentaje de carbono produce un acero muy blando, como el que se usa para sujetapapeles.

Otros metales extraídos de las menas incluyen cobre, que se usa para cables eléctricos, y aluminio, que se usa para latas. El oro y la plata, que se usan en joyería, también se encuentran en vetas metálicas. ¿Qué otros metales usas en tu vida diaria?

Figura 2–16 *Hace miles de años, en el Perú, se usaban herramientas sencillas hechas de cobre. ¿De dónde obtuvieron el cobre para hacer las herramientas?*

Minería y proceso de minerales

Una vez que se localizan los depósitos minerales, se deben minar. Desafortunadamente la única manera práctica de obtener minerales, especialmente de vetas de grado bajo, es por medio de la minería a cielo abierto. Y esto puede causar efectos desastrosos para el terreno y

Figura 2–17 *El cobre, que se obtiene de minas a cielo abierto, hoy se usa para hacer cables, tubos y clavos. Una fuente común del cobre es el mineral bornita.*

Figure 2–18 *Potato-sized nodules of the mineral manganese are found on the ocean floor.*

the problems associated with open-pit mining, or strip mining, in Chapter 3.

Mining the ore is only the first step in obtaining a useful mineral. To extract the mineral from the ore, impurities in the ore are removed. A purified mineral remains. Then the mineral is processed so that it can be sent to manufacturing plants in a usable form. At the manufacturing plant, the mineral is used to make the final product.

Mining the Oceans

The minerals in the Earth's crust have been formed over millions, or even billions, of years. The Earth contains only a limited amount of the minerals used today. The mining of minerals cannot continue at its present rate or we will run out of minerals. What is the answer to this dilemma? One answer is to recycle, or reuse, minerals. Another is to find other materials to take their place in the products we use. You will learn more about these options in Chapter 4.

Another possibility is to search for minerals in the last unexplored place on Earth—the ocean floor. Deposits of manganese, nickel, cobalt, and perhaps copper have already been located on the ocean floor. If these deposits can be mined economically, they may provide a valuable new source of mineral resources.

From the Earth

Many of the items you use every day are made from mineral resources. All mineral resources come from the Earth's crust or oceans.

1. List all the items in your classroom that are made from metallic or nonmetallic mineral resources.

2. Draw a floor plan of the classroom showing where each item you identified is located. Use different symbols to identify the metallic and nonmetallic items.

3. Identify the metallic and nonmetallic mineral resources that were used to make each item.

2–3 Section Review

1. Name three metallic and three nonmetallic minerals.
2. What is the difference between an ore and an alloy?
3. Trace the sequence of steps involved in mining and processing an ore.
4. What are some minerals that might someday be mined from the ocean floor?

Connection—*Life Science*
5. What are some ways in which fishes and other living things in the ocean might be affected by large-scale mining of the ocean floor?

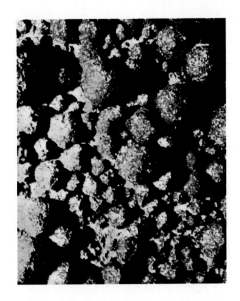

Figura 2–18 *Nódulos del mineral manganeso del tamaño de una papa se encuentran en el fondo del océano.*

ACTIVIDAD

PARA HACER

Desde la Tierra

Muchos de los objetos que usas diariamente provienen de recursos minerales. Y todos los recursos minerales provienen de la corteza de la Tierra o de los océanos.

1. Haz una lista de todos los objetos en tu salón de clases hechos de recursos minerales metálicos y no metálicos.

2. Dibuja un plano del salón que muestre dónde está cada objeto. Usa diferentes símbolos para identificar los objetos metálicos y no metálicos.

3. Identifica los recursos minerales metálicos y no metálicos que se usaron para hacer cada objeto.

las fuentes de agua subterránea. Aprenderás más sobre los problemas asociados con la minería a cielo abierto en el capítulo 3.

Minar la veta es sólo el primer paso para obtener un mineral útil. Hay que limpiar la mena de impurezas para extraerlo. Lo que queda es un mineral purificado. Entonces se procesa para enviarlo a las fábricas listo para utilizarse. En las plantas industriales, el mineral se usa para hacer el producto final.

Minería en los océanos

Los minerales en la corteza de la Tierra se formaron hace miles de millones de años. La Tierra contiene sólo una cantidad limitada de los minerales que hoy se usan. La explotación de minerales no puede continuar a este paso o acabaremos con ellos. ¿Cuál es la respuesta a este dilema? Una es reciclar, o reusar minerales. La otra es encontrar otros materiales que tomen su lugar en los productos que usamos. Aprenderás sobre estas opciones en el capítulo 4.

Otra posibilidad es buscar minerales en el último lugar inexplorado en la Tierra; el fondo del océano. Ya se han localizado depósitos de manganeso, níquel, cobalto y cobre. Si estos depósitos se pudieran explotar económicamente, podrían proveernos de una nueva y valiosa fuente de recursos minerales.

2–3 Repaso de la sección

1. Nombra tres minerales metálicos y no metálicos.
2. ¿Cuál es la diferencia entre una mena y una aleación?
3. Describe el orden de los pasos para minar y procesar una mena.
4. ¿Cuáles son los minerales que podrían ser explotados del fondo del océano?

Conexión—*biología*
5. ¿Cómo podrían ser afectados los peces y otros seres vivos en el océano por la explotación a gran escala del fondo del océano?

CONNECTIONS

Washing Away History

Not all erosion takes place on farmland or grazing land. Today, the United States is in danger of losing 90 percent of its coastline to erosion caused by ocean waves. One of the most visible victims of this threatened erosion is the historic 110-year-old Cape Hatteras Lighthouse located on the Outer Banks of North Carolina. The lighthouse, which was built in 1870, once stood at a safe distance of 450 meters from the pounding surf. Today the distance has shrunk to 90 meters. One big Atlantic storm could wash the lighthouse into the sea!

What can be done to save the Cape Hatteras Lighthouse? Geologists, engineers, and environmentalists disagree on the answer. The National Park Service has approved a suggestion to move the lighthouse back to a safe distance from the ocean. The U.S. Army Corps of Engineers has come up with a plan to build a series of protective structures around the lighthouse. Some environmental groups, however, are in favor of letting nature takes its course and sacrificing the lighthouse to the sea. But it may not be just the lighthouse that is sacrificed. In addition to the lighthouse, the fate of a nearby wildlife refuge as well as North Carolina's profitable tourist industry are at stake. What course of action would you choose?

Arrastrando con la historia

No toda la erosión se realiza en tierras de cultivo o pastoreo. Hoy, Estados Unidos está en peligro de perder el 90 por ciento de su costa por la erosión causada por las olas del océano. Una de las víctimas más visibles es el histórico faro de Cape Hatteras, North Carolina, que ya tiene más de 120 años. El faro, construído en 1870, una vez estuvo a una distancia segura de 450 metros del oleaje. Hoy la distancia se ha reducido a 90 metros. ¡Una gran tormenta Atlántica podría barrer con el faro!

¿Qué se puede hacer para salvar el faro de Cape Hatteras? Los geólogos, ingenieros y ecólogos están en desacuerdo con la respuesta. El Servicio de Parques Nacionales ha aprobado una sugerencia para trasladar el faro a una distancia segura del océano. El Cuerpo de Ingenieros del ejercito de Estados Unidos quiere construir una serie de estructuras protectoras alrededor del faro. Sin embargo, algunos grupos ecológicos quieren que la naturaleza siga su curso y se sacrifique el faro al mar. Pero puede que no sea solamente el faro lo que se sacrifique. Además del faro, la suerte de un refugio para la fauna silvestre y la industria turística de NorthCarolina corren serios riesgos. ¿Qué acción tomarías?

Rompeolas

Rompeolas

Arena

Vegetación

Laboratory Investigation

Erosion by Raindrops

Problem

How can raindrops splashing against bare soil cause erosion?

Materials (per group)

2 petri dishes	meterstick
silt	medicine dropper
2 sheets of paper	sod

Procedure 🧪 👁

1. Fill one petri dish with silt to a depth of about 1 cm. Make sure the surface of the silt is smooth and level.

2. Place the petri dish in the center of a large sheet of paper.

3. Hold the meterstick next to the petri dish. Using the medicine dropper, allow a drop of water to fall from a height of 1 meter onto the surface of the silt. Observe what happens to the silt. **CAUTION:** *Wear your safety goggles.*

4. Measure the greatest distance in centimeters that the silt splashed from the dish. Record the distance in a data table.

5. Repeat steps 3 and 4 two more times. Calculate the average distance the silt splashed from the dish. Record the average distance in the data table.

6. Place a small piece of sod in the second petri dish. Repeat steps 2 through 5.

Observations

1. What happened to the silt in the petri dish when it was hit by a water drop? What happened to the sod?

2. What was the average splash distance from the dish with the silt? From the dish with the sod?

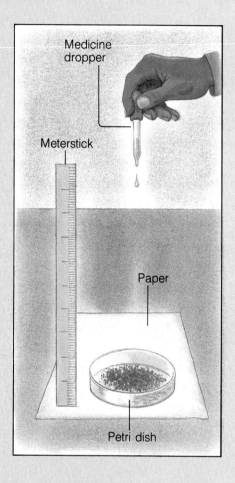

Medicine dropper

Meterstick

Paper

Petri dish

Analysis and Conclusions

1. How did using sod instead of silt affect the splash distance? Explain.

2. Erosion caused by raindrops striking bare soil is called splash erosion. Why is this an appropriate name for this type of erosion?

3. Would overgrazing of grasslands increase or decrease the likelihood of splash erosion? Explain.

4. **On Your Own** How are different types of soil affected by splash erosion? Repeat this investigation using different types of soil, such as coarse sand, clay, fine gravel, and potting soil. Compare your results with the results of this investigation.

Investigación de laboratorio

Erosión por gotas de lluvia

Problema

¿Cómo pueden las gotas de lluvia causar la erosión al salpicar el suelo?

Materiales *(para cada grupo)*

2 Placas Petri	regla métrica
cieno	gotero de medicina
2 hojas de papel	césped

Procedimiento 🧪 👁

1. Llena una placa Petri con cieno hasta 1 cm. Asegúrate de que la superficie del cieno esté lisa y pareja.

2. Coloca la placa Petri en el centro de una hoja grande de papel.

3. Pon la regla a lado de la placa. Usando el gotero medicinal, permite que una gota de agua caiga de una altura de 1 metro a la superficie del cieno. Observa qué pasa con el cieno. **CUIDADO:** *Usa tus gafas protectoras.*

4. Mide la mayor distancia en centímetros que el cieno salpicó desde la placa. Anota la distancia en tu tabla de datos.

5. Repite los pasos 3 y 4 dos veces más. Calcula el promedio de la distancia que el cieno salpica desde la placa. Anota el promedio en tu tabla de datos.

6. Coloca un pedacito de césped en la otra placa. Repite los pasos del 2 al 5.

Observaciones

1. ¿Qué sucedió con el cieno en la placa cuando fue tocado por la gota de agua? ¿Qué sucedió con el césped?

2. ¿Cuál fue la distancia promedio de la salpicadura de cieno desde el la placa? ¿Y desde el césped?

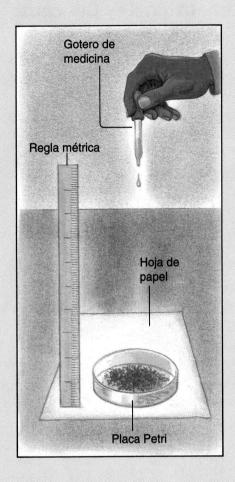

Gotero de medicina

Regla métrica

Hoja de papel

Placa Petri

Análisis y conclusiones

1. ¿Cómo afectó el uso de césped en vez de cieno la distancia de la salpicadura? Explica.

2. La erosión causada por las gotas de lluvia golpeando la tierra se llama erosión de la lluvia. ¿Por qué éste es un nombre apropiado para este tipo de erosión?

3. ¿El sobrepastoreo de los prados aumentará o reducirá la erosión de la lluvia? Explica.

4. **Por tu cuenta** ¿Cómo son afectadas los diferentes tipos de tierra por la erosión de la lluvia? Repite esta investigación usando diferentes tipos de tierra como arena gruesa, arcilla, ripio, y tierra de maceta. Compara tus resultados con los resultados de esta investigación.

Summarizing Key Concepts

2–1 Land and Soil Resources

▲ Materials removed from the Earth and used by people are called natural resources.

▲ Scientists divide natural resources into two groups: renewable resources and nonrenewable resources.

▲ Renewable resources can be replaced by nature, whereas nonrenewable resources cannot.

▲ Although land and soil are renewable resources, anywhere from decades to millions of years are required to replace land and soil that have been lost.

▲ Land use must be carefully planned and managed.

▲ Strip cropping, contour plowing, terracing, and windbreaks can help prevent soil erosion.

▲ Depletion of nutrients in the soil can be prevented by crop rotation.

▲ Land that has been damaged by strip mining may be reclaimed, or restored to its original condition.

2–2 Water Resources

▲ Although water is a renewable resource, there is a limited supply of fresh water.

▲ The Earth's supply of fresh water is constantly being renewed by means of the water cycle.

▲ The main sources of fresh water are groundwater, freshwater lakes, and rivers.

▲ Half the drinking water in the United States comes from groundwater.

▲ Fresh water can be produced from ocean water by the process of desalination.

2–3 Mineral Resources

▲ A mineral is a natural substance found in soil or rocks.

▲ Deposits of minerals that can be profitably mined are called ores.

▲ An alloy is a substance that combines two or more metals.

▲ It may be possible to obtain certain minerals from deposits located on the ocean floor.

Reviewing Key Terms

Define each term in a complete sentence.

2–1 Land and Soil Resources
natural resource
nonrenewable resource
renewable resource
irrigation
depletion
crop rotation
contour plowing
strip cropping

erosion
terracing
desertification

2–2 Water Resources
water cycle
groundwater
desalination

2–3 Mineral Resources
mineral
ore
alloy

Guía para el estudio

Resumen de los conceptos claves

2–1 Recursos del terreno y del suelo

▲ Los materiales extraídos de la Tierra y usados por la gente se llaman recursos naturales.

▲ Los científicos dividen los recursos naturales en dos grupos: recursos renovables y no renovables.

▲ Los recursos renovables pueden ser reemplazados por la naturaleza mientras que los recursos no renovables, no.

▲ Aunque el terreno y el suelo son recursos renovables, se necesitan desde décadas hasta millones de años para reemplazar el terreno y suelo perdidos.

▲ El uso del terreno debe ser planeado y administrado cuidadosamente.

▲ El cultivo en franjas, el cultivo de nivel, el cultivo en terrazas y los rompevientos pueden ayudar a evitar la erosión del suelo.

▲ El agotamiento de los nutrientes en el suelo puede evitarse con la rotación de cosechas.

▲ El terreno que ha sido dañado por la minería a cielo abierto puede reclamarse o volverse a sus condiciones originales.

2–2 Recursos del agua

▲ Aunque el agua es un recurso renovable hay una provisión limitada de agua dulce.

▲ Las fuentes de agua dulce de la Tierra se renuevan constantemente por acción del ciclo del agua.

▲ La fuentes principales de agua dulce son el agua subterránea y el agua de lagos y ríos.

▲ La mitad del agua potable de Estados Unidos proviene del agua subterránea.

▲ El agua dulce puede obtenerse del océano por el proceso de desalinación.

2–3 Recursos minerales

▲ Un mineral es una sustancia natural que se encuentra en el suelo o en las rocas.

▲ Los depósitos de minerales que pueden ser explotados con fines lucrativos se llaman vetas.

▲ Una aleación es una sustancia que combina dos o más metales.

▲ Sería posible obtener ciertos minerales de depósitos localizados en el fondo del océano.

Repaso de palabras claves

Define cada palabra o palabras con una oración completa.

2–1 Recursos del terreno y del suelo
recurso natural
recurso no renovable
recurso renovable
irrigación
agotamiento
rotación de cosechas
cultivo de nivel

cultivo en franjas
erosión
cultivo en terrazas
desertización

2–2 Recursos del agua
ciclo del agua
agua subterránea
desalinización

2–3 Recursos minerales
mineral
mena
aleación

Chapter Review

Content Review

Multiple Choice

Choose the letter of the answer that best completes each statement.

1. Which of the following is a nonrenewable resource?
   a. copper   c. soil
   b. water   d. wood
2. Plowing the land across the face of a slope is called
   a. terracing.
   b. contour plowing.
   c. crop rotation.
   d. strip cropping.
3. A natural substance found in soil or rocks is called a(an)
   a. crop.
   b. mineral.
   c. alloy.
   d. strip mine.
4. Which of the following is a metallic mineral?
   a. sulfur   c. quartz
   b. copper   d. limestone

5. In the United States, the percentage of drinking water supplied by groundwater is
   a. 25 percent.   c. 75 percent.
   b. 50 percent.   d. 100 percent.
6. The process by which nutrients are removed from the soil is called
   a. erosion.   c. depletion.
   b. crop rotation. d. desertification.
7. Most of the Earth's water is found in
   a. rivers.   c. lakes.
   b. groundwater.   d. oceans.
8. Erosion due to wind can be prevented by
   a. irrigation.   c. terracing.
   b. windbreaks.   d. overgrazing.
9. The process by which salt is removed from ocean water is called
   a. desalination.   c. purification.
   b. cloud seeding. d. irrigation.

True or False

If the statement is true, write "true." If it is false, change the underlined word or words to make the statement true.

1. <u>Renewable</u> resources cannot be replaced once they are used up.
2. Rock deposits that contain minerals mined at a profit are called <u>ores</u>.
3. Wood, soil, and water are examples of <u>nonrenewable</u> resources.
4. Restoring the land to its original condition after resources have been mined is called land <u>management</u>.
5. The first step of the water cycle involves <u>evaporation</u>.
6. The process by which grasslands are turned into deserts as a result of wind erosion is called <u>terracing</u>.

Concept Mapping

Complete the following concept map for Section 2-1. Refer to pages L6–L7 to construct a concept map for the entire chapter.

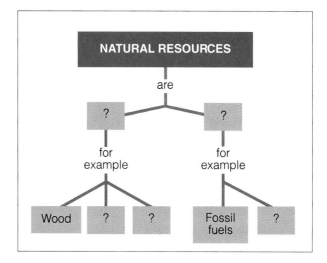

Repaso del capítulo

Repaso del contenido

Selección múltiple

Selecciona la letra de la respuesta que mejor complete cada frase.

1. ¿Cuál de los siguientes es un recurso no renovable?
a. cobre   c. suelo
b. agua   d. madera

2. La siembra de un terreno en ángulo recto con el declive del terreno se llama
a. cultivo en terrazas.
b. cultivo de nivel.
c. rotación de cosechas.
d. cultivo en franjas.

3. Una sustancia natural encontrada en la tierra o las rocas se llama
a. cosecha.
b. mineral.
c. aleación.
d. mina a cielo abierto.

4. ¿Cuál de los siguientes es un mineral metálico?
a. azufre.   c. piedra cuarzo.
b. cobre.   d. caliza.

5. En Estados Unidos, el porcentaje del agua potable suministrado por el agua subterránea es del
a. 25 por ciento. c. 75 por ciento.
b. 50 por ciento. d. 100 por ciento.

6. El proceso por el que se sacan los nutrientes del suelo se llama
a. erosión.   c. agotamiento.
b. rotación de   d. desertización.
   cosechas.

7. La mayoría del agua en la Tierra se encuentra en
a. ríos.   c. lagos.
b. agua   d. océanos.
   subterránea.

8. La erosión del viento puede evitarse con
a. irrigación.   c. terrazas.
b. rompevientos. d. sobrepastoreo.

9. El proceso con que se saca la sal del agua del océano se llama
a. desalación.   c. purificación.
b. siembra de   d. irrigación.
   nubes.

Verdadero o falso

Si la afirmación es verdadera, escribe "verdad."
Si es falsa, cambia las palabras subrayadas para que sea verdadera.

1. Los recursos <u>renovables</u> no pueden reemplazarse una vez agotados.

2. Los depósitos en las rocas que contienen minerales útiles explotados, son <u>menas</u>.

3. La madera, el suelo y el agua son ejemplos de recursos <u>no renovables</u>.

4. Devolver el terreno a sus condiciones originales después de que sus recursos han sido explotados se llama <u>administración</u> del terreno.

5. El primer paso del ciclo del agua implica la <u>evaporación.</u>

6. El proceso por el cual los prados se convierten en desiertos como resultado de la erosión del viento se llama <u>cultivo en terrazas.</u>

Mapa de conceptos

Completa el siguiente mapa de conceptos para la sección 2–1. Para hacer un mapa de conceptos de todo el capítulo, consulta las páginas L6–L7.

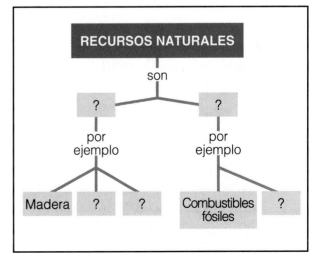

Concept Mastery

Discuss each of the following in a brief paragraph.

1. In what ways does an increase in population affect land and water resources?
2. Compare renewable and nonrenewable natural resources. Give at least two examples of each.
3. Identify and describe three methods of good land management used by farmers to protect soil resources.
4. Describe the basic steps that make up the water cycle.
5. What is strip mining? Describe the process of land reclamation involved in strip mining.
6. Explain the relationship among overgrazing, erosion, and desertification.

Critical Thinking and Problem Solving

Use the skills you have developed in this chapter to answer each of the following.

1. **Interpreting a chart** The pie chart shows how land that is available to grow crops in the United States is currently being used. What is the total land area available to grow crops? Of that total, how much land is currently being used as farmland? What percentage is that of the total? What other uses are shown on the chart? What percentage of the total available land area do these uses together represent?

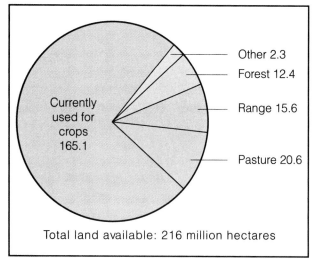

Total land available: 216 million hectares

Other 2.3
Forest 12.4
Range 15.6
Pasture 20.6
Currently used for crops 165.1

2. **Applying concepts** Why is it an advantage for a farmer to use good land-management methods?

3. **Making a graph** From AD 650 to AD 1650 the Earth's population doubled from 250 million to 500 million people. This doubling of the Earth's population took 1000 years. But now the Earth's population doubles about every 33 years. The population of the Earth in 1990 was 5 billion people. Assuming that the growth rate does not change, determine the Earth's population for the years 2023, 2056, and 2089. Graph your results. How much greater will the Earth's population be 100 years from now? Relate this population increase to our use of natural resources.

4. **Developing a model** Plan a "new town" to replace the town you live in. Consider the placement of factories, shopping malls, parks and recreational facilities, housing developments, farms, and roads. Draw a map of your new town and explain why you located each facility where you did.

5. **Using the writing process** A land developer has recently bought a large area of productive farmland near your town. The developer plans to convert the land into a low-rent housing development. Write an article for your local newspaper explaining why you think this use of the land will or will not be good for the town.

Dominio de conceptos

Comenta cada uno de los puntos siguientes en un párrafo breve.

1. ¿De qué modo el aumento de población afecta los recursos del terreno y el agua?
2. Compara los recursos renovables y no renovables. Da dos ejemplos por lo menos.
3. Identifica y describe tres métodos de buena administración de terreno usado por los granjeros para proteger los recursos del suelo.
4. Describe los pasos básicos que ejecuta el ciclo del agua.
5. ¿Qué es la minería a cielo abierto? Describe el proceso de reclamación de terreno asociado con la minería a cielo abierto.
6. Explica la relación entre el sobrepastoreo, la erosión y la desertización.

Pensamiento crítico y solución de problemas

Usa las destrezas que has desarrollado en este capítulo para resolver lo siguiente.

1. **Interpretar una gráfica** La gráfica circular muestra cómo se usa en este momento el terreno apto para cultivo en los Estados Unidos. ¿Cuál es el área total disponible para cultivar? De ese total, ¿Cuánto se usa como terreno de cultivo? ¿Qué porcentaje es del total? ¿Qué otros usos muestra la gráfica? ¿Qué porcentaje del terreno total disponible representan todos estos usos juntos?

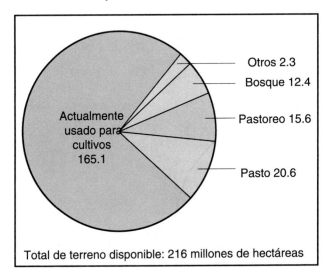

Otros 2.3
Bosque 12.4
Pastoreo 15.6
Actualmente usado para cultivos 165.1
Pasto 20.6

Total de terreno disponible: 216 millones de hectáreas

2. **Aplicar conceptos** ¿Por qué es beneficioso para un granjero usar buenos métodos de administración del terreno?

3. **Hacer una gráfica** Desde 650 DC a 1650 DC la población de la Tierra se duplicó de 250 millones a 500 millones de personas. Esta duplicación tomó 1000 años. Pero ahora la población se duplica cada 33 años. En 1990 la población de la Tierra era de 5 mil millones de personas. Asumiendo que ese crecimiento no cambia, determina la población de la Tierra en los años 2023, 2056 y 2089. Haz una gráfica con tus resultados. ¿Cuánto más grande será la población dentro de 100 años? Relaciona este crecimiento de población con nuestro uso de los recursos naturales.

4. **Desarrollar un modelo** Haz un plano de un "pueblo nuevo" para reemplazar el pueblo donde vives. Considera la ubicación de fábricas, centros comerciales, parques y áreas de recreo, granjas y caminos. Dibuja un mapa de tu nuevo pueblo y explica por qué colocaste cada cosa donde lo hiciste.

5. **Usar el proceso de la escritura** Un urbanizador compró recientemente un área grande de terrenos fértiles cerca de tu pueblo. Él planea convertir estas tierras en un complejo de viviendas de baja renta. Escribe un artículo para tu periódico local explicando por qué crees que este uso del terreno no será bueno para el pueblo.

Pollution

The first sign of danger came with the southeast wind. Instruments at a Swedish nuclear power plant detected twice as much radioactivity in the atmosphere as usual on April 28, 1986. At first the Swedes feared a malfunction in their own power plant. But it soon became apparent that the excess radioactivity was being carried by winds from the Soviet Union.

An explosion and fire at the Chernobyl nuclear power plant in the Ukraine had released a huge cloud of radioactive dust. The cloud was blown by winds across Poland and into Scandinavia. Later the winds shifted and blew the deadly cloud over Switzerland and Italy. Everywhere the cloud was blown, people were warned to avoid contaminated water, vegetables, and milk.

The accident at Chernobyl undoubtedly will have an effect on the further development of nuclear power. Once thought to be the energy source of the future, nuclear power is now viewed with skepticism by many people. Our society could not exist without sources of energy. But, as we must keep in mind, using energy presents certain problems. In this chapter you will learn about some of these problems—their causes and solutions.

Journal *Activity*

You and Your World Have you seen any examples of pollution in your neighborhood? If so, was it litter, smog, polluted water, or some other type of pollution? In your journal, draw a picture of the kind of pollution you observed. Describe the pollution and what you think could be done to prevent it.

◀ *The damage caused by the explosion and fire at the Chernobyl nuclear power plant can be seen in the center of this photograph.*

Contaminación

Guía para la lectura

Después de leer las secciones siguientes, vas a poder

3–1 ¿Qué es la contaminación?

- Definir la contaminación y dar algunos ejemplos.

3–2 Contaminación del terreno

- Describir cómo la obtención y uso de recursos energéticos pueden causar contaminación en el terreno.

3–3 Contaminación del aire

- Describir cómo el uso de combustibles fósiles puede causar contaminación en el aire.

3–4 Contaminación del agua

- Describir cómo la obtención y uso de ciertos recursos energéticos pueden causar contaminación en el agua.

- Discutir otras causas de contaminación en el agua.

3–5 ¿Qué se puede hacer acerca de la contaminación?

- Discutir algunas maneras de reducir la contaminación.

La primera señal de peligro llegó con el viento del sudeste. El 28 de abril de 1986, en una planta nuclear sueca, los instrumentos detectaron el doble de la radioactividad normal en la atmósfera. Al principio, pensaron que era un problema en su planta nuclear, pero pronto se hizo evidente que el exceso de radioactividad venía con los vientos desde la Unión Soviética.

Una explosión e incendio en la planta nuclear de Chernobyl, en Ucrania, había liberado una enorme nube de polvo radioactivo. El viento arrastraba la nube a través de Polonia y Escandinavia. Más tarde la nube mortífera llegaba a Suiza e Italia. En todos los lugares por donde pasó la nube, se le advirtió a la gente evitar el agua, verduras y leche contaminados.

Sin duda, el accidente de Chernobyl tendrá un efecto en el desarrollo futuro de las plantas nucleares, que eran consideradas las fuentes de energía del futuro. Estas son vistas ahora con escepticismo por mucha gente. Nuestra sociedad no podría existir sin fuentes de energía, pero debemos recordar que el uso de energía presenta ciertos problemas. En este capítulo aprenderás sobre estos problemas, sus causas y soluciones.

Diario *Actividad*

Tú y tu mundo ¿Has visto algún problema de contaminación en tu vecindario? Si es así, ¿es basura, smog, agua contaminada o algún otro tipo de contaminación? En tu diario, haz un dibujo del tipo de contaminación que has observado, descríbela y dice qué crees que debe hacerse para evitarla.

El daño causado por la explosión e incendio de la planta nuclear de Chernobyl se puede ver en el centro de esta foto.

Guide for Reading

Focus on this question as you read.

▶ What effect does our use of natural resources have on the environment?

3–1 What Is Pollution?

Of all the planets in our solar system, only Earth (as far as we know) is home to humans and other living things. Earth provides everything—air, water, food, energy—we need to survive. The environment seems to contain such an abundance of the natural resources needed by humans and other living things that it is hard to imagine ever being without them. Yet that is just what might happen if we are not careful. Despite the richness of Earth's natural resources, a delicate balance between plenty and scarcity exists in our environment.

The balance of the environment can be upset by the way in which humans obtain and use natural resources. If we use renewable resources faster than they can be replaced, the balance will be upset. If we quickly consume nonrenewable resources, which cannot be replaced, the balance will be upset. And if we damage one resource in the process of obtaining or using another resource, the balance will be upset. It is this last problem—the problem of **pollution**—that is the focus of attention in this chapter.

Figure 3–1 *Keeping our environment beautiful is something everyone favors (right). Yet litter discarded by careless people can quickly upset the balance of the environment (left). How can littering be prevented?*

Guía para la lectura

*Piensa en esta pregunta
mientras lees.*

▶ *¿Qué efecto tiene nuestro uso
de los recursos naturales en
el ambiente?*

3–1 ¿Qué es contaminación?

De todos los planetas en nuestro sistema solar, sólo la Tierra (que sepamos) es el hogar de los humanos y de otros seres vivos. La Tierra da todo—aire, agua, alimento, energía—lo que necesitamos para sobrevivir. El medio ambiente parece contener tal abundancia de recursos naturales que los humanos y otros seres vivos necesitan, que es difícil imaginar su falta. Pero eso es lo que podría pasar si no somos cuidadosos. A pesar de la riqueza de la Tierra, un delicado balance entre abundancia y escasez existe en nuestro ambiente.

El balance del ambiente puede ser perturbado por el modo en que los humanos obtienen y usan los recursos naturales. Si usamos los recursos renovables más rápido de lo que pueden reemplazarse, el balance será alterado. Si consumimos rápidamente los recursos no renovables, que no pueden ser reemplazados, el balance será perturbado. Y si dañamos un recurso en el proceso de obtener otro, el balance será alterado. Es este último problema, la **contaminación**, el centro de atención de este capítulo.

Figura 3–1 *Todos desean mantener nuestro ambiente bello (derecha). Pero la gente descuidada que desecha basura puede alterar rápidamente el balance del ambiente (izquierda). ¿Cómo puede evitarse la basura esparcida inapropiadamente?*

Pollution has become a household word. But what exactly is pollution? Pollution is the release into the environment of substances that change the environment for the worse. Most pollution is the result of human activities. In obtaining and using the natural resources we depend on, we produce pollutants. As one ecologist (a person who studies the relationships among living things and their environment) has written, pollutants are the "normal byproducts of people."

The Trail of Pollution

To better understand the process of pollution, consider a can of soda. To obtain the aluminum to make the can, ore containing aluminum is dug out of the ground. This digging scars the land. Later, in various factory processes, chemicals are used to remove the aluminum from the ore. Any remaining chemicals and impurities are often washed away with water. The waste water is then discarded—and may end up in a river or a stream. The chemicals, so useful in the factory, become pollutants in the water.

Next, the purified aluminum is sent to a manufacturing plant to be turned into a can. Energy is needed to make the can. So a fuel such as coal or oil is burned to provide the energy. As a result of burning fuel, smoke, soot, and gases are released as pollutants into the air. Making the soda that goes into the can also produces land, air, and water pollutants.

Finally, the can of soda may be transported to a supermarket by a truck that burns gasoline and releases air pollutants. But the trail of pollution does not end at the market. Eventually, the can of soda ends up in the hands of a consumer. That person drinks the soda and may then carelessly toss the empty can into the gutter at the side of a road. There it becomes part of an unsightly collection of cans, bottles, plastic bags, old newspapers, and all sorts of other trash. In other words, it becomes litter! This litter is more than an eyesore. It is a danger to wildlife, and it can contribute to the poisoning of our soil and water resources.

ACTIVITY
DISCOVERING

A Pollution Survey

Conduct a survey of the area in which you live to determine the extent of land, air, and water pollution.

1. Draw a map of the area. Identify major landmarks, streets, roads, rivers, streams, lakes, and factories.

2. Label the directions north, south, east, and west on the map.

3. Mark any polluted areas and include a key using a different symbol for each type of pollution. Which sections of the area were most polluted? With which types of pollution?

■ What was the cause of pollution in each area you identified?

Contaminación se ha convertido en una palabra familiar. ¿Pero qué es exactamente? La contaminación es la descarga en el ambiente de sustancias que lo afectan negativamente. La mayor parte de la contaminación es el resultado de actividades humanas. La obtención y uso de los recursos naturales de los que dependemos producen contaminación. Como ha escrito un ecólogo (una persona que estudia la relación entre los seres vivos y su medio ambiente), los contaminantes son los "subproductos normales de la gente."

La huella de la contaminación

Para entender mejor el proceso de la contaminación, considera una lata de soda. Para obtener el aluminio de la lata, se explota la veta que contiene el aluminio, dejando cicatrices en el terreno. Más tarde, se usan sustancias químicas para extraer el aluminio del mineral. El resto de sustancias químicas se lava con agua, que puede terminar en un río o arroyo. Asi, las sustancias químicas, tan útiles en la fábrica, contaminan el agua.

Ahora, el aluminio purificado se manda a las plantas manufactureras para hacer la lata. Se necesita energía para hacerla. Entonces, un combustible como carbón o petróleo se quema para producir energía. Como resultado de la quema de combustible, humo, hollín y gases se liberan y contaminan el aire. Y hacer la soda que va dentro de la lata también produce contaminación del terreno, el aire y el agua.

Finalmente, la lata de soda puede ser transportada a un supermercado por un camión, que quema gasolina y contamina en el aire. Pero la huella de contaminación no termina en el mercado. A la larga, la lata de soda acaba en las manos de un consumidor, que bebe la soda y, con descuido, puede que arroje la lata vacía en la alcantarilla junto al camino. Ahí forma parte de una colección desagradable de latas, botellas, bolsas plásticas, periódicos viejos y toda clase de desechos. ¡Se ha convertido en basura! Esta basura es más que una ofensa para la vista, es un peligro para la vida silvestre, y puede envenenar nuestros recursos del suelo y del agua.

ACTIVIDAD

PARA AVERIGUAR

Un estudio de la contaminación

Conduce un estudio del área donde vives para determinar la extensión de la contaminación de tierra, aire y agua.

1. Dibuja un mapa del área. Identifica los puntos principales, calles, caminos, ríos, arroyos, lagos y fábricas.

2. Marca las direcciones norte, sur, este y oeste en el mapa.

3. Marca un área contaminada e incluye una clave usando diferentes símbolos para cada tipo de contaminación. ¿Qué secciones están más contaminadas? ¿Qué tipo de contaminación?

■ ¿Cuál es la causa de la contaminación en el área que has identificado?

Figure 3-2 *The trail of pollution leads from waste water discharged into a stream to an overflowing garbage can on a city street.*

Sources and Solutions

As the example of the soda can illustrates, pollution can be thought of as the damage done to one resource by our use of other resources. Although pollution cannot be blamed entirely on our use of energy resources, a great amount of pollution is tied directly to energy use. Our heavy dependence on fossil fuels (coal, oil, and natural gas) has made pollution a major concern in the last several decades. The activities involved in obtaining and using fossil fuels have led to serious land, air, and water pollution.

There is no easy answer to the problem of pollution. Fortunately, there are ways to avoid polluting the environment. Maintaining the balance of the environment does not necessarily mean we must abandon all activities that threaten the balance. Rather, the solution may involve new ways to regulate and reuse materials so that they become new resources. Let's now examine more closely the three main types of pollution—land, air, and water pollution—and the ways in which people are fighting them.

Figura 3–2 *La huella de la contaminación nos lleva desde el descarte de aguas desechadas en un arroyo al cubo desbordado de basura en una calle de la ciudad.*

ACTIVIDAD
PARA HACER

Caza de basura

¿Cuánta basura arrojas por semanal? Para averiguarlo, trata de llevar una bolsa para basura contigo por una semana. En vez de arrojar objetos imperecederos como latas, botellas o periódicos, ponlos en la bolsa. Al final de la semana, ¡podrías sorprenderte con todo lo que has acumulado!

¿Hay alguna manera en que podrías reducir la cantidad de basura que arrojas?

Fuentes y soluciones

Como muestra el ejemplo de la lata de soda, la contaminación puede considerarse como el daño hecho a un recurso por nuestro uso de otro recurso. Aunque no se puede atribuir totalmente al uso de recursos energéticos, una gran parte se debe al uso de energía. Nuestra dependencia de los combustibles fósiles (carbón, petróleo y gas natural) ha hecho de la contaminación la gran preocupación de las últimas décadas. La obtención y uso de combustibles fósiles nos ha llevado a una seria contaminación del terreno, aire y agua.

No hay respuestas fáciles. Pero hay maneras de evitar la contaminación. Mantener el balance del ambiente no significa que debemos abandonar todas las actividades que lo amenazan. La solución puede incluir nuevos modos de regular y volver a usar materiales de manera que se conviertan en nuevos recursos. Examinemos más de cerca los tres tipos de contaminación—la del terreno, del aire y del agua— y las maneras en que la gente las está evitando.

3-1 Section Review

1. How does the use of natural resources by humans affect the environment?
2. What is pollution? What is the cause of most pollution?
3. Describe three ways in which making a can of soda can pollute the environment.

Connection—*Language Arts*
4. The word pollution is derived from a Latin root meaning to soil. The Latin word, in turn, comes from a Greek word meaning dirt. Relate this derivation of the word pollution to the definition of pollution given in this section.

3-2 Land Pollution

In Chapter 1, you learned about many different types of energy resources: fossil fuels, solar energy, wind and water energy, and nuclear energy, as well as various alternative energy resources. Solar, wind, water, and alternative resources together account for only 5 percent of the energy used by people. Most of our energy (about 90 percent) comes from fossil fuels. The remaining 5 percent of the energy we use comes from nuclear power plants. **Obtaining and using certain energy resources—fossil fuels and nuclear energy—can pollute the land.**

The use of coal as a fuel was an important step in the industrialization of the United States. Unfortunately, the environment has often paid heavily for our use of coal. Coal near the surface of the ground is obtained by the process of strip mining. As you learned in Chapter 2, strip mines are gouged out of the surface of the land. This process badly damages the land. In addition to scarring the landscape, strip mining also causes land and soil pollution.

During the strip-mining process, fertile topsoil is buried under tons of rock. When the rock is exposed to precipitation (rain, snow, sleet, and hail), acids

Guide for Reading

Focus on these questions as you read.

▶ *How is our use of energy resources related to the problem of land pollution?*

▶ *What are solid wastes, and where do they come from?*

3–1 Repaso de la sección

1. ¿Cómo afecta el medio ambiente el uso de los recursos naturales por los humanos?
2. ¿Qué es la contaminación? ¿Cuál es la causa de la mayor parte de la contaminación?
3. Describe tres maneras en que la fabricación de una lata puede contaminar el ambiente.

Conexión—*Artes del lenguaje*

4. La palabra contaminación se deriva de una raíz latina que significa ensuciar. La palabra latina, a su vez, viene de una palabra griega que significa sucio. Relaciona esta derivación de la palabra contaminación con la definición en esta sección.

3–2 Contaminación del terreno

En el capítulo 1, leíste sobre varias fuentes de energía: combustibles fósiles, energía solar, del viento, del agua y nuclear, y sobre varias fuentes alternativas. La solar, del viento, del agua y recursos alternativos, proveen sólo el 5 por ciento de la energía usada por la gente. La mayoría de nuestra energía (casi 90 por ciento) viene de los combustibles fósiles. El resto proviene de las plantas nucleares. **La obtención y uso de ciertos recursos energéticos, combustibles fósiles y energía nuclear, puede contaminar el terreno.**

El uso de carbón como combustible fue un paso importante en la industrialización de Estados Unidos. Pero el ambiente ha pagado duramente por su uso. El carbón superficial se obtiene por minería a cielo abierto. Como leíste en el capítulo 2, estas minas se excavan en la superficie del terreno. Este proceso lo daña seriamente además de causar su contaminación y la de la tierra fértil.

Durante la explotación a cielo abierto, la tierra fértil se entierra bajo toneladas de rocas. Cuando las rocas se exponen a la precipitación (lluvia, nieve cellisca y

Guía para la lectura

Piensa en estas preguntas mientras lees.

▶ ¿Cómo, se relaciona nuestro uso de recursos energéticos con el problema de la contaminación del terreno?

▶ ¿Qué son los desechos sólidos y de dónde vienen?

and other dangerous chemicals may be washed out of the rock by rainwater. The acids and chemicals then seep into the ground, polluting the land and soil.

Hazardous Wastes

Strip mining is just one example of how using energy resources can pollute the land. Another example involves the wastes produced by factories. Wastes from factories may pollute the land with toxic, or poisonous, chemicals. These toxic chemicals are called **hazardous wastes.** Hazardous wastes are any wastes that can cause death or serious damage to human health.

Factories that produce fuels and petrochemicals from petroleum are the major sources of hazardous wastes. When improperly stored in barrels buried in waste dumps, hazardous wastes can seep into the soil and cause land pollution. Cleaning up wastes that were improperly disposed of in the past is a serious problem today.

There are several possible solutions to the management of hazardous wastes. The best way to solve the problem of hazardous wastes, of course, is to produce less of them. In some cases, it might be possible for industry to reuse certain hazardous wastes. Other wastes might be chemically treated to change the toxic substances they contain into nontoxic

Figure 3–3 *When hazardous wastes are not properly disposed of, toxic chemicals may leak into the environment. Cleaning up these wastes is difficult, dangerous, and expensive.*

granizo) ácidos y otras sustancias químicas peligrosas pueden ser arrastradas por la lluvia, filtrándose en la tierra y contaminando el terreno y la tierra fértil.

Desechos peligrosos

La explotación a cielo abierto es sólo un ejemplo de cómo el uso de recursos energéticos puede contaminar el terreno. Otro ejemplo son los desechos que producen las fábricas, que pueden contaminar el terreno con elementos químicos tóxicos o venenosos. Los **desechos peligrosos** son cualquier desecho que puede causar la muerte o daños serios a la salud humana.

Las fábricas que producen combustibles y petroquímicos son una gran fuente de desechos peligrosos. Cuando se almacenan de forma inapropiada en barriles enterrados en basureros, los desechos peligrosos pueden filtrarse en el suelo y causar contaminación del terreno. La limpieza de los desechos mal eliminados en el pasado es hoy un problema muy serio.

Hay varias soluciones posibles para el manejo de los desechos peligrosos. El mejor modo de resolver el problema de los desechos peligrosos es producir menos, por supuesto. En algunos casos la industria podría reusarlos. Otros desechos podrían tratarse químicamente para convertir los elementos tóxicos en sustancias no tóxicas antes de eliminarlos. Pero el

Figura 3–3 *Cuando los desechos tóxicos no se eliminan adecuadamente, pueden filtrarse en el ambiente. Limpiar estos desechos es una tarea difícil, peligrosa y costosa.*

substances before disposing of them. But chemical treatment of hazardous wastes is usually expensive. Most hazardous wastes wind up buried deep underground, where they are a potential source of land pollution.

Radioactive Wastes

Perhaps the most threatening form of land pollution today involves the disposal of **radioactive wastes.** Radioactive wastes are the wastes produced as a result of the production of energy in nuclear power plants. Radioactive wastes are classified as either high-level or low-level wastes.

High-level wastes are primarily the used fuel rods from a nuclear reactor. Low-level wastes are, by definition, any radioactive wastes that are not high-level wastes. Low-level wastes may include contaminated clothing worn by the power-plant workers or contaminated equipment used in the power plant.

Low-level wastes have relatively short half-lives. The half-life of a radioactive substance is the time it takes for half the substance to decay, or change into a nonradioactive substance. Low-level wastes decay quickly. The disposal of these wastes usually does not cause major land-pollution problems. When properly stored, the wastes can be isolated from the environment until they are no longer radioactive.

High-level wastes, however, may have half-lives of 10,000 years or more. Isolating these wastes from the environment for that length of time is practically impossible. In the past, a common practice was to seal high-level wastes in concrete or glass containers and then bury the containers deep underground. The problem with this procedure is that the containers may eventually corrode or leak, allowing the radioactive wastes to escape and pollute the land.

Recently, several alternative solutions for the disposal of high-level wastes have been suggested. These include geologic disposal, or disposal deep in the Earth. For example, wastes can be buried in rock formations that are not subject to movement or in salt mines. Disposal in deep ocean beds is another alternative. Some scientists have even suggested that it might be possible to shoot rockets carrying high-level wastes into the sun. Finding a way to dispose of

Figure 3–4 High-level radioactive wastes from nuclear reactors are buried in special containers (top). Some low-level wastes are the result of beneficial nuclear medicine. In Brazil, part of a radiotherapy machine from a clinic was illegally dumped in a junk yard. Several people died after handling the exposed radioactive material. Here you see their lead coffins (bottom). A technician monitors the area for excess radiation.

tratamiento químico es muy costoso. La mayoría de los desechos peligrosos terminan enterrados en la profundidad de la tierra donde son una fuente potencial de contaminación del terreno.

Desechos radioactivos

Quizás la forma más peligrosa de contaminación del terreno es la eliminación de los **desechos radioactivos**. Los desechos radioactivos son aquéllos producidos como resultado de la producción de energía en las plantas nucleares. Se clasifican como de alto nivel o de bajo nivel.

Los desechos de alto nivel son principalmente las varillas de combustible usadas en un reactor nuclear. Los desechos de bajo nivel incluyen vestimentas o equipos contaminados utilizados por los trabajadores en la planta.

Los desechos de bajo nivel tienen una vida media relativamente corta. La vida media de una sustancia radioactiva es el tiempo que toma a la mitad de esta sustancia en descomponerse, o convertirse en una sustancia no radioactiva. Los desechos de bajo nivel se degeneran con rapidez. El tratamiento de estos desechos, en general, no causa mayores problemas de contaminación del terreno. Cuando se almacenan apropiadamente, pueden aislarse del ambiente hasta que dejen de ser radioactivos.

Sin embargo, los desechos de alto nivel podrían tener vida media de 10,000 años o más. Aislar estos desechos del ambiente por ese tiempo es imposible. En el pasado, una práctica común era sellarlos en envases de concreto o vidrio y enterrarlos profundamente en la tierra. El problema con este procedimiento es que los envases podían corroerse, o perder, permitiendo el escape de los desechos radioactivos y la contaminación del terreno.

Recientemente, varias soluciones alternativas han sido sugeridas para la eliminación de los desechos de alto nivel. Éstas incluyen eliminación geológica, o eliminación profunda en la Tierra. Por ejemplo, los desechos pueden ser enterrados en formaciones rocosas sin movimiento o en minas de sal. La eliminación en el fondo del océano es otra alternativa. Encontrar la forma de eliminar los desechos radioactivos de alto nivel es

Figura 3–4 *Los desechos radioactivos de alto nivel de los reactores nucleares son enterrados en envases especiales (arriba). Algunos desechos de bajo nivel son el resultado de medicina nuclear beneficiosa. En Brasil, parte de una máquina de radioterapia de una clínica fue ilegalmente arrojada en un basural. Varias personas murieron después de manejar el material radioactivo expuesto. Aquí puedes ver sus cajones de plomo (abajo). Un técnico controla el exceso de radiación del área.*

high-level radioactive wastes safely is one of the most important environmental issues facing us at this time.

Solid Wastes

Americans produce about 4 billion tons of solid wastes every year. **Solid wastes are useless, unwanted, or discarded materials. They include agricultural wastes, commercial and industrial wastes, and household wastes.** Another word for solid wastes is garbage. The solid wastes found in a garbage dump may include old newspapers and other paper products, glass bottles, aluminum cans, rubber and plastics, discarded food, and yard wastes.

Mountains of garbage in solid-waste dumps once surrounded many cities. Solid-waste dumps are offensive to the eyes as well as to the nose! One way to deal with solid-waste dumps is to cover open dumps with thick layers of soil. In 1976, the United States Congress prohibited open dumps. They ruled that all existing open dumps were to be converted to **sanitary landfills.** In a sanitary landfill, all garbage is compacted, or packed into the smallest possible space. And the garbage is covered at least once a day with a layer of soil. No hazardous wastes are allowed to be dumped in a sanitary landfill. One of the advantages of sanitary landfills is that once they are filled to capacity, they can be landscaped and used as parks, golf courses, and other recreational facilities.

Sanitary landfills can still pose problems, however. Wastes can ooze out of landfills and pollute the surrounding soil. And although sanitary landfills are not supposed to be used for hazardous wastes, household wastes often include pesticides, cleaning materials, paint and paint thinners, and other toxic chemicals.

Another problem with sanitary landfills is that when compacted garbage begins to decompose, or break down, methane gas is produced. Methane gas is dangerous to breathe. It is also a fire hazard. A number of landfill fires have smoldered underground for years, and a few landfills have exploded. This problem can be solved by installing a "gas well" in a landfill. In this way, the methane gas can be removed and used as a fuel.

ACTIVITY

DISCOVERING

Reducing Packaging Waste

Many of the foods you eat come in packages that you throw away every day. Packaging accounts for one third of all the solid wastes in landfills. Suppose that you could make your own lunch. How could you reduce the amount of packaging waste?

1. Pack an imaginary brown-bag lunch using only disposable, single-serving containers. You might include a container of milk, a sandwich, a bag of potato chips, and a cup of yogurt. Also include a straw, a plastic spoon, and a paper napkin.

2. Pack the same brown-bag lunch, but this time use only reusable containers. Include a metal spoon and a cloth napkin.

3. Compare the amount of packaging waste you would throw away for each lunch. Which lunch would be easier to prepare? To clean up? Which do you think would cost more per serving?

■ Considering all the factors involved, which lunch would you be more likely to pack? Why?

uno de los puntos más importantes de la contaminación que enfrentamos estos días.

Aᴄᴛɪᴠɪᴅᴀᴅ

PARA AVERIGUAR

Reducir el desperdicio del empaque

Muchas de las comidas que comes vienen en envases que descartas cada día. Los envases son un tercio de los desechos sólidos en los basureros. Si pudieras preparar tu propio almuerzo, ¿cómo reducirías este desperdicio?

1. Empaqueta un almuerzo imaginario usando sólo envases individuales desechables. Puedes incluir un cartón de leche, un sandwich, una bolsa de papas fritas y una taza de yogur. También un sorbete, una cuchara de plástico y una servilleta de papel.

2. Empaqueta el mismo almuerzo, pero esta vez usando envases reusables. Incluye una cuchara de metal y una servilleta de tela.

3. Compara la cantidad de desperdicio de envase en cada almuerzo. ¿Cuál almuerzo sería más fácil de preparar? ¿De limpiar? ¿Cuál crees que costaría más por porción?

■ Considerando todos los factores, ¿qué almuerzo sería mejor empacar? ¿Por qué?

Desechos sólidos

Los americanos producen cerca de 4,000 millones de toneladas de desechos sólidos cada año. **Los desechos sólidos son materiales descartados, no deseados, o inútiles. Incluyen desechos agrícolas, comerciales, industriales y caseros.** Los que se encuentran en un basurero pueden ser periódicos viejos y otros productos de papel, botellas de vidrio, latas de aluminio, gomas y plásticos, restos de comida, y desechos de jardines.

Una vez, montañas de basura rodearon muchas ciudades. ¡Estos basureros no sólo ofendían la vista sino también el olfato! Una manera de lidiar con ellos es cubrirlos con gruesas capas de tierra. En 1976, el Congreso de Estados Unidos los prohibió y decidió que serían convertidos en **basureros sanitarios**, donde toda la basura es compactada o empacada en el espacio más reducido, y se cubre, al menos, con una capa de tierra cada día. En los basureros sanitarios no se permiten desechos peligrosos. Una de las ventajas es que una vez que se llenan, pueden ser arreglados y usados como parques, campos de golf y otros servicios recreativos.

Los basureros sanitarios pueden también presentar problemas, sin embargo. Los desechos pueden exudar y contaminar el suelo de los alrededores. Y aunque se supone que no se permiten desechos peligrosos, muchas veces los desechos caseros incluyen insecticidas, productos de limpieza, pinturas, disolventes y otros materiales tóxicos.

Otro problema es que cuando la basura compactada comienza a descomponerse, produce el gas metano. Este gas es peligroso de inhalar y una amenaza de incendio. Algunos basureros se han quemado lentamente en forma subterránea por años, y otros han explotado. Este problema puede resolverse instalando un "pozo de gas," donde el gas metano puede extraerse y usarse como combustible.

But the most serious problem with sanitary land-fills may be finding a place to put them. At present, sanitary landfills cannot handle more than a fraction of the solid wastes produced in this country. A city of a million people can produce enough garbage to fill a football stadium in just a year! Most residents probably would not be happy with a landfill nearby. So finding sites to build new sanitary landfills is difficult.

Alternatives to sanitary landfills include ocean dumping, burning, and recycling. At one time, solid wastes were commonly towed offshore and dumped into the ocean. Even today, about 50 million tons of wastes are dumped into the oceans every year. Ocean dumping often results in washed-up debris on beaches, causing more land pollution. But because of the low cost of ocean dumping, many coastal cities consider it an alternative to landfills.

Figure 3–5 *Solid wastes are disposed of in a sanitary landfill (left). Shea Stadium in New York City is one of many recreational facilities around the country built on the site of a sanitary landfill (right).*

Figure 3–6 *Why is ocean dumping of garbage not a good alternative to sanitary landfills?*

Pero el problema más serio de los basureros sanitarios es encontrar dónde ponerlos. En la actualidad, no pueden acomodar más que una fracción de los desechos sólidos producidos en este país. ¡Una ciudad de un millón de personas puede producir suficiente basura como para llenar un estadio de football en un año! La mayoría de los residentes no serían felices de tener un basurero sanitario cerca. De modo que encontrar espacio para construir nuevos basureros es difícil.

Las alternativas incluyen los basureros marinos, la quema de basura y el reciclaje. En una época, los desechos sólidos se vaciaban en el océano. Aún hoy, se vacían cerca de 50 millones de toneladas por año en los océanos, llevando desperdicios a las playas y causando más contaminación del terreno. Pero como es de bajo costo, muchas ciudades costeras lo consideran como una alternativa a los basureros en tierra.

Figura 3–5 *Los desechos sólidos son vaciados en un basurero sanitario (izquierda). El Shea Stadium, en New York es una de los muchos sitios recreativos del país construido donde había un basurero sanitario (derecha).*

Figura 3–6 *¿Por qué arrojar la basura en el océano no es una buena alternativa a los basureros sanitarios?*

Figure 3–7 *Recycling reduces the volume of solid wastes and helps preserve natural resources. How can you make recycling a part of your life?*

Burning garbage in open dumps and in the incinerators of apartment buildings, hospitals, and factories was at one time a popular alternative to landfills. Because burning releases harmful gases, however, this practice is being halted. Sometimes the old incinerators are replaced with highly efficient incinerators fitted with emission controls. But there is another way to burn garbage that is increasingly being used. Since the 1960s, several European countries have used special waste-to-energy incinerators to burn their garbage. The heat produced is used to convert water into steam, which is then used to generate electricity or to heat the buildings. Some of these waste-to-energy incinerators are in use in the United States, and more are planned for the future.

Recycling, which not only gets rid of solid wastes but also creates useful materials, is considered the solid-waste solution of the future by most environmentalists. You will learn more about recycling in Chapter 4. Recycling often involves high technology. Technology alone, however, can do little. People must also be involved. Recycling begins at home. An aluminum can or a glass bottle carelessly tossed to the side of the road can take thousands of years to decompose. Everybody, to a certain degree, causes land pollution. And everybody can help to stop it.

ACTIVITY

WRITING

A Difficult Day

Many of the things you take for granted in your daily life contribute to the problem of garbage. Imagine trying to live for a day without using anything that contributes to solid-waste pollution. Write a 200-word story describing what such a day would be like.

3–2 Section Review

1. Describe two ways in which obtaining and using fossil-fuel resources results in land pollution.
2. What are radioactive wastes? What is the difference between high-level and low-level wastes?
3. What are solid wastes? What are three sources of solid wastes?
4. Describe four methods of solid-waste disposal.

Connection—*You and Your World*
5. For one week, keep a list of all the solid wastes you throw away. What percentage of your solid wastes consists of renewable resources (paper, wood, and so on)? What percentage consists of nonrenewable resources (metals, plastics, and so on)?

Figura 3–7 *El reciclaje reduce el volumen de desechos sólidos y ayuda a conservar los recursos naturales. ¿Cómo puedes hacerlo parte de tu vida?*

Quemar la basura en basureros abiertos y en incineradores de los edificios de apartamentos, hospitales y fábricas fue en un tiempo una alternativa popular a los basureros. Pero como la quema libera gases dañinos esta práctica está siendo interrumpida. A veces los viejos incineradores son reemplazados por incineradores eficientes con controles de emisión. Pero hay otra manera de quemar basura que se está usando cada vez más. Desde 1960 varios países europeos han estado usando incineradores especiales para quemar su basura. La energía que producen se usa para transformar el agua en vapor, que luego genera electricidad o calienta edificios. Algunos de estos incineradores que convierten desechos en energía están también en uso en Estados Unidos y hay planes para construir más en el futuro.

El reciclaje, que no solamente elimina los desechos sólidos sino que también crea materiales útiles, es considerado como la solución del futuro por muchos ecólogos. Aprenderás más sobre esto en el capítulo 4. A menudo, el reciclaje requiere alta tecnología. Pero ésta, no serviría de mucho si la gente no comienza en casa. Una lata de aluminio o una botella de vidrio arrojada por descuido al borde del camino puede tomar miles de años en descomponerse. Todo el mundo, hasta cierto punto, causa la contaminación. Y cada uno puede ayudar a detenerla.

ACTIVIDAD

PARA ESCRIBIR

Un día difícil

Muchas de las cosas que das por sentado en tu vida diaria contribuyen al problema de la basura. Imagina tratar de vivir un día sin usar nada que contribuya a la contaminación de los desechos sólidos. Escribe una composición de 200 palabras describiendo cómo sería tal día.

3–2 Repaso de la sección

1. Describe dos maneras en que la obtención y uso de los combustibles fósiles causan la contaminación del terreno.
2. ¿Qué son desechos radioactivos? ¿Cuál es la diferencia entre desechos de alto y bajo nivel?
3. ¿Qué son desechos sólidos? ¿Cuáles son las tres fuentes de los desechos sólidos?
4. Describe cuatro métodos de eliminación de desechos sólidos.

Conexión—*Tú y tu mundo*
5. Durante una semana, mantén una lista de todos los desechos sólidos que arrojas. ¿Qué porcentaje consiste en fuentes renovables (papel, madera, etc.)? ¿Qué porcentaje consiste en fuentes no renovables (metales, plásticos, etc.)?

PROBLEM Solving

The Diaper Dilemma

Disposable paper diapers make up 2 percent of all the garbage produced in this country, adding to the mountains of solid wastes in sanitary landfills. As a result, many parents have chosen reusable cloth diapers instead. But are these reusable diapers really less harmful to the environment than disposable diapers? You decide. The following chart compares resources used and pollutants produced per week by both kinds of diapers.

Based on the risks and benefits associated with their use, which kind of diaper would you choose? Why? What other factors might you consider in making your decision?

	Reusable Diapers	Disposable Diapers
Resources Used		
Renewable	0.18 kilogram	9.72 kilograms
Nonrenewable	1.44 kilogram	1.67 kilograms
Water Used	547 liters	90 liters
Energy Used		
Renewable Sources	14,890 BTU*	3,720 BTU
Nonrenewable Sources	64,000 BTU	19,570 BTU
Pollutants Produced		
Air	0.39 kilogram	0.04 kilogram
Water	0.05 kilograms	0.005 kilogram

*BTU stands for British thermal unit. One BTU is the amount of heat needed to raise the temperature of one pound of water one degree Fahrenheit.

PROBLEMA a resolver

El dilema del pañal

Los pañales desechables componen el 2 por ciento de toda la basura producida en este país, sumándose a las montañas de desechos sólidos en los basureros sanitarios. Como resultado, muchos padres han escogido los pañales de tela. ¿Pero son estos pañales reusables realmente menos dañinos para el ambiente que los desechables? Decide. La siguiente gráfica compara los recursos usados y los contaminantes producidos por semana por ambos tipos de pañales.

Basándote en los riesgos y beneficios asociados con su uso, ¿cuál escogerías? ¿Por qué? ¿Qué otros factores afectaron tu decisión?

	Pañales reusables	Pañales desechables
Recursos usados		
Renovables	0.18 kilogramo	9.72 kilogramos
No renovables	1.44 kilogramo	1.67 kilogramos
Agua usada	547 litros	90 litros
Energía usada		
Fuentes renovables	14,890 BTU*	3,720 BTU
Fuentes no renovables	64,000 BTU	19,570 BTU
Contaminantes producidos		
Aire	0.39 kilogramo	0.04 kilogramo
Agua	0.05 kilogramo	0.005 kilogramo

*BTU Es una unidad térmica inglesa. Un BTU es la cantidad de calor necesitado para subir la temperatura de una libra de agua un grado Fahrenheit.

3–3 Air Pollution

When you think of the Earth's natural resources—land, water, minerals, fossil fuels—the one resource that may not come to mind immediately is air. Yet air is probably the most important resource of all. Where would we be without fresh, clean air to breathe? We usually do not think of air as a resource because, although it is all around us, air is normally invisible—odorless, colorless, and tasteless.

But now imagine a place where the sky is always gray, the buildings are blackened by soot, and the air smells like rotten eggs. Do you think people would choose to live in such a place? Would you? The people of Donora, Pennsylvania, did live in such a place in the 1940s.

The city of Donora boasted one of the largest steel mills in the world. The economy of the city was thriving as mills and factories operated 24 hours a day. Millions of tons of coal were burned every hour to provide energy for this growing industrial center. And the people of Donora reasoned that the gray sky, the soot, and the smell were the price they had to pay for progress.

But in October 1948 the price became too high. The air became almost unbreathable. Noontime looked like late evening. People could barely see. They suffered from eye irritations and chest pains. Even the animals became sick. What had happened to this Pennsylvania city in which the autumn air was usually cool and damp? The answer is that on that October day in Donora, a phenomenon known as a **temperature inversion** had settled over the city.

A temperature inversion occurs when cool air near the Earth's surface becomes trapped under a layer of warm air. Normally, cool air is heated by the Earth's surface and rises, taking pollutants with it. But during a temperature inversion, the layer of warmer air acts as a lid, and the pollutants are trapped in the cooler air near the surface. The temperature inversion in Donora, in which 20 people died and thousands more were hospitalized, lasted for four days.

Figure 3–8 *During a temperature inversion, cool air containing pollutants becomes trapped under a layer of warm air. Why is a temperature inversion dangerous to human health?*

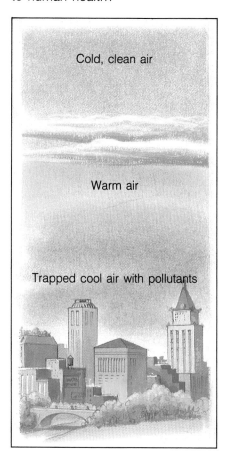

Cold, clean air

Warm air

Trapped cool air with pollutants

3–3 Contaminación del aire

Cuando piensas en los recursos naturales de la Tierra—terreno, agua, minerales, combustibles fósiles—el que no acude inmediatamente a tu mente es el aire. Pero el aire es, probablemente, el más importante de todos. ¿Qué haríamos sin aire fresco y limpio para respirar? No pensamos en el aire como recurso porque, a pesar de que nos rodea, es normalmente invisible—sin olor, sin color y sin sabor.

Pero ahora imagina un lugar donde el cielo es siempre gris, los edificios están ennegrecidos por hollín y el aire huele a huevo podrido. ¿Crees que la gente escogería vivir en un lugar así? ¿Lo harías tú? La gente de Donora, Pennsylvania, vivió en semejante lugar en la década de 1940.

La ciudad de Donora ostentó una de las fábricas de acero más grandes del mundo. La economía de la ciudad florecía mientras las fábricas operaban 24 horas al día. Millones de toneladas de carbón eran quemadas cada hora para producir energía para este creciente centro industrial. Y la gente de Donora creía que el cielo gris, el hollín y el olor eran el precio que debían pagar para progresar.

Pero en octubre de 1948 el precio subió demasiado. El aire se volvió casi irrespirable. El día parecía noche. La gente sufría irritación en los ojos y dolores en el pecho. Hasta los animales se enfermaron. ¿Qué le sucedió a esta ciudad en la que el aire del otoño había sido fresco y húmedo? La respuesta es que ese día de octubre, un fenómeno conocido como **inversión de la temperatura** se había instalado en Donora.

Una inversión de temperatura ocurre cuando el aire frío cerca de la superficie de la Tierra queda atrapado bajo una capa de aire tibio. Normalmente, el aire frío es calentado por la superficie de la Tierra y sube llevándose los contaminantes. Pero durante la inversión de temperatura, la capa de un aire más caliente actúa como tapa, y los contaminantes quedan atrapados en el aire más frío cerca de la superficie. El fenómeno, en el que 20 personas murieron y miles debieron ser hospitalizadas, duró 4 días.

Figura 3–8 *Durante una inversión de temperatura, el aire frío conteniendo contaminantes queda atrapado bajo una capa de aire tibio. ¿Por qué una inversión de temperatura es peligrosa para la salud humana?*

Aire frío y limpio

Aire tibio

Aire frío atrapado con contaminantes

Since the Donora disaster, cities and states have passed laws to control emissions of pollutants from factories and power plants. Yet the problems associated with burning coal and other fossil fuels still remain. **Although much air pollution comes from the industrial burning of coal and other fossil fuels, the most significant source of air pollution is motor vehicles.** Now let's find out how motor vehicles contribute to air pollution.

Smog

The air that makes up the Earth's atmosphere is a mixture of several gases. These gases include oxygen, nitrogen, carbon dioxide, and water vapor. When fossil fuels are burned, a brew of pollutants enters the air. The gasoline burned in the engines of automobiles and other motor vehicles contains hydrocarbons, or compounds of hydrogen and carbon. Pollution occurs when the gasoline is not completely burned in the engine. Some hydrocarbons escape into the air. At the same time, the poisonous gas carbon monoxide is produced and also enters the air.

Hydrocarbons, carbon monoxide, and several other gases often react in sunlight to form a thick brownish haze called **smog.** (The word smog is a combination of the words smoke and fog.) Smog contains chemicals that irritate the eyes and make

Figure 3–9 *In this photograph, much of Los Angeles is hidden by the smog caused by a temperature inversion. How does automobile exhaust add to the smog problem in Los Angeles?*

Desde el desastre de Donora, los estados han adoptado leyes para controlar las emisiones de contaminantes de fábricas y plantas de energía. Pero los problemas asociados con la quema de carbón y otros combustibles fósiles continúan. **Aunque mucha de la contaminación del aire proviene de la quema industrial del carbón y otros combustibles fósiles, la mayor parte proviene de los vehículos de motor.** Vamos a ver cómo los vehículos motorizados contribuyen a la contaminación del aire.

Smog

El aire que compone la atmósfera de la Tierra es una mezcla de varios gases. Estos gases incluyen oxígeno, nitrógeno, dióxido de carbono y vapor de agua. Cuando se queman combustibles fósiles, una mezcla de contaminantes penetra el aire. La gasolina que queman los vehículos motorizados contiene hidrocarburos. La contaminación ocurre cuando la gasolina no se quema completamente. Algunos hidrocarburos penetran el aire. Al mismo tiempo se produce el gas venenoso monóxido de carbono que también entra al aire.

Los hidrocarburos, el monóxido de carbono y otros gases reaccionan ante la luz solar produciendo **smog**. (La palabra smog, es una combinación, en inglés, de las palabras humo y niebla.) El smog contiene sustancias químicas que irritan los ojos y hacen dificultosa la

Figura 3–9 *En esta foto, gran parte de Los Ángeles está cubierta por el smog causado por una inversión de temperatura. ¿Cómo contribuye el escape de los autos al smog en Los Ángeles?*

ACTIVITY
DISCOVERING

How Acid Is Your Rain?

Find out if there is an acid rain problem in your area.

1. The next time it rains, collect a sample of rainwater in a clean glass jar. Label it Sample A.

2. Place some distilled water in another jar and label it Sample B.

3. Obtain some pH paper (used to measure acidity) from your teacher. Your teacher will show you how to use the pH paper to test the acidity of each of your samples. Record your results.

■ Was there a difference in acidity between the two water samples?

■ If so, what might have caused the difference?

breathing difficult. Smog is expecially damaging—even deadly—for people with lung diseases or other respiratory disorders, such as asthma. The pollutants in smog can also damage or kill plants.

Smog can build up over a city because of the flip-flop in layers of air that takes place during a temperature inversion. This is what happened in Donora for four days in 1948. But it happens in Los Angeles all the time. Los Angeles has frequent temperature inversions. As a result, the air in the city is unhealthy for more than 200 days out of the year. In fact, the term smog was invented in Los Angeles.

Acid Rain

Factory smokestacks and automobile exhausts release various pollutants into the air. Some of these pollutants include sulfur and nitrogen compounds called oxides. In the atmosphere, sulfur oxides and nitrogen oxides combine with water vapor through a series of complex chemical reactions. These reactions result in the formation of two of the strongest acids known: sulfuric acid and nitric acid. These acids can fall to the Earth as precipitation in the form of rain, snow, sleet, and even fog. The general term used for precipitation that is more acidic than normal is **acid rain.**

Figure 3–10 *The damage to trees caused by acid rain can be clearly seen in this photograph. What is the source of acid rain?*

ACTIVIDAD
PARA AVERIGUAR

¿Cuán ácida es tu lluvia?

Averigua si hay un problema de lluvia ácida en tu área.

1. La próxima vez que llueva, recog una muestra de agua de lluvia en un frasco de vidrio. Márcala: Muestra A.

2. Coloca agua destilada en otro frasco y márcala: Muestra B.

3. Obtén papel pH de tu maestro. Él te dirá cómo usar el papel pH para medir la acidez de cada muestra. Anota tus resultados.

■ ¿Hubo alguna diferencia en acidez entre las dos muestras de agua?

■ Si es así, ¿qué puede haber causado la diferencia?

respiración. El smog es dañino—y hasta mortal—especialmente para la gente con dolencias en los pulmones y otro desórdenes respiratorios como el asma. También puede dañar y matar plantas.

El smog se puede acumular sobre una ciudad debido a las volteretas de las capas del aire que ocurren durante una inversión de temperatura. Esto es lo que pasó en Donora durante cuatro días en 1948, pero sucede en Los Ángeles todo el tiempo. Como resultado de las frecuentes inversiones de temperatura en esta ciudad, ¡el aire es nocivo más de 200 días al año! En realidad, la palabra smog fue inventada en Los Ángeles.

Lluvia ácida

Las chimeneas de las industrias y los tubos de escape de los autos emiten varios contaminantes en el aire que incluyen óxidos de azufre y óxidos de nitrógeno. En la atmósfera, estos óxidos se combinan con el vapor de agua del aire, en una serie de reacciones químicas complicadas, para producir dos de los ácidos más fuertes: ácido sulfúrico y ácido nítrico. Estos ácidos pueden caer a la Tierra como precipitación en forma de lluvia, nieve, cellisca, granizo y hasta niebla. Cuando la precipitación contiene más acidez que lo normal, se llama **lluvia ácida**.

Figura 3–10 *El daño a los árboles causado por la lluvia ácida puede verse claramente en esta foto. ¿Cuál es la fuente de la lluvia ácida?*

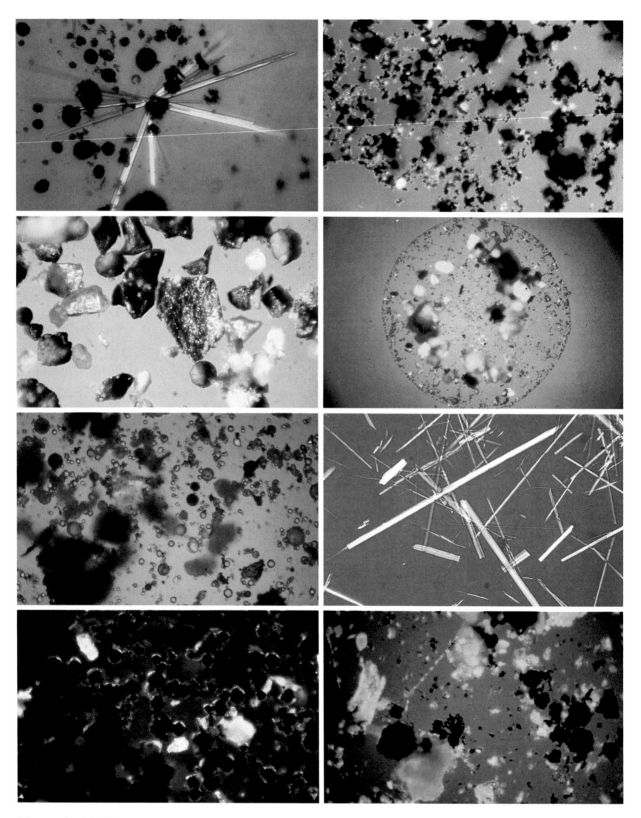

Figure 3–11 *These photographs show some pollutants found in the air. Reading from left to right are sulfate crystals, automobile exhaust, steel mill emissions, a drop of acid rain, coal ash, asbestos particles, oil ash, and emissions from a power plant.*

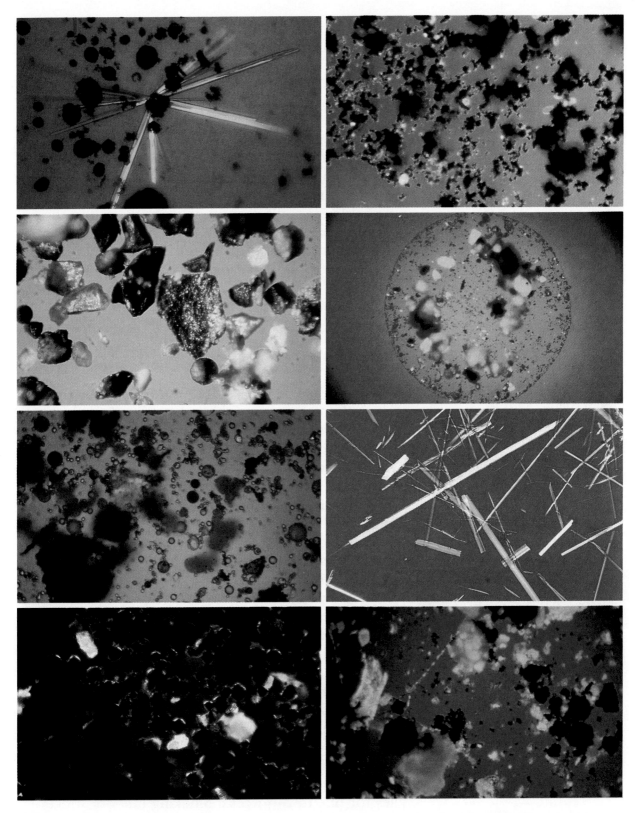

Figura 3–11 *Estas fotos muestran algunos contaminantes que hay en el aire. De izquierda a derecha: cristales de sulfato, escape de auto, emisiones de planta de acero, una gota de lluvia ácida, ceniza de carbón, partículas de asbestos, ceniza de petróleo y emisiones de una planta de energía.*

1. Shred several leaves of red cabbage and boil them in some water until the liquid turns dark purple. **CAUTION:** *Be careful when boiling a liquid. Wear safety goggles.*

2. When the cabbage and liquid have cooled, pour the liquid through a sieve into a container.

3. Pour 4 mL of lemon juice into a separate container. Add 2 mL of the red cabbage juice. Stir and observe any color change. Based on the fact that lemon juice is an acid (citric acid), what color does red cabbage juice turn in the presence of an acid?

Figure 3–12 *Smoking is a leading cause of indoor air pollution. Why is smoking not allowed on public transportation?*

Very often, acid rain falls many kilometers away from the original source of the pollution. Acid rain from factories in Germany, France, and Great Britain is being blamed for killing fishes and trees in Sweden. Acid rain blown by winds from industrial areas in the midwestern United States is being blamed for damage to lakes and forests in the northeastern United States and in Canada.

The damage caused by acid rain is a serious problem. Naturally, the best way to control acid rain is to stop releasing sulfur and nitrogen oxides into the air. For example, factories could burn coal with a low sulfur content. But low-sulfur coal is expensive and hard to find. So scientists continue to search for additional ways to prevent acid rain and other forms of air pollution.

Indoor Air Pollution

After reading about all the problems caused by air pollution, you may think that the safest place to be is indoors. But think again! Indoor air pollution is an issue that has often been overlooked. Recently, however, scientists have realized that some homes and offices may have serious air-pollution problems.

Several factors combine to make indoor air pollution a serious problem. Some appliances used in homes and offices give off potentially dangerous gases. In addition, many homes and office buildings are well insulated for increased energy efficiency. This means that pollutants that might otherwise escape through cracks and leaks are trapped inside. Also, most people spend more time indoors than they do outdoors.

There are many sources of indoor air pollution. These include the gases given off by wood, coal, and kerosene stoves, as well as the chemicals in air fresheners, disinfectants, and oven and drain cleaners. One of the leading causes of indoor air pollution is smoking. In fact, smoking only one cigarette is the equivalent of breathing the smoggy air of Los Angeles for one to two weeks! Smoking indoors affects nonsmokers as well as smokers. Many communities have recognized the harmful effects of smoking indoors by banning smoking in restaurants, offices, and other public spaces.

ACTIVIDAD

PARA HACER

Un indicador casero

1. Arranca varias hojas de repollo rojo y hiérvelas en agua hasta que el líquido se torne morado. **CUIDADO:** *Al hervir liquidos usa gafas protectoras.*

2. Cuando el repollo y el líquido se hayan enfriado, vierte el líquido en un recipiente a través de un cedazo.

3. Coloca 4 mL de jugo de limón en otro recipiente. Agrega 2 mL del jugo de repollo. Revuelve y observa los cambios de color. Basado en el hecho de que el jugo de limón es un ácido (ácido cítrico). ¿De qué color se vuelve el jugo de repollo en presencia de un ácido?

Figura 3–12 *Fumar es una de las causas de la contaminación interior. ¿Por qué no se permite fumar en los transportes públicos?*

A menudo, la lluvia ácida cae a muchos kilómetros de distancia de la fuente original de la contaminación. La lluvia ácida de fábricas en Alemania, Francia y Gran Bretaña es responsable de la muerte de peces y árboles en Suecia. La lluvía ácida llevada por los vientos de áreas industriales en el medio oeste de los Estados Unidos es culpable de los daños a lagos y bosques en el noreste de Estados Unidos y el Canadá.

El daño que causa la lluvia ácida es un problema serio. Naturalmente, la mejor manera de controlarla es no liberar óxidos de azufre y nitrógeno. Por ejemplo, las fábricas podrían quemar carbón con un bajo contenido de azufre, pero éste es costoso y difícil de conseguir. Mientras tanto, los científicos siguen buscando modos adicionales de prevenir lluvia ácida y otras formas de contaminación del aire.

Contaminación interior del aire

Después de leer sobre todos estos problemas de contaminación, creerás que el lugar más seguro es dentro de la casa. ¡Piensa otra vez! La contaminación del aire interior es un tema que ha sido ignorado. Recientemente, sin embargo, los científicos han notado que algunas casas y oficinas podrían tener serios problemas de contaminación del aire.

Varios factores se combinan para crear el problema. Algunos aparatos eléctricos usados en hogares y oficinas emiten gases potencialmente dañinos. Además muchas casas y edificios de oficinas están bien aislados para aumentar la eficiencia de energía. Esto significa que los contaminantes que podrían escapar por rajaduras y grietas quedan atrapados adentro. Además, la mayoría de la gente pasa más tiempo dentro que fuera de las casas u oficinas.

Hay muchas fuentes de contaminación interior. Éstas incluyen gases producidos por las estufas de madera o por el carbón y las cocinas de kerosene, así como los compuestos químicos en acondicionadores del aire, desinfectantes y limpiadores de hornos y desagües. Una de las mayores causas de la contaminación interior es el humo de los cigarrillos. Muchas comunidades han reconocido los efectos dañinos del fumar dentro de los espacios cerrados, prohibiéndolo en restaurantes, oficinas y otros lugares públicos.

CONNECTIONS

Plants Versus Pollution

Can houseplants reduce indoor air pollution? Dr. W. C. Wolverton thinks they can. Dr. Wolverton has designed a filter system using plants, such as English ivy and peace lilies, that absorb harmful gases and chemicals from the air in homes and offices. But Dr. Wolverton is neither a *florist* nor a *gardener*. He is a former researcher with the National Aeronautics and Space Administration (NASA). In fact, Dr. Wolverton began his research with plants while searching for ways to reduce air pollution on space stations such as *Skylab*. Now he has brought the results of his research down to Earth.

Some scientists are skeptical of Dr. Wolverton's system. They say that the process by which plants absorb air pollutants has still not been

determined. Others think that the best way to reduce indoor air pollution is to use materials that do not release pollutants and to improve ventilation. Wolverton, however, is so sure of his results that he has installed a "self-contained bioregeneration system" in his home in Mississippi. In addition, a community college in Mississippi is planning to construct a new math-and-science building using Dr. Wolverton's plant filtration system. This will be the first large-scale test of the system.

If Dr. Wolverton is correct, it may be possible to control indoor air pollution while at the same time adding beauty to our homes and offices. As another researcher has said, even if the system does not work, "having a lot of plants around is nice."

3–3 Section Review

1. What are the major sources of air pollution?
2. What is a temperature inversion? How is it related to air pollution?
3. What is acid rain? How can acid rain cause damage in lakes and forests far from the source of air pollution?
4. What are some sources of indoor air pollution?

Critical Thinking—*Making Inferences*
5. What might be the effect on the economy of an industrial city if strict limitations were placed on the emissions from factories?

CONEXIONES

Plantas versus contaminación

¿Pueden las plantas reducir la contaminación interior? El Dr. W. C. Wolverton piensa que sí. Ha diseñado un sistema de filtros usando plantas como la hiedra inglesa y lirios, que absorben gases dañinos y sustancias químicas del aire en casas y oficinas. Pero el Dr. Wolverton no es ni *florista* ni *jardinero*. Es un ex investigador de la National Aeronautics and Space Administration (NASA). En realidad comenzó su investigación con plantas cuando buscaba maneras de reducir la contaminación del aire en las estaciones espaciales como *Skylab*. Ahora ha traído sus resultados a la Tierra.

Algunos científicos son escépticos. Dicen que el proceso por el que las plantas absorben la contaminación aún no se ha determinado. Otros piensan que la mejor manera de reducir la contaminación del aire interior es usar materiales que no liberan contaminantes y que mejoren la ventilación. Wolverton, sin embargo, está tan seguro de sus resultados que ha instalado un "sistema de biogeneración autocontenido" en su casa en Mississippi. Además, un colegio comunitario en Mississippi está planeando construir un nuevo edificio de matemáticas y ciencias usando su sistema de filtración de plantas. Ésta será la primera prueba en gran escala del sistema.

Si el Dr. Wolverton tiene razón, podría controlarse la contaminación interna mientras que al mismo tiempo se agregaría belleza a nuestras casas y oficinas. Como dijo otro investigador, aunque el sistema no funcione, "es agradable tener plantas alrededor."

3–3 Repaso de la sección

1. ¿Cuáles son las mayores fuentes de contaminación del aire?
2. ¿Qué es la inversión de temperatura? ¿Cómo se relaciona con la contaminación del aire?
3. ¿Qué es la lluvia ácida? ¿Cómo puede causar daño en lagos y bosques lejos de la fuente de contaminación del aire?
4. ¿Cuáles son algunas fuentes de contaminación interior del aire?

Pensamiento crítico—*Hacer inferencias*
5. ¿Cuál podría ser el efecto en la economía de una ciudad industrial si se aplicaran limitaciones estrictas sobre las emisiones de las fábricas?

ACTIVITY

Acidity of Pond Water

1. With adult supervision, collect a sample of fresh water from a pond or lake in your area.

2. Using either pH paper or red cabbage juice indicator, test the acidity of your water sample.

▪ Do your results indicate an acidity problem with the water in your area? If so, what might have caused the problem?

3–4 Water Pollution

Water! No living thing—plant, animal, or human—can long survive without this precious liquid. As you have learned in Chapter 2, people use water for drinking, bathing, cooking, and growing crops. Water is also essential for industry and manufacturing. Water is a popular source of recreation, too. As the human population increases, however, agriculture and industry demand more and more water—often more water than is readily available. While some parts of the world have adequate water supplies, other parts of the world are dry.

More and more of the water on the Earth is becoming unusable. One reason for a shortage of usable water is water pollution. **Obtaining and using energy resources are the major causes of water pollution.**

Pollution From Fossil Fuels

In the last section, you read how the emissions from motor vehicles and factories that burn fossil fuels can cause droplets of sulfuric acid and nitric acid to form in the atmosphere. When these droplets fall to the Earth as acid rain, they increase the acidity of lakes, rivers, and streams. Most fishes and

Figure 3–13 *Clean water is one of our most precious natural resources.*

Guía para la lectura

*Piensa en esta pregunta
mientras lees.*

▶ *¿Cuáles son las fuentes
importantes de
contaminación del agua?*

ACTIVIDAD

PARA AVERIGUAR

Acidez del agua del lago

1. Bajo la supervisión de un adulto, recoge una muestra de agua de un lago de tu zona.

2. Usando papel pH o el indicador de jugo de repollo, prueba la acidez del agua de tu muestra.

■ ¿Indican tus resultados un problema de acidez en el agua de tu zona? Si es así, ¿qué puede haber causado el problema?

3–4 Contaminación del agua

¡Agua! Ningún ser vivo—planta, animal o humano—podría sobrevivir sin este preciado líquido. Como has estudiado en el capítulo 2, la gente usa el agua para beber, bañarse, cocinar y cultivar. También es esencial para la industria y la manufacturación y es una fuente de recreo popular. A medida que la población crece, la agricultura y la industria necesitan más agua, a menudo más de la que hay disponible. Mientras algunas partes del mundo tienen una provisión suficiente de agua, otras partes están secas.

Más y más agua en la Tierra se esta volviendo inutilizable. Una razón de su escasez es la contaminación. **La obtención y el uso de los recursos de energía son la mayor causa de la contaminación del agua.**

Contaminación por combustibles fósiles

Acabas de leer en la última sección cómo las emisiones de los vehículos motorizados y las fábricas que queman combustibles fósiles pueden causar que gotas de ácido sulfúrico y ácido nítrico se formen en la atmósfera. Cuando estas gotas caen a la Tierra como lluvia ácida, aumentan la acidez de lagos, ríos y arroyos. Muchos peces y otros organismos que viven

Figura 3–13 *El agua limpia es una de nuestras fuentes naturales más preciadas.*

other organisms that live in water can survive in only a narrow range of acidity. By increasing the water's acidity, acid rain kills many of the organisms living in the water. In some parts of the world, entire lakes are now lifeless as a result of acid rain.

Unfortunately, there are other ways in which our energy needs contribute to water pollution. Strip mining for coal releases pollutants that may run off into lakes and streams or may seep into the soil to contaminate groundwater. (Recall from Chapter 2 that half of our drinking-water supply comes from groundwater.)

Our dependence on oil and petroleum products is another source of water pollution. Petroleum is often found under the ocean floor. To obtain this petroleum, offshore oil wells are constructed. Although great precautions are taken during the construction of such wells, drilling accidents do occur. As a result of such accidents, huge amounts of oil spill into the oceans.

Oil spills also occur when tankers carrying oil are damaged, causing their oil to leak into the surrounding water. The first major accident involving an oil tanker took place in 1967, when the tanker *Torrey Canyon* spilled more than 700,000 barrels of oil onto the beaches of England and France. Sadly, there have been many such disasters in the years since— from the *Amoco Cadiz* in 1978 to the *Exxon Valdez* in

Figure 3-14 *During the war in the Persian Gulf, oil was deliberately leaked into the Gulf, creating a huge oil spill (left). Cleaning up a California beach after an oil spill is not an easy task (right).*

en el agua pueden sobrevivir sólo con un bajo grado de acidez. Al aumentar la acidez del agua, la lluvia ácida mata muchos de los organismos que viven en ella. En algunos lugares del mundo, lagos enteros están sin vida a consecuencia de la lluvia ácida.

Desafortunadamente, hay también otras formas en que aumenta la contaminación del agua debido a nuestras necesidades de energía. La minería del carbón a cielo abierto libera contaminantes que pueden desembocar en ríos y lagos o pueden filtrarse dentro del subsuelo para contaminar el agua subterránea. (Recuerda del capítulo 2 que la mitad del suministro de nuestra agua potable viene de esta fuente).

Nuestra dependencia del petróleo y sus productos es otra fuente de contaminación acuática. El petróleo se encuentra a menudo en el fondo del océano. Para obtenerlo, se perforan pozos submarinos, y, a pesar de las precauciones que se toman, ocurren accidentes de perforación. En ellos se derraman cantidades enormes de petróleo que contaminan los océanos.

Los derrames de petróleo también ocurren cuando se dañan buques petroleros, causando filtraciones en el agua. El primer accidente mayor fue en 1967, cuando el buque tanque *Torrey Canyon* derramó más de 700,000 barriles de petróleo en las playas de Inglaterra y Francia. Desgraciadamente, muchos otros accidentes como éste se han producido, desde el del *Amoco Cadiz* en 1978, hasta el de *Exxon Valdez* en 1989. Te sorprenderá saber, sin embargo, que gran parte de la contaminación acuática es causada por la operación

Figura 3–14 *Durante la guerra del golfo Pérsico, se creó deliberadamente un inmenso derrame de petróleo en el golfo (izquierda). La limpieza de una playa de California después de un derrame no es tarea fácil (derecha).*

1989. It might surprise you to know, however, that more water pollution is caused by the day-to-day operation of oil tankers than by major oil spills. This happens because oil tankers often deliberately flush waste oil directly into the ocean.

Whatever the cause, an oil spill is an environmental disaster. Plants and animals, especially sea birds and aquatic mammals, that come in contact with the oil may be killed. If the oil reaches the shore, it contaminates beaches and may contribute to the death of shore-dwelling organisms. Despite improved cleanup technology, oil spills remain one of the more difficult types of water pollution to remedy.

Pollution From Nuclear Power

Water is needed to cool the reactors in nuclear power plants. Cold water from lakes and rivers is usually used for this purpose. As a result of the cooling process, a large amount of hot water is generated. This heated water is then discharged back into the lakes and rivers. The addition of the heated water causes the temperature of the lakes and rivers to rise. This temperature increase is called **thermal pollution.** Most fishes and other water-dwelling organisms can survive in only a narrow temperature range. When the water temperature rises, many organisms die as a result. In what ways is thermal pollution similar to acid rain?

You read in the last section how radioactive wastes from nuclear power plants can pollute the land. In much the same way, radioactive wastes can become a source of long-term water pollution. Radioactive wastes stored in underground containers may leak out of the containers and pollute groundwater supplies. Pollution of the oceans may result if the containers are dumped at sea.

Hazardous Wastes

Although using and obtaining energy are the major sources of water pollution, they are by no means the only sources. Prior to the 1970s, many industries dumped chemicals and other hazardous wastes directly into streams and other nearby bodies of water. The Cuyahoga River in Cleveland, Ohio,

Figure 3–15 *The cooling towers of a nuclear power plant discharge heated water into a nearby body of water, resulting in thermal pollution. How does thermal pollution affect fishes living in the water?*

diaria de los buques petroleros, ya que estos a menudo arrojan desechos de petróleo, deliberadamente, en el océano.

Cualquiera sea su causa, un derrame de petróleo es siempre un desastre ambiental. Plantas y animales, especialmente pájaros y mamíferos acuáticos mueren a consecuencia del contacto con el petróleo. Si el petróleo llega a las playas, las contamina y puede causar la muerte de los organismos que las habitan. Pese a la mejora en la tecnología de limpieza, los derrames de petróleo son una de las contaminaciones acuáticas más difíciles de remediar.

Contaminación por plantas nucleares

El agua se necesita para enfriar reactores nucleares. El agua fría de lagos y ríos se usa con este fin. Como resultado de este proceso de enfriamiento, se genera una gran cantidad de agua caliente. Esta agua se descarta donde fue tomada originalmente, causando un incremento en las temperaturas de lagos y ríos llamado **contaminación térmica**. La mayoría de los peces y otros organismos acuáticos pueden sobrevivir sólo en estrechos limites de temperatura. Debido a eso, cuando la temperatura del agua sube, muchos organismos mueren. ¿De qué manera la contaminación térmica es similar a la lluvia ácida?

Has leído en la última sección cómo los desechos radioactivos de las plantas nucleares pueden contaminar el terreno. De la misma manera, los desechos radioactivos pueden convertirse en una fuente de contaminación acuática a largo plazo. Almacenados en envases subterráneos pueden, filtrándose a través de sus grietas, contaminar la provisión de agua subterránea o los océanos, si se arrojan al mar.

Desechos peligrosos

Aunque la obtención y uso de la energía es la mayor fuente de contaminación acuática, no es la única. Antes de 1970, muchas industrias vaciaban sustancias químicas y otros desechos peligrosos directamente en ríos y otras aguas cercanas. El río Cuyahoga, en Cleveland, Ohio, fue tan contaminado con desechos químicos inflamables ¡que se incendió!

Figura 3–15 *Las torres enfriadoras de una planta nuclear descargan agua calentada en aguas cercanas, ocasionando una contaminación térmica. ¿Cómo afecta la contaminación térmica a los peces que viven en el agua?*

was once so polluted with flammable chemical wastes that it caught fire!

Today, chemicals and hazardous wastes are no longer discharged directly into bodies of water. Instead, they are often buried in special landfills. However, even when these wastes are properly contained and buried, it is possible for leaks to occur. Leaks from hazardous-waste landfills may result in groundwater pollution.

Illegal dumping of hazardous wastes is another serious source of groundwater contamination. Containers of hazardous wastes have been dumped illegally in abandoned factories, sanitary landfills, and even vacant lots. This method of illegally disposing of hazardous wastes is called "midnight dumping." Why do you think this name is appropriate for this practice?

Sewage and Agricultural Runoff

Probably the greatest water-pollution threat to human health comes from sewage. Sewage is the waste material that is carried away by sewers and drains. Sewage is sometimes dumped directly into rivers and streams. This sewage often contains disease-causing bacteria and viruses. Drinking water and water used for swimming may become contaminated with these disease-causing organisms. The result is a serious threat to the health of the people who use the contaminated water. Contamination with sewage also makes fishes and other organisms living in the polluted water unfit for human consumption.

Untreated sewage dumped into lakes and rivers is harmful to the fishes and other organisms that live in these bodies of water. Bacteria in the water break down the sewage. In the process, the bacteria use up oxygen. If too much sewage is dumped, too much oxygen is used up. Fishes and other organisms may then die from lack of oxygen.

The runoff of animal wastes and chemicals from farmlands also contributes to water pollution. Chemicals such as phosphates and nitrates are used in fertilizers to improve the growth of crops. When fertilizers run off the land into a lake, they stimulate the growth of algae. The algae then use up the oxygen supply in the lake. Pesticides, which are

Figure 3–16 *Leaking drums of hazardous wastes add to the problem of groundwater pollution.*

ACTIVITY

Pond Scum

What kinds of organisms are normally found in lakes and ponds? Let's find out.

1. With adult supervision, collect a sample of water from a lake or pond in your area.

2. Place a drop of your water sample on a microscope slide. Cover the drop with a coverslip.

3. Use a microscope to observe the drop of water. What do you see? Draw any organisms you see. Using reference books, try to identify the organisms you observed.

Hoy, los productos químicos y desechos peligrosos no se vacían en las aguas. A menudo se entierran en basureros especiales. Sin embargo, aunque sean envasados y enterrados apropiadamente, pueden ocurrir filtraciones, y por lo tanto, contaminación del agua subterránea.

La descarga ilegal de desechos peligrosos es otra fuente de contaminación del agua subterránea. Se han vaciado envases ilegalmente en fábricas abandonadas, basureros sanitarios y hasta terrenos baldíos. Este método se llama "descarga de medianoche." ¿Por qué te parece un nombre apropiado?

Aguas residuales y derrames agrícolas

Probablemente la mayor amenaza a la salud de los humanos por contaminación acuática viene de las aguas residuales. Estas contienen materiales de desecho acarreados por cloacas y desagües. A veces se descargan, directamente, en ríos y arroyos. Las aguas cloacales contienen virus y bacterias que causan enfermedades. El agua utilizada para beber o nadar puede contaminarse con estos organismos. Esto es una amenaza para las personas que la usan. La contaminación de las aguas residuales también hace que peces y otros organismos que viven en el agua contaminada sean inadecuados para el consumo humano.

Aguas residuales no tratadas que se arrojan en lagos y ríos son dañinas para los peces y otros organismos que viven en ellos. Las bacterias en las aguas residuales, en el proceso de descomponer residuos, usan mucho oxígeno. Si se arroja demasiada agua residual, los peces y otros organismos pueden morir por falta de oxígeno.

El desagüe de desechos de origen animal y los productos químicos que vienen de las tierras de cultivo también contribuye a la contaminación del agua. Elementos químicos como fosfatos y nitratos se usan en los fertilizantes para mejorar el crecimiento de los cultivos. Cuando los fertilizantes desaguan en un lago, estimulan el crecimiento de algas, las que utilizan todo el oxígeno disponible del lago. Los insecticidas, que son sustancias químicas venenosas usadas para matar insectos dañinos, también pueden causar contaminación

Figura 3–16 *Los bidones agrietados con desechos peligrosos aumentan la contaminación acuática*

ACTIVIDAD

PARA HACER

Desecho de estanque

1. Bajo la supervisión de un adulto, toma una muestra de agua de un lago o estanque en tu zona.

2. Coloca una gota de tu muestra en portaobjetos de microscopio. Cúbrelo con un cubreobjetos.

3. Usa un microscopio para observar la gota de agua. ¿Qué ves? Dibuja los organismos que ves. Usa libros de referencia y trata de identificar los organismos que has observado. ¿Qué clase de organismos se encuentian normalmente en lagos y estanques? Veamos.

Figure 3–17 *Waste water must be treated at a sewage-treatment plant to prevent contamination of lakes and rivers (left). Runoff of fertilizers into a pond causes an explosion in the growth of algae (right).*

ctivity Bank

Pond Water + Fertilizer = Algae Explosion, p.127

ACTIVITY

READING

Silent Spring

In 1962, Rachel Carson published her classic book *Silent Spring*, in which she warned of the dangers of pesticides and other chemicals released into the environment. Read *Silent Spring* and decide if her conclusions still apply today.

poisonous chemicals used to kill harmful insects and other pests, can also cause water pollution when they enter lakes and rivers in the runoff from farmlands.

There are a number of ways in which water pollution can be prevented. And scientists are always searching for methods to clean up polluted water. You will learn what can be done to prevent water pollution, as well as land pollution and air pollution, in the section that follows.

3–4 Section Review

1. What are the major sources of water pollution?
2. Describe two ways in which our use of fossil fuels contributes to water pollution.
3. What is thermal pollution? What is the cause of thermal pollution?
4. Describe what happens when fertilizers build up in a lake.

Critical Thinking—*Making Predictions*
5. Predict at least one problem that could result from dumping hazardous wastes into the ocean.

Figura 3–17 *Las aguas desechadas deben ser tratadas en una planta de tratamiento de aguas residuales para evitar la contaminación de lagos y ríos (izquierda). El desagüe de fertilizantes en los estanques causa una explosión de crecimiento en las algas (derecha).*

acuática cuando entran a los lagos y ríos con el derrame de los terrenos de cultivo.

Hay maneras de prevenir la contaminación acuática. Y los científicos siempre están buscando modos de limpiar el agua contaminada. Aprenderás qué puede hacerse para evitar la contaminación acuática, del aire y del terreno, en la sección siguiente.

Pozo de actividades

Agua de lago + Fertilizante = Explosión de algas, p. 127

Actividad

PARA LEER

La fuente silenciosa

En 1962, Rachel Carson publicó su conocido libro *Silent Spring,* en el que advirtió de los peligros de los insecticidas y otros productos químicos liberados en el ambiente. Lee *Silent Spring* y decide si sus conclusiones aún se aplican hoy.

3–4 Repaso de la sección

1. ¿Cuáles son las fuentes de contaminación acuática más importantes?
2. Describe dos maneras en que nuestro uso de combustibles fósiles causa la contaminación acuática.
3. ¿Qué es la contaminación térmica? ¿Qué la ocasiona?
4. Describe qué sucede cuando los fertilizantes se acumulan en un lago.

Pensamiento crítico—*Hacer predicciones*
5. Predice al menos un problema que podría resultar de la descarga de desechos peligrosos en el océano.

3-5 What Can Be Done About Pollution?

Guide for Reading

Focus on this question as you read.

▶ *What are some ways in which pollution can be reduced?*

Because pollutants are the normal byproducts of human activities, environmental pollution is a problem that will not go away. On the contrary, pollution will get worse as the human population increases. But there are some things that can be done to reduce pollution. **Pollution can be reduced by conserving energy, by finding cleaner ways to use energy, and by making sure that wastes are disposed of in the safest possible ways.** Let's examine some of the ways in which people can help fight pollution.

Conservation

Today, many people are concerned about saving and protecting our natural resources. **Conservation** is the wise use of natural resources so that they will not be used up too quickly or used in a way that will damage the environment. When natural resources are conserved, the environment is benefited in two ways. First, nonrenewable resources last longer. Second, pollution is reduced. Conservation of natural resources will be discussed more fully in Chapter 4.

There are many ways in which energy can be conserved at home. Washing one large load of clothing or dishes instead of several small loads will save energy. Turning down the thermostat on the home heating system a few degrees in the winter and turning up the thermostat on the air conditioner a few degrees in the summer will save energy. And making sure that a house or apartment is well insulated will also save energy.

Because a lot of energy is used by motor vehicles, changing driving habits can make a real difference in the quality of the environment. The use of car pools and public transportation saves fuel and reduces air pollution. So does keeping an automobile well tuned and in good operating condition. Riding a bicycle instead of driving a car for short trips also helps. And don't forget the most ancient (and nonpolluting) form of transportation: walking!

Figure 3-18 *Everyone can learn to use energy wisely. How does home insulation help to conserve energy?*

3-5 ¿Qué se puede hacer con la contaminación?

Guía para la lectura

Piensa en esta pregunta mientras lees.

▶ *¿Cuáles son algunas maneras de reducir la contaminación?*

Como los contaminantes son subproductos de actividades humanas, la contaminación ambiental es un problema del que no podemos escapar. La contaminación será peor a medida que aumenta la población. Pero se pueden hacer algunas cosas para reducirla. **La contaminación puede reducirse conservando energía, encontrando modos más limpios de usar la energía, y asegurándonos de que los desechos se descarguen de la manera más segura posible. Examinemos algunas maneras en que la gente puede ayudar a combatir la contaminación.**

Conservación

En estos días, mucha gente se preocupa de proteger y salvar nuestros recursos naturales. El uso adecuado de los recursos naturales de manera que éstos no se acaben tan rápidamente y no se usea de una manera que dañe el medio ambiente se llama **conservación.** Cuando los recursos naturales se conservan, el ambiente se beneficia. Los recursos no renovables duran más y se reduce la contaminación. Discutiremos esto más a fondo en el capítulo 4.

Hay muchos modos de conservar energía en casa. Lavar un montón de ropa o platos en vez de varios pequeños lavados ahorra energía. Bajar el termostato del sistema de calefacción en invierno y subirlo en el aire acondicionado en verano ahorra energía. Y un buen aislante en una casa o apartamento también ahorra energía.

Como los vehículos motorizados usan mucha energía, un cambio en los hábitos puede hacer una diferencia real en la calidad del ambiente. Usar el transporte público y compartir el viaje en automóviles ahorra combustible y reduce la contaminación del aire. También es una ayuda mantener un auto en buenas condiciones y usar la bicicleta para los viajes cortos. Y no olvides la forma más antigua (y no contaminante) de transportarse: ¡caminar!

Figura 3–18 *Todos pueden aprender a usar la energía con más sensatez. ¿Cómo ayuda el aislamiento de las casas a conservar energía?*

Figure 3–19 *Reducing pollution does not have to depend on the development of new technologies. If more people rode bicycles or used public transportation, what effect would this have on air pollution?*

A form of conservation that has received considerable public attention is recycling. You probably have a recycling center in your neighborhood or town. Resources that are reclaimed from recycled materials can be sent to factories and used again. Recycling has been successful in reclaiming paper, glass bottles and jars, and aluminum cans.

New Technologies

New technologies can reduce pollution by creating cleaner and more efficient ways of obtaining and using energy resources. Technology can also help develop alternatives to fossil fuels. You have learned about some of these alternative energy sources in Chapter 1. If a clean, renewable source of energy such as solar energy or nuclear fusion could be used on a large scale, many of our current pollution problems would be solved.

The burning of coal has been made less damaging to the environment by the use of scrubber systems. A scrubber system works like a shower. As sulfur oxides are released from burning coal, a high-pressure spray of water dissolves the oxides before they can react with water vapor in the atmosphere. Scrubber systems and other air-pollution-control devices can be used on smokestacks to prevent the release of pollutants into the atmosphere.

Pollution from automobile exhaust has been reduced by equipping cars with pollution-control devices. This type of pollution could be further reduced by the development of engines that burn fuel more completely.

Scientists are exploring new methods of drilling for oil under the ocean floor in order to reduce the possibility of underwater leaks. In addition, several new methods have been developed for cleaning up oil spills. These include vacuum systems that can pump oil out of the water, certain types of absorbent materials that can soak up oil near the shore, and "oil-eating" bacteria that have been developed through genetic-engineering techniques.

ACTIVITY

DISCOVERING

Car Pooling

Select a safe spot where you can observe cars as they go by. (Do not choose a busy highway because you will not be able to keep track of every car.) Try to observe the cars at different times each day for several days. For 10 minutes each day, record the number of people in each car that goes by. Make a chart to display your observations.

How many cars have only the driver? At what times of day? How many have one or more passengers?

■ How might the environment benefit from car pooling?

Figura 3–19 *La reducción de la contaminación no tiene que depender del desarrollo de nuevas tecnologías. Si más gente usara bicicletas o transporte público, ¿qué efecto tendría en la contaminación del aire?*

Una forma de conservación que ha recibido atención pública es el reciclaje. Probablemente tengas un centro en tu vecindario o pueblo. Los materiales recuperados por el reciclaje se pueden a fábricas y reusados. Ha sido un éxito en la recuperación de papel, botellas, frascos de vidrio y latas de aluminio.

Nuevas tecnologías

Las nuevas tecnologías pueden reducir la contaminación creando maneras más limpias y eficientes de obtener y usar energía. La tecnología también puede ayudar a desarrollar alternativas a los combustibles fósiles. Has leído sobre esto en el capítulo 1. Si se pudiera usar fuentes de energía renovables y limpias como la energía solar o si la fusión nuclear pudiera ser usada en gran escala, muchos de nuestros problemas de contaminación quedarian resueltos.

La quema de carbón ha sido menos dañina para el ambiente por el uso de aparatos limpiadores que funcionan como duchas. Cuando los óxidos de sulfuro se liberan, una lluvia de alta presión de agua disuelve los óxidos antes de que puedan reaccionar con el vapor de agua en la atmósfera. Hay otros aparatos de control que se pueden usar en las chimeneas para evitas la liberación de contaminantes en la atmósfera.

La contaminación por los escapes de vehículos también ha sido reducida y se puede hacer aún más con el desarrollo de motores que queman combustible de una manera más completa.

Los científicos están explorando nuevos métodos de perforación para petróleo en el océano para reducir la posibilidad de derrames. Además, se han desarrollado nuevos métodos para limpiarlos. Éstos incluyen sistemas aspiradores para sacar el petróleo del agua, ciertos tipos de materiales absorbentes que pueden limpiar las playas y bacterias "consumidoras de petróleo" que se han desarrollado a través de técnicas de ingeniería genética.

ACTIVIDAD

PARA AVERIGUAR

Convenios de automovilistas

Selecciona un lugar seguro para observar el paso de automóviles. (No escojas una autopista porque no podrás seguir cada uno con atención). Trata de observarlos a diferentes horas del día durante varios días. Durante 10 minutos cada día, anota el número de gente en cada uno que pasa. Haz una gráfica con tus observaciones.

¿Cuántos tienen solo el conductor? ¿A qué hora? ¿Cuántos tienen uno o más pasajeros?

■ ¿Cómo se beneficiaría el ambiente si le gente compartiera los viajes en automóvil?

Waste Disposal

Much pollution is caused by industry. Industrial hazardous wastes and other solid wastes are often buried underground in landfills. But if not buried properly, these wastes can leak out of their containers and severely damage the environment.

Of course, the best way to reduce the problem of pollution from hazardous wastes is to reduce the production of these wastes. But there are also several ways to dispose of hazardous wastes safely. First, the hazardous wastes should be separated from other industrial wastes. Second, as much of the wastes as possible should be reused or recycled. Third, the wastes should be chemically treated to destroy the toxic materials they contain. Finally, the wastes should be buried in secure landfills with many safeguards to prevent leaks into the environment.

Figure 3–20 *The message in this environmental demonstration is "Recycle the trash monster!"*

Everyone's Responsibility

At the beginning of this chapter, you read that pollution is caused mainly by the activities of people. It is important to realize that the activities of people can also reduce pollution. And everyone—young and old, scientist and nonscientist—can help. Remember that in the future you will be responsible for making decisions about ways to reduce pollution. Now is the time to begin. What can you do to help reduce pollution?

3–5 Section Review

1. How can pollution be reduced?
2. What is conservation? How does conservation reduce pollution and protect resources?
3. How can new technologies reduce pollution?
4. List four steps involved in the safe disposal of hazardous wastes.

Connection—*You and Your World*
5. What pollution problems do you think you will face in the next five to ten years? What will you do to solve these problems?

ACTIVITY
THINKING

Pro or Con?

Write a brief essay that either supports or refutes the following statement: "I think this whole environmental thing has gone too far. If industrial profits go down because of all these government regulations, the country will be worse off than ever."

Eliminación de desechos

La industria causa mucha contaminación. Los desechos industriales peligrosos y otros desechos sólidos, a menudo se entierran en basureros. Pero si no se hace apropiadamente, pueden haber filtraciones que dañan el ambiente.

Por supuesto, la mejor manera de reducir el problema es reducir la producción de éstos desechos. También hay varias maneras de eliminar los desechos peligrosos con seguridad; primero se deben separar de otros desechos; segundo, se deben reciclar o volver a usar; tercero se deben tratar químicamente para destruir los materiales tóxicos que contienen y, por último, se deben enterrar en basureros seguros, tomándose muchas precauciones para evitar filtraciones.

Figura 3–20 *El mensaje en esta manifestación sobre el medio ambiente es "¡Recicla el monstruo de la basura!"*

Es la responsabilidad de todos

Al principio de este capítulo, leíste que la contaminación es causada por las actividades de la gente. Y es importante entender que también las actividades de la gente pueden reducirla. Todos, jóvenes y viejos, científicos y no científicos, pueden ayudar. Recuerda que en el futuro serás responsable por las decisiones sobre las maneras de reducir la contaminación. Ahora es el momento de empezar. ¿Qué puedes hacer para ayudar a reducir la contaminación?

3–5 Repaso de la sección

1. ¿Cómo se puede reducir la contaminación?
2. ¿Qué es la conservación? ¿Cómo la conservación reduce la contaminación y protege los recursos?
3. ¿Cómo puede la nueva tecnología reducir la contaminación?
4. Enumera cuatro pasos que incluyan la eliminación segura de los desechos peligrosos.

Conexión—*Tú y tu mundo*

5. ¿Qué problemas de contaminación crees que enfrentarás en los próximos cinco o diez años? ¿Qué harás para resolverlos?

ACTIVIDAD
PARA PENSAR

¿A favor o en contra?

Escribe una composición corta que apoye o rechace la siguiente declaración: "Creo que este asunto del medio ambiente ha ido muy lejos. Si las ganancias industriales bajan por causa de todas estas leyes gubernamentales, el país estará peor que nunca."

Laboratory Investigation

Observing Air Pollutants

Problem

How can you observe solid particles in the air that cause air pollution?

Materials

6 petri dishes
petri dish cover
petroleum jelly
glass-marking pencil
graph paper
magnifying glass

Procedure 🔬

1. Coat the flat surface of each petri dish with a thin layer of petroleum jelly.

2. Immediately place the cover on one of the petri dishes. Put the covered dish aside.

3. Place the other five petri dishes in different locations outdoors where they will not be disturbed.

4. Use the glass-marking pencil to write the name of the location on the side of each dish.

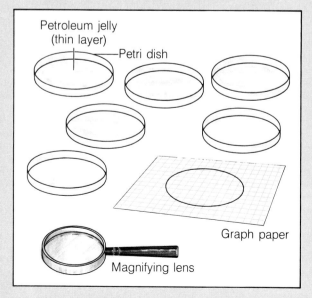

Petroleum jelly (thin layer)

Petri dish

Graph paper

Magnifying lens

5. Leave the dishes undisturbed for 3 days.

6. After 3 days, collect the dishes. Place each dish, one at a time, on the graph paper. Use the magnifying glass to count the number of particles in each square of the graph-paper grid. Calculate the total number of particles in each dish. Record your observations in a data table similar to the one shown here.

Observations

1. Compare the data from each location.

2. Compare the covered dish with the five dishes you placed outdoors.

3. Compare your data with data from other groups. Record the locations of the dishes from the other groups and the number of particles counted in each dish.

Dish	Location	Number of Particles
1		
2		

Analysis and Conclusions

1. Which dish was the control in this investigation? Explain your answer.

2. The solid particles you counted are evidence of air pollution. How can you account for the difference in the number of particles at the various locations?

3. How can you account for the difference in the number of particles found in other locations by your classmates?

4. **On Your Own** Make a bar graph of your data, plotting location on the horizontal axis and number of particles counted on the vertical axis. What conclusions can you draw from your graph?

Investigación de laboratorio

Observar los contaminantes del aire

Problema

¿Cómo puedes observar partículas sólidas que causan contaminación en el aire?

Materiales

6 placas Petri
tapa de los placas Petri
vaselina
lápiz para marcar vidrio
papel cuadriculado
lupa

Procedimiento 🧪

1. Cubre la superficie de cada placa Petri con una capa fina de vaselina.

2. Inmediatamente coloca la tapa sobre una placa. Pon la placa tapada a un lado.

3. Coloca las otras cinco placas Petri en diferentes lugares exteriores donde no sean movidas.

4. Usa el lápiz de marcar vidrio para escribir el nombre del lugar que ocupa cada placa.

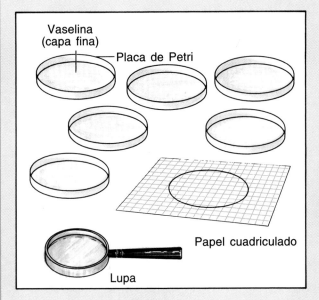

Vaselina (capa fina)

Placa de Petri

Papel cuadriculado

Lupa

5. No muevas las placas durante 3 días.

6. Después de 3 días, junta las placas. Coloca cada placa, una a la vez, sobre el papel gráfico. Usa la lupa para contar el número de partículas en cada cuadradito del papel. Calcula el número total de partículas en cada placa. Anota tus observaciones en una tabla de datos como la que se muestra aquí.

Observaciones

1. Compara los datos de cada placa.

2. Compara la placa tapada con las cinco que dejaste afuera.

3. Compara tus datos con los de otros grupos. Anota los lugares de las placas de los otros grupos y el número de partículas en cada placa.

Placa	Lugar	Número de partículas
1		
2		

Análisis y conclusiones

1. ¿Cuál fue la placa de control en este experimento? Explica tu respuesta.

2. Las partículas sólidas que contaste son evidencia de la contaminación del aire. ¿Cómo explicas la diferencia en el número de partículas en diferentes lugares?

3. ¿Cómo explicas la diferencia en el número de partículas que encontraron en otros lugares tus compañeros?

4. **Por tu cuenta** Haz una gráfica de tus datos, colocando el lugar en el eje horizontal y el número de partículas contadas en el eje vertical. ¿Qué conclusiones sacas de tu gráfica?

Summarizing Key Concepts

3–1 What Is Pollution?

▲ The balance of the environment can be upset by the way in which humans obtain and use natural resources.

▲ Pollution is the release into the environment of substances that change the environment for the worse.

▲ The three main types of pollution are land pollution, air pollution, and water pollution.

3–2 Land Pollution

▲ Obtaining and using fossil fuels and nuclear energy can cause land pollution.

▲ Other sources of land pollution are hazardous wastes, radioactive wastes, and solid wastes.

▲ Solid wastes include agricultural wastes, commercial and industrial wastes, and household wastes.

3–3 Air Pollution

▲ The major sources of air pollution are motor vehicles and the burning of coal and other fossil fuels by industry.

▲ Acid rain is caused when sulfur and nitrogen oxides released by burning fossil fuels combine with water vapor in the air to form sulfuric acid and nitric acid.

▲ Indoor air pollution is a serious problem that is often overlooked.

3–4 Water Pollution

▲ Obtaining and using energy resources, especially fossil fuels and nuclear energy, are the major causes of water pollution.

▲ Other sources of water pollution are industrial hazardous wastes, sewage, and agricultural runoff.

3–5 What Can Be Done About Pollution?

▲ Pollution can be reduced by conserving energy, by finding cleaner ways to use energy, and by disposing of wastes in the safest possible ways.

Reviewing Key Terms

Define each term in a complete sentence.

3–1 What Is Pollution?
pollution

3–2 Land Pollution
hazardous waste
radioactive waste
sanitary landfill

3–3 Air Pollution
temperature inversion
smog
acid rain

3–4 Water Pollution
thermal pollution

3–5 What Can Be Done About Pollution?
conservation

Resumen de los conceptos claves

3–1 ¿Qué es la contaminación?

▲ El balance del medio ambiente puede ser perturbado por la manera en que los humanos obtienen y usan los recursos naturales.

▲ La contaminación es la liberación en el ambiente de sustancias que cambian el ambiente y lo empeoran.

▲ Los tres tipos principales de contaminación son la del terreno, la del aire y la del agua.

3–2 Contaminación del terreno

▲ La obtención y uso de los combustibles fósiles y la energía nuclear pueden causar contaminación del terreno.

▲ Otras causas de contaminación del terreno son desechos peligrosos, desechos radioactivos y desechos sólidos.

▲ Los desechos sólidos incluyen desechos agrícolas, desechos comerciales e industriales y desechos domésticos.

3–3 Contaminación del aire

▲ Las fuentes más importantes de contaminación del aire son los vehículos motorizados y la quema por la industria del carbón y otros combustibles fósiles.

▲ La lluvia ácida ocurre cuando los óxidos de azufre y nitrógeno que libera la quema de combustibles fósiles se combinan con vapor de agua en el aire para formar ácido sulfúrico y ácido nítrico.

▲ La contaminación interor es un serio problema, a menudo ignorado.

3–4 Contaminación del agua

▲ La obtención y uso de los recursos energéticos, especialmente combustibles fósiles y energía nuclear, son las causas mayores de la contaminación del agua.

▲ Otras fuentes de contaminación del agua son los desechos peligrosos industriales, aguas residuales y derrames agrícolas.

3–5 ¿Qué se puede hacer con la contaminación?

▲ La contaminación se puede reducir conservando energía, encontrando maneras más limpias de usar energía y eliminando los desechos de la manera más segura posible.

Repaso de palabras claves

Define cada palabra o palabras con una oración completa.

3–1 ¿Qué es la contaminación?
contaminación

3–2 Contaminación del terreno
desechos peligrosos
desechos radioactivos
basurero sanitario

3–3 Contaminación del aire
inversión de la temperatura
smog
lluvia ácida

3–4 Contaminación del agua
contaminación térmica

3–5 ¿Qué se puede hacer con la contaminación?
conservación

Chapter Review

Content Review

Multiple Choice

Choose the letter of the answer that best completes each statement.

1. The major source of air pollution is
  a. hazardous wastes.
  b. radioactive wastes.
  c. burning coal.
  d. motor vehicles.

2. The damage done to one natural resource in the process of using another resource is called
  a. ecology.   c. conservation.
  b. pollution.   d. recycling.

3. Which of the following is an example of hazardous wastes?
  a. toxic chemicals
  b. plastics
  c. yard wastes
  d. old newspapers

4. High-level radioactive wastes are difficult to dispose of because they
  a. take up too much space.
  b. have long half-lives.
  c. are poisonous.
  d. have short half-lives.

5. Pollution can be reduced by
  a. conserving energy.
  b. finding clean ways to use energy.
  c. disposing of wastes safely.
  d. all of these

6. The release of excess heat into nearby bodies of water results in
  a. thermal pollution.
  b. acid rain.
  c. hazardous waste pollution.
  d. groundwater pollution.

7. The term midnight dumping refers to the illegal disposal of
  a. yard wastes.
  b. solid wastes.
  c. hazardous wastes.
  d. untreated sewage.

8. A temperature inversion occurs when
  a. winds are calm.
  b. warm air is trapped under cool air.
  c. cool air is trapped under warm air.
  d. warm air rises.

True or False

If the statement is true, write "true." If it is false, change the underlined word or words to make the statement true.

1. Acid rain is formed when oxides of sulfur and nitrogen combine with <u>oxygen</u> in the air.

2. The wise and careful use of natural resources is called <u>recycling</u>.

3. The wastes produced by nuclear power plants are <u>agricultural</u> wastes.

4. Sanitary landfills are used to dispose of <u>solid</u> wastes.

5. Indoor air pollution <u>is not</u> a serious problem.

6. Growth of algae results from the runoff of <u>fertilizers</u> into a lake.

Concept Mapping

Complete the following concept map for Section 3–1. Refer to pages L6–L7 to construct a concept map for the entire chapter.

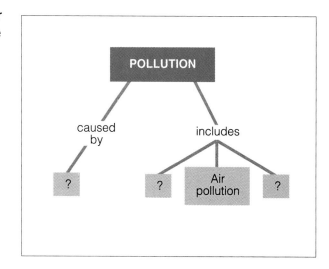

Repaso del capítulo

Repaso del contenido

Selección múltiple

Selecciona la letra de la respuesta que mejor complete cada frase.

1. La mayor fuente de contaminación del aire
   a. son los desechos peligrosos.
   b. son los desechos radioactivos.
   c. es la quema de la hulla.
   d. son los vehículos motorizados.

2. El daño hecho a un recurso en el proceso de usar otro recurso se llama
   a. ecología.   c. conservación.
   b. contaminación.   d. reciclaje.

3. ¿Cuál de los siguientes es un ejemplo de un desecho peligroso?
   a. sustancias químicas tóxicas
   b. plásticos
   c. desechos de jardines
   d. periódicos viejos

4. Los desechos radioactivos de alto nivel son difíciles de eliminar porque
   a. usan mucho espacio.
   b. tienen medias-vidas largas.
   c. son venenosos.
   d. tienen medias-vidas cortas.

5. La contaminación puede reducirse
   a. conservando energía.
   b. encontrando modos limpios de usar energía.
   c. eliminando los desechos de forma segura.
   d. todos estos.

6. La liberación del exceso de calor en las aguas cercanas resulta en la
   a. contaminación térmica.
   b. lluvia ácida.
   c. contaminación por desechos peligrosos.
   d. contaminación de aguas subterráneas.

7. El término "descarga de medianoche" se refiere a la eliminación ilegal de
   a. desechos de jardines.
   b. desechos sólidos.
   c. desechos peligrosos.
   d. aguas residuales sin tratar.

8. Una inversión de temperatura ocurre cuando
   a. los vientos están calmos.
   b. el aire tibio es atrapado bajo aire frío.
   c. el aire frío es atrapado bajo aire tibio.
   d. el aire tibio se eleva.

Verdadero o falso

Si la afirmación es verdadera, escribe "verdad." Si es falsa, cambia las palabras subrayadas para que sea verdadera.

1. La lluvia ácida se forma cuando los óxidos de azufre y nitrógeno se combinan con <u>oxígeno</u> en el aire.

2. El modo sensato y cuidadoso de usar los recursos naturales se llama <u>reciclaje</u>.

3. Los desechos producidos por las plantas nucleares son desechos <u>agrícolas</u>.

4. Los basureros sanitarios se usan para eliminar los desechos <u>sólidos</u>.

5. La contaminación interior <u>no es</u> un problema serio.

6. El crecimiento de algas es el resultado del desagüe de <u>fertilizantes</u> en un lago.

Mapa de conceptos

Completa el siguiente mapa de conceptos para la sección 3–1. Para hacer un mapa de conceptos de todo el capítulo, consulta las páginas L6–L7.

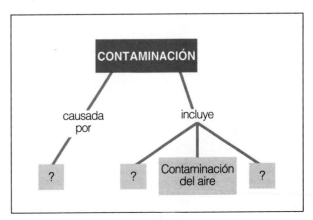

Concept Mastery

Discuss each of the following in a brief paragraph.

1. Explain how the balance of the environment is related to obtaining and using energy resources.
2. What is the relationship between conservation and pollution?
3. Explain why land, air, and water pollution cannot really be separated from one another.
4. Describe the trail of pollution involved in manufacturing a can of soda.
5. What is the most serious problem involved with the use of sanitary landfills? What are three alternatives to the use of sanitary landfills?
6. Describe the chain of events that led to the air-pollution disaster in Donora, Pennsylvania, in October 1948.
7. Why is smog a serious problem in Los Angeles?
8. What is the difference between high-level and low-level radioactive wastes?
9. One serious form of land pollution is solid waste: garbage and litter. Instead of being buried in sanitary landfills, garbage and litter can be burned. Why is burning garbage and litter not an environmentally sound idea? How could it become an environmentally sound idea?

Critical Thinking and Problem Solving

Use the skills you have developed in this chapter to answer each of the following.

1. **Making predictions** Imagine that the year is now 2010. Air pollution has become so bad that Congress has passed a law forbidding the use of private automobiles. How do you think your life might be changed by this law?
2. **Interpreting photographs** Describe the situation shown in this photograph and explain its probable cause.

3. **Applying concepts** Pollutants can be thought of as resources in the wrong place. Make a list of some of the pollutants discussed in this chapter. How could they be useful if they were in the right place?
4. **Relating concepts** Discuss how each of the following groups might react to the problem of acid rain in a certain area.
   a. tourists
   b. factory owners
   c. wildlife conservationists
   d. campers on a fishing trip
5. **Using the writing process** Write a short science fiction story describing what you think life will be like in the year 2061. The focus of your story should be the kinds of energy resources used and the environmental problems that may exist.

Dominio de conceptos

Comenta sobre cada uno de los puntos siguientes en un párrafo breve.

1. Explica cómo el balance del medio ambiente se relaciona con la obtención y el uso de los recursos energéticos.
2. ¿Que relación hay entre la conservación y la contaminación?
3. Explica por qué las contaminaciones del terreno, aire y agua no pueden separarse una de otra.
4. Describe la huella de contaminación envuelta en la fabricoción de una lata de soda.
5. ¿Cuál es el problema más serio con el uso de los basureros sanitarios? ¿Cuáles son tres alternativas para el uso los basureros sanitarios?
6. Describe la cadena de sucesos que llevaron al desastre de contaminación del aire en Donora, Pennsylvania, en octubre de 1948.
7. ¿Por qué el smog es un problema serio en Los Ángeles?
8. ¿Qué diferencia hay entre los desechos radioactivos de alto y bajo nivel?
9. Un tipo serio de contaminación del terreno es el desecho sólido: basura y suciedad. En lugar de enterrarlos en basureros sanitarios, pueden quemarse. ¿Por qué la quema no es una buena idea ecológica? ¿Qué podría ser una buena idea?

Pensamiento crítoco y resolución de problemas

Usa las destrezas que has desarrollado en este capítulo para resolver lo siguiente.

1. **Hacer predicciones** Imagina que ahora es el año 2010. La contaminación del aire ha empeorado tanto que el Congreso ha aprobado una ley prohibiendo el uso de autos particulares. ¿Cómo piensas que tu vida podría cambiar con esta ley?
2. **Interpretar fotos** Describe la situación mostrada en esta foto y explica su probable causa.

3. **Aplicar conceptos** Los contaminantes pueden tomarse como recursos en el lugar equivocado. Haz una lista de algunos de los contaminantes mencionados en este capítulo. ¿Cómo serían útiles si estuvieran en el lugar adecuado?
4. **Relacionar conceptos** Comenta cómo cada uno de los siguientes grupos podrían reaccionar al problema de la lluvia ácida en ciertas zona
   a. turistas
   b. dueños de fábricas
   c. conservadores de fauna silvestre
   d. excursionistas en un viaje de pesca
5. **Usar el proceso de la escritura** Escribe un cuento corto de ciencia ficción describiendo cómo crees que será la vida en el año 2061. El tema de tu cuento debe ser las clases de recursos energéticos usados y los problemas ambientales que pueden existir.

Conserving Earth's Resources

Guide for Reading

After you read the following sections, you will be able to

4–1 Fossil Fuels and Minerals

■ Discuss various methods of conserving fossil fuel and mineral resources.

4–2 Protecting the Environment

■ Identify ways to prevent land, air, and water pollution.

It was a typically peaceful early morning near the remote town of Valdez on Alaska's southern coast. Then suddenly, at 12:27 AM, came the emergency call from the huge oil tanker *Exxon Valdez:* "I've run aground and we've lost 150,000 barrels." And so began the worst oil-spill disaster on record in the United States.

On March 24, 1989, the *Exxon Valdez* struck Bligh Reef in Prince William Sound. The reef ruptured the hull of the ship, eventually releasing more than 240,000 barrels of crude oil into the water. As the oil slick began to grow, environmentalists, state officials, and experts from Exxon and the federal government tried to develop a plan to clean up the oil as quickly as possible. Their response, however, was too slow to stop the oil from spreading onto the beaches. Despite massive cleanup efforts, it will be many years before the damage to the environment can be corrected.

The Earth's natural resources, such as oil, can cause great harm to the Earth and its inhabitants when used carelessly. They can also be of great value to people when used wisely. In the following pages, you will learn how people can help to protect the environment by the wise use of natural resources.

Journal *Activity*

You and Your World What do you think is meant by the wise use of natural resources? In your journal, draw a picture showing ways in which you, your family, and your community can use resources wisely.

◀ *The oil spill caused by the* Exxon Valdez *(the larger of the two ships in the photograph) resulted in great harm to wildlife in and around Prince William Sound.*

Conservación de los recursos terrestres

Guía para la lectura

Después de leer las secciones siguientes, vas a poder

4–1 Combustibles fósiles y minerales

■ Discutir varios métodos de conservación de los recursos de combustibles fósiles y los minerales.

4–2 Protección del ambiente

■ Identificar maneras de prevenir la contaminación de la tierra, aire y agua.

Era una típica mañana cerca del remoto pueblo de Valdez en la costa sur de Alaska. De pronto, a las 12:27 a.m. una llamada de urgencia del buque petrolero *Exxon Valdez*: "Hemos encallado y perdido 150,000 barriles." Así empezó el peor desastre de derrame de petróleo registrado en Estados Unidos.

El 24 de marzo de 1989, el *Exxon Valdez* chocó con el arrecife Bligh en el estrecho Prince William. El arrecife rompió el casco de la nave, derramando más de 240,000 barriles de petróleo crudo en el agua. A medida que la capa aceitosa crecía, los ecólogos, funcionarios estatales, expertos de Exxon y el gobierno federal intentaron desarrollar un plan para limpiar el petróleo lo más rápidamente posible, pero no se pudo evitar que se esparciera en las playas. Pese a los esfuerzos, pasarán muchos años antes de poder corregir el daño causado al medio ambiente.

Los recursos naturales pueden causar grandes daños a la Tierra y a sus habitantes si no se usan con cuidado. También pueden ser muy valiosos. En las próximas páginas verás cómo se puede ayudar a proteger el medio ambiente usando los recursos naturales inteligentemente.

Diario *Actividad*

Tú y tu mundo ¿Qué crees que significa el uso sensato de los recursos naturales? En tu diario, haz un dibujo mostrando maneras en que tú, tu familia y tu comunidad pueden usar los recursos inteligentemente.

◀ *El derrame de petróleo causado por el* Exxon Valdez *(la nave más grande en la foto) resultó en un gran daño para la vida silvestre en todo el canal de Prince William.*

4–1 Fossil Fuels and Minerals

You use natural resources every day of your life. Some of these resources are fossil fuels: coal, oil, and natural gas. Others are minerals, such as aluminum, copper, and iron. Recall from Chapter 2 that fossil fuels and minerals are classified as nonrenewable resources. This means that once they are used up, they cannot be replaced. Because society relies so heavily on nonrenewable resources, conservation of these resources is extremely important. As you learned in Chapter 3, conservation is the wise use of natural resources so that they will not be used up too quickly or used in a way that will damage the environment. **Fossil fuels and minerals can be conserved by saving energy and by recycling.** Let's examine these methods of conservation more closely.

Energy Conservation

The year is 1973. A sea of automobiles stretches for several kilometers. As the sun peeks over the horizon, some motorists read the morning newspapers or try to sleep. The more sociable drivers use the opportunity to chat with their neighbors. The rest just sit in their cars and scowl.

Figure 4–1 *During the gas shortage of 1973, motorists in Connecticut—and elsewhere—had to wait in long lines to buy gasoline. Do you think such shortages could happen again?*

4–1 Combustibles fósiles y minerales

Usas recursos naturales todos los días. Algunos son combustibles fósiles: carbón, petróleo y gas natural. Otros son minerales: aluminio, cobre, y hierro. Recuerda del capítulo 2 que los combustibles fósiles y minerales se consideran recursos no renovables. Esto significa que una vez agotados, no se pueden reemplazar. Como la sociedad depende tanto de estos recursos, la conservación de ellos es muy importante. Como aprendiste en el capítulo 3, la conservación es el uso sensato de los recursos naturales de manera que no se agoten con rapidez o se usen de modo que puedan dañar el medio ambiente. **Los combustibles fósiles y los minerales pueden conservarse ahorrando energía y reciclando.** Examinemos estos métodos de conservación con cuidado.

Conservación de energía

Es el año 1973. Un mar de autos se extiende por varios kilómetros. Algunos automovilistas leen el periódico o tratan de dormir, los más sociables conversan con sus vecinos, y los demás están de mal humor.

Figura 4–1 *Durante la escasez de gasolina de 1973, automovilistas en Connecticut—y en todas partes—tuvieron que esperar en largas colas para comprar gasolina. ¿Crees que puede suceder otra vez?*

Is this the scene of an early-morning traffic jam? No, it represents the first experience Americans had with an oil shortage. At that time, shipments of oil to the United States were drastically reduced. Motorists had to wait in long lines at gas stations for what had become a most precious resource: gasoline.

Fortunately, the oil crisis of 1973 did not last long. The discovery of new oil fields combined with serious conservation efforts produced a relative abundance of oil by 1986. But the oil shortages of the 1970s remain dramatic illustrations of how dependent people are on fossil fuels and how dangerously close we are to running out of them.

Could the events of 1973 be repeated in the future? Unfortunately, the answer is yes. Modern society relies on fossil fuels for transportation, for industry, for heating and cooling buildings, and for generating electricity. But supplies of fossil fuels are dwindling. Sooner or later, we will run out of them. The goal of energy conservation is to make existing supplies last as long as possible.

How can you help to conserve energy? Here is a list of ways in which you can conserve energy in the home:

- Replace burned-out light bulbs with new energy-efficient bulbs.
- Turn off lights when they are not needed.
- Turn off the television when you are not watching it.

Figure 4–2 *By saving energy and using energy efficiently, we may be able to make our natural resources last longer. Why does thawing frozen food before cooking help save energy?*

¿Es ésta una escena de embotellamiento en horas de máximo tráfico? No, representa la primera experiencia que los americanos tuvieron con la escasez de petróleo. En esa época, los envíos a Estados Unidos fueron reducidos drásticamente. Los automovilistas tuvieron que esperar en largas colas por la preciada gasolina.

Por suerte, la crisis de 1973 no duró. El descubrimiento de nuevos yacimientos, combinado con esfuerzos de conservación, produjeron una abundancia relativa de petróleo en 1986. Pero las escasez de la década de los 1970 sigue siendo un dramático ejemplo de la dependencia en los combustibles fósiles y de cuán peligrosamente cerca estuvimos de agotarlos.

¿Podrían los eventos de 1973 repetirse? Por desgracia, sí. La sociedad moderna depende de los combustibles fósiles para el transporte, la industria, la calefacción y la refrigeración de edificios y para generar electricidad. Pero, tarde o temprano, los agotaremos. La meta de la conservación de energía es hacer que la provisión existente dure lo más que se pueda.

¿Cómo puedes ayudar a conservar energía? Aquí hay una lista de cómo puedes hacerlo en casa:

■ Reemplaza las bombillas quemadas con bombillas nuevas que gasten menos energía.
■ Apaga las luces cuando no se necesitan.
■ Apaga el televisor cuando no lo estés mirando.

Figura 4–2 *Al ahorrar energía y usarla eficientemente podríamos hacerla durar más. ¿Por qué descongelar la comida antes de cocinarla ahorra energía?*

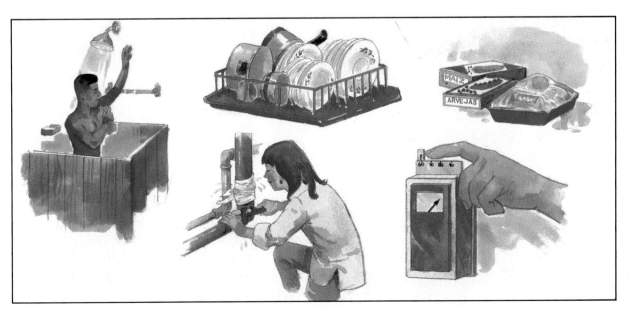

- Take a quick shower instead of filling the tub for a bath.
- Fix leaking water faucets and pipes.
- Use the clothes washer and dryer only for full loads.
- Use the dishwasher only for full loads or do dishes by hand.
- Allow dishes to air dry instead of using the dry cycle on the dishwasher.
- Thaw frozen foods before putting them in the oven.
- Cook the entire meal in the oven instead of using several burners on the stove.
- Make sure refrigerators and freezers are properly sealed.
- Defrost refrigerators before the ice becomes too thick.
- Set the thermostat on the home heating system as low as possible.

What other ways can you think of to conserve energy in the home?

Energy Efficiency

Another way to conserve fossil fuels is to use them more efficiently. More efficient car engines use less gasoline. Smaller, less massive cars also use less gasoline than larger, more massive cars do. Adding 100 kilograms to the mass of a car increases its consumption of gasoline by 6 percent. Driving slowly also saves gasoline, as well as lives. But the best way to save energy is to leave the car at home and use public transportation: buses, passenger trains, and subways. Most forms of public transportation are at least twice as energy efficient as cars. Riding a bicycle or walking are also energy-saving alternatives.

Recycling

The problem with minerals is similar to the problem with fossil fuels. Once minerals are used up, they are gone forever. One solution to this problem is to find other materials to take the place of minerals. For example, large amounts of steel are used in car engines. Steel is an alloy of iron and several

Figure 4–3 *In Portland, Oregon, many commuters use a new light rail service instead of driving their cars to work. How does such public transportation save energy and also cut down on pollution?*

- Toma una ducha rápida en vez de llenar la bañera para bañarte.
- Repara las llaves y cañerías que gotean agua.
- Usa la lavadora y secadora de ropa sólo cuando la puedas llenar.
- Usa la lavadora de platos sólo cuando la puedas llenar o lava los platos a mano.
- Permite que los platos se sequen al aire en vez de usar el ciclo secador de la lavadora.
- Descongela la comida antes de ponerla en el horno.
- Cocina toda la comida en el horno en vez de usar varias hornillas de la cocina.
- Asegúrate de que la nevera y los congeladores estén sellados apropiadamente.
- Descongela la nevera antes de que el hielo esté muy compacto.
- Ajusta el termostato del sistema de calefacción de tu casa lo más bajo posible.

¿Qué otras maneras se te ocurren para conservar la energía en tu casa?

Eficiencia energética

Otra manera de conservar los combustibles fósiles es usarlos eficientemente. Los motores de carro más eficientes gastan menos gasolina. Los carros pequeños gastan menos gasolina que los grandes. Agregando 100 kilos a la masa de un carro aumenta su consumo un 6 por ciento. Manejar despacio también ahorra gasolina, así como vidas. Pero la mejor manera de ahorrar energía es dejar el auto en casa y usar el transporte público: autobuses, trenes y subterráneos. En este sentido la mayoría del transporte público es más eficiente que los carros. Usar una bicicleta o caminar, también son buenas alternativas.

Reciclaje

El problema de los minerales es similar al de los combustibles fósiles. Una vez agotados, se han perdido para siempre. Una solución es encontrar otros materiales que reemplacen los minerales. Por ejemplo, se usan grandes cantidades de acero en los motores de los carros. El acero es una aleación de hierro y varios otros metales, incluidos el cromo y el

Figura 4–3 *En Portland, Oregon, muchos usuarios emplean un nuevo servicio de vía liviana en lugar de manejar sus carros al trabajo. ¿Cómo el uso de este transporte público ahorra energía y reduce la contaminación?*

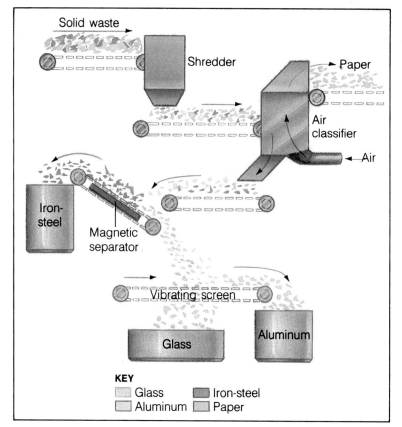

Solid waste → Shredder → Paper

Air classifier ← Air

Iron-steel

Magnetic separator

Vibrating screen

Glass Aluminum

KEY
Glass   Iron-steel
Aluminum   Paper

Figure 4-4 *This diagram shows how solid wastes can be separated for recycling. Separating wastes in this way is expensive. Does the value of recycling justify the cost of separation?*

other metals, including chromium and nickel. (Recall that an alloy is a substance made of two or more metals.) Today, scientists are working to replace some parts of these metal engines with plastic parts. If plastics and other materials can replace some minerals, supplies of these minerals will last longer.

Another solution is to keep minerals in usable form by **recycling** them. If recycling became an accepted part of everyday life, existing mineral resources would last longer, less land would be dug up and destroyed in the search for new mineral resources, and the solid-waste problem would be reduced. Recycling also contributes to energy conservation. Making aluminum from recycled cans, for example, uses much less energy than making aluminum from ore.

Although community recycling of solid wastes has become increasingly common, most industries still do not recycle on a large scale. The reason for this is primarily an economic one. Separating solid wastes for recycling is expensive. And even if the separation is done, there is little consumer demand for recycled

ACTIVITY

DOING

Magnetic Separation

In this activity you will make a model to illustrate how metals are separated from solid wastes for recycling.

1. Make a mixture of approximately equal amounts of iron filings, shredded paper, and sawdust.

2. Using a bar magnet, try to separate the iron filings from the paper and sawdust. Why can you use a magnet to separate the iron filings from the mixture?

How could separating solid wastes—newspapers, glass bottles, aluminum cans—into individual containers before they are collected help to reduce the cost of recycling?

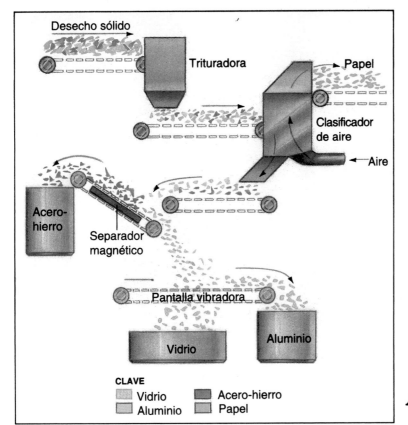

Figura 4–4 *Esta gráfica muestra cómo los desechos sólidos se pueden separar para el reciclaje. Separar los desechos de este modo es costoso. ¿El valor del reciclaje justifica el costo de la separación?*

níquel. (Recuerda que una aleación es una sustancia hecha de dos o más metales.) Hoy se está intentando reemplazar algunas partes metálicas de motores con partes plásticas. Si los plásticos y otros materiales pudieran reemplazar algunos minerales, la provisión duraría más.

Otra solución es volver a usar los minerales por medio del **reciclaje**. Si el reciclaje se hiciera parte de la vida diaria, los recursos durarían más; menos terreno sería destruído en busca de nuevos minerales y el problema de los desechos sólidos se reduciría. También contribuiría a la conservación ya que fabricar aluminio de latas recicladas, por ejemplo, gasta mucho menos energía que extraerlo de la mena.

Aunque el reciclaje de los desechos sólidos en las comunidades se ha vuelto común, la mayoría de las industrias no lo hacen a gran escala. La razón principal es económica. Separar los desechos sólidos para reciclarlos es costoso, y además, hay muy poca demanda de parte del consumidor para productos reciclados. Esta situación puede cambiar, por ejemplo, la aislación de celulosa

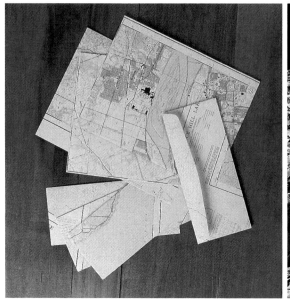

Figure 4–5 *Many tons of paper are being recycled at this recycling center. Recycling helps save trees, from which paper is made. Writing paper and envelopes made from maps are some of the products made from recycled paper that are now available to consumers. What other recycled products are you familiar with?*

products. This situation may be changing, however. For example, cellulose insulation made from recycled paper fibers is now competitive with other types of home insulation, such as fiberglass. Finally, when the cost of solid-waste disposal and of the pollution involved is compared with the cost of recycling, recycling can be seen as an economical alternative to disposal.

4–1 Section Review

1. What are two ways to conserve fossil fuels and minerals?
2. What is the goal of energy conservation? List at least four ways to conserve energy in the home.
3. How can automobiles be made to use gasoline more efficiently?
4. Why is recycling not practiced on a large scale by most industries? What can be done to change this?

Critical Thinking—*Relating Concepts*
5. Using plastics instead of steel in car engines is one way to conserve minerals. However, the use of plastics presents other problems. What are some of these problems?

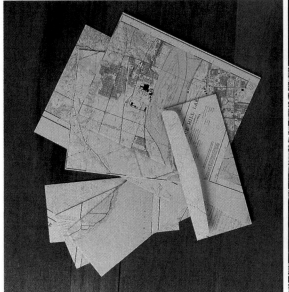 

Figura 4–5 *Muchas toneladas de papel se reciclan en este centro de reciclaje. El reciclaje ayuda a salvar árboles, de los que se hace el papel. El papel de escribir y los sobres hechos de mapas, son algunos de los productos de papel reciclado que están ahora disponibles para el consumidor. ¿Qué otros productos reciclados conoces?*

hecha de fibras de papel reciclado está compitiendo con otros tipos de aislamiento doméstico, como la fibra de vidrio. Además, cuando el costo de la eliminación de los desechos sólidos y el de la contaminación producida se compara con el costo del reciclaje, éste último puede verse como una alternativa económica de eliminación.

4–1 Repaso de la sección

1. ¿Cuáles son dos maneras de conservar los combustibles fósiles y los minerales?
2. ¿Cuál es la meta de la conservación de energía? Enumera al menos cuatro modos de conservar energía en casa.
3. ¿Cómo se pueden hacer automóviles que usen gasolina de manera más eficiente?
4. ¿Por qué no se practica el reciclaje a gran escala en la mayoría de las industrias? ¿Qué se puede hacer para cambiar esto?

Pensamiento crítico—*Relacionar conceptos*
5. El uso de plástico en lugar de acero en los motores de carros es una manera de conservar minerales. Sin embargo, el uso de plásticos presenta otros problemas ¿Cuáles son?

Helping the Victims of an Oil Spill

You have been reading about Earth's nonliving resources and what can be done to protect them. Earth has living resources as well. Among these living resources are the thousands of sea birds and other *wildlife* that may be injured or killed as the result of an oil spill. What can be done to protect these living resources?

In 1988, a relatively "small" oil spill off the coast of Washington State resulted in the deaths of tens of thousands of sea birds. Fortunately, about 4000 birds survived long enough to struggle onto the beaches. When the oil-soaked birds reached shore, volunteers were waiting to transport them to emergency treatment centers. Here the volunteers slowly and carefully washed and dried the birds, trying to remove all traces of oil from their feathers. The volunteers had to treat the birds gently to avoid damaging the feathers. Each bird required at least an hour to bathe and rinse thoroughly.

In spite of all the care they received, fewer than 1000 birds survived to be released back into the environment. And there was no way to know for sure if these birds were able to survive on their own after being released. Even with modern technology and good intentions, humans cannot duplicate an animal's natural survival equipment. Yet they can easily destroy it with just one careless act.

CONEXIONES

Ayuda a las víctimas de un derrame de petróleo

Has leído sobre los recursos no vivos de la Tierra y qué se puede hacer para protegerlos. Pero también hay recursos vivos. Entre ellos, miles de aves marinas y otras *vidas silvestres* que se hieren o mueren como resultado de un derrame de petróleo. ¿Qué se puede hacer para protegerlos?

En 1988, un derrame relativamente "pequeño" en la costa del estado de Washington causó la muerte de miles de aves marinas. Por suerte, cerca de 4000 sobrevivieron el tiempo suficiente como para llegar a las playas. Cuando estas aves, empapadas de petróleo alcanzaron la costa, grupos de voluntarios las esperaban para transportarlas a centros de tratamiento de urgencia. Aquí los voluntarios, lenta y cuidadosamente, lavaron y secaron las aves, tratando de sacar todo resto de petróleo de sus plumas. Cada una tomó por lo menos una hora para bañarla y secarla minuciosamente.

A pesar del cuidado recibido, sólo unas 1000 sobrevivieron para ser devueltas a su ambiente. Y no hubo manera de saber con seguridad si estas aves pudieron sobrevivir por su cuenta. Aún con tecnología moderna y buenas intenciones, los humanos no pueden duplicar el equipo natural de supervivencia de un animal. Sin embargo, lo pueden destruir con una sola acción descuidada.

Guide for Reading

*Focus on this question as
you read.*

▶ *What can be done to help
prevent pollution of the
environment?*

4–2 Protecting the Environment

If nothing is done to prevent pollution, the problem will only get worse as the human population increases. As you learned in Chapter 3, pollution is the release into the environment of substances that change the environment for the worse. Although pollution can be classified as land, air, and water pollution, it is important to remember that all parts of the environment are interrelated. Anything that damages one part of the environment can also damage other parts. Acid rain, for example, begins as air

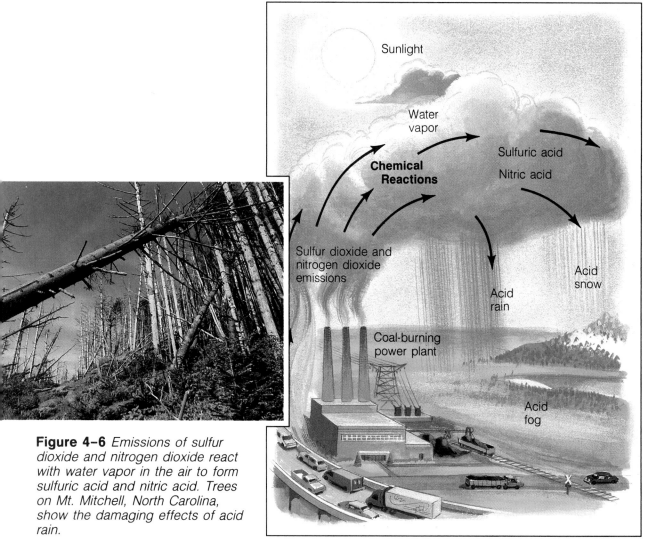

Figure 4–6 *Emissions of sulfur dioxide and nitrogen dioxide react with water vapor in the air to form sulfuric acid and nitric acid. Trees on Mt. Mitchell, North Carolina, show the damaging effects of acid rain.*

4–2 Protección del medio ambiente

Si no se hace nada para prevenir la contaminación, el problema empeorará a medida que crece la población humana. Como leíste en el capítulo 3, la contaminación es la emisión de sustancias al medio ambiente que lo afectan negativamente. Aunque la contaminación se puede clasificar como del terreno, del aire y del agua, es importante recordar que todas las partes del ambiente están relacionadas. Cualquier cosa que dañe una parte, también puede dañar las otras. La lluvia ácida, empieza como contaminación

Figura 4–6 *Emisiones de dióxido de azufre y de dióxido de nitrógeno reaccionan con el vapor del agua en el aire y forman ácido sulfúrico y nítrico. Los árboles de Mount Mitchel, North Carolina, muestran los efectos dañinos de la lluvia ácida.*

pollution. As acid rain falls into lakes and rivers, the problem becomes water pollution. Then as acid rain seeps into the soil, land pollution results. In this example of a "pollution chain," all aspects of the environment are damaged.

What can be done to prevent pollution? There is no easy answer to this question; no single solution to the problem. But there are some actions that can be taken now—before it is too late. **People can help prevent pollution by using energy wisely and by discarding wastes safely.** In the previous section you learned about ways to use energy wisely and efficiently. In the following pages you will read about some specific examples of what can be done to prevent pollution of the environment.

Safeguarding the Air

Gases and particles given off when fossil fuels are burned are called **emissions** (ee-MIHSH-uhnz). In theory, if the burning of fossil fuels such as coal, oil, and natural gas is complete—that is, with enough oxygen present—the only waste products should be carbon dioxide and water vapor. In practice, however, some pollution-causing emissions are always given off as well. These emissions include the poisonous gas carbon monoxide as well as nitrogen oxides

Figure 4–7 *Emissions released into the air from factory smokestacks cause acid rain and other forms of air pollution. Scrubbers are pollution-control devices that reduce emissions from factory smokestacks.*

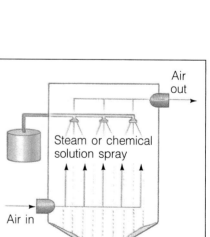

del aire. Cuando la lluvia ácida cae en los lagos y ríos se convierte en contaminante del agua. Luego, cuando la lluvia ácida se filtra en el suelo, contamina el terreno. En este ejemplo de una "cadena de contaminación," todos los aspectos del ambiente se dañan.

¿Qué se puede hacer para evitar la contaminación? No hay respuestas simples para este problema, pero existen algunas medidas que se pueden tomar ahora antes de que sea demasiado tarde. **La gente puede ayudar a prevenir la contaminación usando la energía sabiamente y eliminando los desechos con seguridad.** Ya has leído sobre maneras de usar la energía sabia y eficientemente. En las próximas páginas leerás sobre algunos ejemplos específicos para evitar la contaminación del medio ambiente.

La protección del aire

Los gases y partículas emitidos durante la quema de los combustibles fósiles se llaman **emisiones.** En teoría, si la quema de combustibles fósiles como el carbón, el petróleo y el gas natural es completa—eso es, con oxígeno presente—los únicos productos de desecho deben ser dióxido de carbono y vapor de agua. En la práctica, se emiten también algunos contaminantes. Estos incluyen tanto el gas venenoso monóxido de carbono como los óxidos de nitrógeno

Actividad

PARA ESCRIBIR

El efecto de Invernadero

El dióxido de carbono liberado en el aire por los vehículos motorizados y la quema de combustibles fósiles por la industria contribuye al efecto invernadero. Usa libros de referencia en tu biblioteca, y escribe un reporte sobre éste fenómeno. Explica cómo el dióxido de carbono aumenta el efecto de invernadero. También incluye un comentario de cómo los científicos creen que éste fenómeno podría cambiar el clima de la Tierra, así como el resultado de tales cambios.

Figura 4–7 *Las emisiones liberadas en el aire por las chimeneas de una fábrica causan lluvia ácida y otras formas de contaminación del aire. Los depuradores de gases son aparatos que controlan la contaminación y reducen las emisiones de tales chimeneas.*

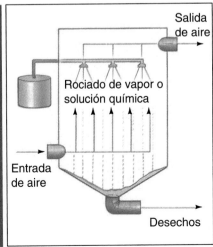

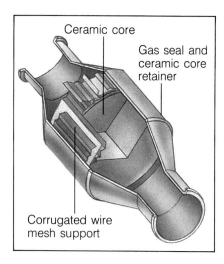

Ceramic core

Gas seal and ceramic core retainer

Corrugated wire mesh support

Figure 4–8 *Automobiles manufactured today are required to have catalytic converters. How does a catalytic converter work?*

ACTIVITY

DOING

Natural Pollution

Pollution is caused by people. But sometimes nature may cause pollution too. Using reference books in the library, look up information about the eruption of the volcano on the island of Krakatoa, which took place in 1883. Write a short report about the effect of this eruption on the Earth's weather in the years that followed. Then compare the Krakatoa eruption with the eruption of Mt. Pinatubo in the Philippines in 1991. Prepare a poster or diorama to illustrate your report.

and sulfur oxides, which cause acid rain when they react with water vapor in the air. But the pollution-causing emissions can be reduced in various ways.

Devices called scrubbers frequently are used to wash suspended particles and sulfur oxides out of smokestack fumes. In some scrubbers, the fumes are passed through a blanket of steam. In the process, most of the pollution-causing emissions are dissolved in the steam. Then as the steam cools, the dissolved waste products rain down into a special collector and are removed. Another kind of scrubber uses a spray of liquid chemicals instead of steam. In this kind of scrubber, sulfur oxides react with the chemical spray to form a solid "sludge" that is then removed.

Emissions from motor vehicles, which are the main sources of air pollution, can be reduced by the use of **catalytic converters.** A catalytic converter is an emission-control device that changes the hydrocarbons and carbon monoxide in automobile exhaust into carbon dioxide and water vapor.

Scrubbers and catalytic converters are only two of the ways scientific technology is helping to clean up the air. In many ways, the air today is much cleaner than it was 10 or 20 years ago. But in some ways, it is more polluted. Environmentalists say that some pollution laws, such as the Clean Air Act of 1970, must be tightened if we are to ensure clean air in the future. The Clean Air Act set up emission standards, which limit the amount of pollutants that can be released into the air from a particular source. And emission-control technology must be improved. In addition, alternative sources of cleaner energy, such as gasohol and hydrogen, must be further developed.

Alternative sources of energy will never eliminate all possible sources of air pollution. And devices to clean emissions will be of little value if they are not used. So it is vital that industry and other sources of air pollution make every effort to meet air-pollution standards set by the government. Furthermore, much air pollution can be traced directly to people. People, for example, drive the cars that add to air pollution. So people should make sure that their cars are well tuned and that the engines and exhaust systems are in good working order.

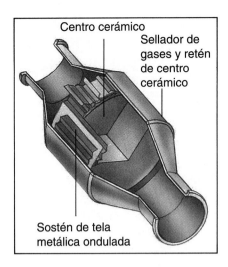

Centro cerámico

Sellador de gases y retén de centro cerámico

Sostén de tela metálica ondulada

Figura 4–8 *Los carros fabricados hoy deben tener convertidores catalíticos. ¿Cómo funciona un convertidor catalítico?*

ACTIVIDAD

PARA HACER

Contaminación natural

La contaminación es causada por la gente. Pero a veces, la naturaleza también puede causar la contaminación. Usando libros de refe-rencia en la biblioteca, busca información sobre las erupciones del volcán Krakatoa, en 1883. Escribe un informe corto sobre el efecto de esta erupción en el clima de la Tierra en los años que le siguieron. Luego, compara las erupciónes del Krakatoa con la erupción del Mount Pinatubo en las Filipinas en 1991. Prepara un cartel o diorama para ilustrar tu informe.

y óxidos de azufre, que causan lluvia ácida cuando reaccionan con vapor de agua en el aire. Las emisiones contaminantes se pueden reducir de varias maneras.

Aparatos llamados depuradores de gases se usan frecuentemente para lavar las partículas suspendidas y los óxidos de azufre del humo de las chimeneas. En algunos depuradores, el humo pasa a través de una manta de vapor. En el proceso, la mayoría de las emisiones contaminantes se disuelve en el vapor. Cuando el vapor se enfría, los productos de desecho disueltos caen sobre un colector especial y se quitan. Otra clase de depurador usa un rocío de sustancias químicas líquidas en lugar de vapor. Los óxidos de azufre reaccionan con el rocío químico para formar un "sedimento" sólido que luego se quita.

Las emisiones de los vehículos motorizados, que son la fuente mayor de contaminación del aire, pueden ser reducidas por el uso de **convertidores catalíticos**. Un convertidor catalítico es un aparato que controla las emisiones en el escape de los carros, convirtiendo los hidrocarburos y el monóxido de carbono en dióxido de carbono y vapor de agua.

Los depuradores y los convertidores catalíticos son sólo dos de las maneras en que la tecnología ayuda a limpiar el aire. En cierta forma el aire es más limpio hoy que hace 10 ó 20 años atrás. Pero en otras, está más contaminado. Los ecólogos dicen que algunas leyes de contaminación, como The Clean Air Act of 1970, deben ser más rigurosas si queremos asegurar un aire limpio en el futuro. The Clean Air Act estableció una pauta para las emisiones, que limita la cantidad de contaminantes que pueden liberarse en el aire desde una fuente en particular. Hace falta una mejor tecnología controladora de emisiones, además, deben desarrollarse fuentes alternativas de energía más limpias, como el gasohol y el hidrógeno.

Las fuentes alternativas de energía nunca eliminarán todas las fuentes posibles de contaminación y los aparatos para limpiar emisiones serán de poco valor si no se usan. De manera que es esencial que la industria y otras fuentes de contaminación del aire hagan el esfuerzo de cumplir con las normas de contaminación aérea establecidas por el gobierno. Además, mucha de la contaminación del aire puede ser responsabilidad de la gente, ésta por ejemplo, maneja los carros que aumentan la contaminación, de manera que deben asegurarse de que sus carros estén bien afinados y que el motor y el sistema del escape estén en buenas condiciones.

Figure 4-9 *To eliminate the huge number of cars entering Yosemite National Park every year, the National Park Service hopes to build a solar train to carry visitors through the park. Nonpolluting solar-powered trucks are already being used in Natural Bridges National Monument in Utah.*

Safeguarding Our Water Supplies

In 1972 and 1974, the United States Congress passed two strict laws to fight water pollution. They were the Clean Water Act of 1972 and the Safe Drinking Water Act of 1974. Both these laws were intended to stop the flow of untreated wastes into waterways from **point sources.** Point sources include sewers, pipes, and channels through which wastes are discharged.

These laws set up rules to greatly reduce water pollution from point sources. Towns and cities were required to build sewage-treatment plants or to improve existing plants. Such plants clean waste-water before it is discharged into waterways. Similar treatment plants purify water for drinking. Industries also were required to clean their wastewater before releasing it into lakes, streams, and rivers. Most of these actions were successful. Water quality improved.

The 1972 and 1974 laws greatly reduced water pollution from point sources. The laws did nothing,

Figura 4–9 *Para eliminar la entrada de gran número de autos al Yosemite National Park cada año, el Servicio de Parques Nacionales espera construir un tren solar para transportar los visitantes a través del parque. Ya se usan camiones de energía solar en el Natural Bridges National Monument en Utah.*

La protección a nuestra provisión de agua

En 1972 y 1974, el Congreso de los Estados Unidos declaró dos leyes muy estrictas para evitar la contaminación del agua. Fueron The Clean Air Act of 1972 y Safe Drinking Water Act of 1974. Ambas leyes se proclamaron con la intención de detener el derrame de desechos sin tratar en las vías fluviales desde **focos concentrados.** Los focos concentrados incluyen cloacas, tuberías y canales a través de los cuales se descargan los desechos.

Estas leyes establecieron normas para reducir considerablemente la contaminación del agua desde los focos concentrados. Pueblos y ciudades debieron construir plantas de tratamiento de aguas residuales o mejorar sus plantas existentes. Estas plantas limpian las aguas residuales antes de que se descarguen en las vías fluviales. Plantas similares de tratamiento purifican el agua potable. Las industrias debieron limpiar sus aguas residuales antes de descargarlas en los lagos, arroyos y ríos. La mayoría de estas acciones fueron exitosas y la calidad del agua mejoró.

En 1972 y 1974 las leyes redujeron la contaminación del agua desde los focos concentrados. La leyes no

Figure 4–10 *Raw sewage is treated at a sewage-treatment plant before being discharged. Nonpoint sources of pollution include pesticides sprayed on crops.*

Waste Not, Want Not, p.128

Save the Earth

For an interesting perspective on protecting the environment, read *This Bright Land: A Personal View* by the American journalist and drama critic Brooks Atkinson (1894–1984). Then, to find out what you can do to help, read *Save the Earth: An Ecology Handbook for Kids* by Laurence Pringle.

however, to reduce pollution from **nonpoint sources.** Nonpoint sources of water pollution include sanitary landfills that ooze poisonous liquids and industrial waste ponds that leak into the surrounding ground. Nonpoint sources also include illegally dumped hazardous wastes and runoff of pesticides and fertilizers from various sources.

Unfortunately, the wastes from nonpoint sources are usually the most harmful to the environment. And they are often difficult to find and clean up. For example, drums of hazardous wastes may lie in solid-waste dumps for many years. Often, the drums are not identified as containing hazardous wastes. The drums may even be buried with ordinary garbage in sanitary landfills. When the drums decay, hazardous wastes may leak into the soil and groundwater. The drums may be uncovered years later, causing a nightmare for the people who must clean up the damage—if it can indeed be cleaned up.

What is the solution? Obviously, hazardous waste dumps must be checked carefully for leakage. Whenever possible, hazardous wastes should be disposed of properly at the factory or manufacturing plant where they are produced. Such disposal can be difficult and expensive. But proper disposal is far less difficult and costly than removing these hazardous wastes from the environment years later.

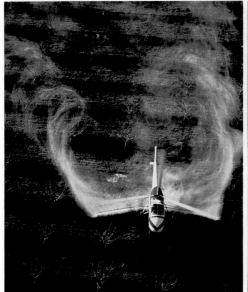

Figura 4–10 *Las aguas residuales crudas se tratan en las plantas de tratamiento antes de descartarse. Los focos no concentrados de contaminación incluyen los insecticidas rociados en los cultivos.*

Pozo de actividades

No se pierde, ni se quiere, p.128

ACTIVIDAD

PARA LEER

Salva la Tierra

Para unas ideas interesantes sobre la protección del ambiente, lee *This Bright Land: A Personal View,* del periodista y crítico americano Brooks Atkinson (1894—1984). Para saber qué puedes hacer para ayudar, lee *Save the Earth: An Ecology Handbook for Kids* de Laurence Pringle.

hicieron nada, sin embargo, para reducir la contaminación desde los **focos no concentrados**. Los focos no concentrados de contaminación del agua incluyen basureros sanitarios que exudan líquidos venenosos y charcas de desechos industriales que se filtran al subsuelo circundante. También incluyen los desechos peligrosos vaciados ilegalmente y el vaciado de insecticidas y fertilizantes de varias fuentes.

Lamentablemente, los desechos desde focos no concentrados son generalmente los más dañinos para el medio ambiente, y son difíciles de encontrar y limpiar. Por ejemplo, los bidones llenos de desechos peligrosos pueden permanecer en los basureros de desechos sólidos durante muchos años, y a menudo, su contenido se ignora por no estar identificado como desechos peligrosos. Hasta pueden ser enterrados con la basura común en los basureros sanitarios. Cuando se oxidan los bidones, los desechos peligrosos pueden filtrarse en el suelo y en el agua subterránea. Los bidones se pueden destapar años después, causando una pesadilla a la gente que debe limpiar el daño—si es que se puede limpiar.

¿Cuál es la solución? Obviamente, la descarga de los desechos peligrosos debe ser controlada cuidadosamente. Siempre que sea posible, deben ser eliminados apropiadamente en las fábricas o plantas manufactureras donde se producen. Esta eliminación puede ser difícil y costosa, pero una eliminación apropiada es mucho menos difícil y costosa que limpiar estos desechos peligrosos del medio ambiente años más tarde.

PROBLEM Solving

People Are Part of the Environment Too

Environmental problems cannot be viewed only as scientific problems. Because they involve people and the way people live, they must be viewed as economic, social, and political problems as well. Consider, for example, the following situation:

The city of Pleasant Grove centers around a large factory that makes machine parts. About half the families in Pleasant Grove have at least one family member working at the factory. The factory contributes significantly to air and water pollution through smokestack emissions and large amounts of chemical wastes. The factory manager recently announced that the factory will increase operations by 35 percent during the next year. The expansion will include the addition of a night shift and the purchase of a wooded area next to the factory. This land will be used for additional manufacturing facilities and for a second parking lot.

Imagine that you are a magazine reporter who has been sent to Pleasant Grove. Your assignment is to find out how the following people feel about the planned expansion of the factory: a scientist; a conservationist; an economist; an average citizen; a local politician. Write a magazine article describing the reactions of each person.

4–2 Section Review

1. How can people help prevent pollution of the environment?
2. Use the example of acid rain to describe how pollution affects all parts of the environment.
3. How do scrubbers and catalytic converters reduce harmful emissions from smokestacks and automobiles?
4. What is the difference between point sources and nonpoint sources of pollution?

Connection—*You and Your World*
5. In what ways can you personally help reduce pollution?

PROBLEMA
a resolver

La gente también es parte del medio ambiente

Los problemas del medio ambiente no pueden ser considerados sólo como problemas científicos. Como abarcan a la gente y la manera cómo viven, se deben ver como problemas económicos, sociales y políticos también. Por ejemplo, imagina la siguiente situación:

La ciudad de Pleasant Grove está centrada alrededor de una gran fábrica que hace partes de máquinas. Cerca de la mitad de las familias en Pleasant Grove tienen por lo menos un miembro de la familia que trabaja en la fábrica. La fábrica contribuye significativamente a la contaminación del aire y del agua a través de las emisiones de las chimeneas y grandes cantidades de desechos químicos. El director de la fábrica anunció recientemente que la fábrica aumentará las operaciones un 35 por ciento en el próximo año. La expansión incluirá la adición de un turno nocturno y la compra de un área boscosa adyacente a la fábrica. Este terreno será usado para instalar un centro manufacturero y una segunda plaza de estacionamiento.

Imagina que eres un periodista de una revista que ha sido enviado a Pleasant Grove. Tu tarea es averiguar acerca de los planes de expansión de la fábrica y las opiniones de las siguientes personas: un científico, un ecólogo, un ecónomista, un ciudadano corriente, y un político local. Escribe un artículo para una revista describiendo las reacciones de cada persona.

4–2 Repaso de la sección

1. ¿Cómo se puede prevenir la contaminación del ambiente?
2. Usa el ejemplo de lluvia ácida para describir cómo la contaminación afecta todas las partes del medio ambiente.
3. ¿Cómo reducen los depuradores y los convertidores catalíticos las emisiones dañinas de las chimeneas y de los carros?
4. ¿Cuál es la diferencia entre focos concentrados y focos no concentrados de contaminación?

Conexión—*Tú y tu mundo*
5. ¿De qué manera personalmente ayudas a reducir la contaminación?

Laboratory Investigation

Comparing the Decomposition of Different Types of Litter in a Landfill

Problem

Large amounts of litter and garbage are buried in sanitary landfills every day. How fast do different materials decompose in a model landfill?

Materials *(per group)*

> 4-L glass jar with lid
> topsoil
> litter (orange peels, paper, scrap metal, and so forth)
> glass-marking pencil

Procedure 🔬

1. Cover the bottom of the glass jar with a layer of soil.
2. Place one third of the litter in the jar. Make sure the litter is near the sides of the jar so you can see it.
3. With the glass-marking pencil, circle the location of each item of litter on the outside of the jar.

4. Add another layer of soil on top of the litter.
5. Place another one third of the litter in the jar. Mark the location of each item of litter with the glass-marking pencil.
6. Add another layer of soil on top of the litter.
7. Place the last of the litter in the jar. Mark the location of each item of litter.
8. Cover the litter with a final layer of soil. Add water to the jar until all the soil is slightly moist. Put the lid on the jar.
9. Observe your model landfill once a week for a month. Predict whether or not each item of litter will decompose.

Observations

1. Describe the appearance of each item of litter in the jar after one day, one week, two weeks, and one month. Record your observations in a data table.
2. Which items of litter decomposed fastest? Which items decomposed more slowly? Which items did not decompose at all?

Analysis and Conclusions

1. Compare the kinds of litter and their decomposition rates. Were your predictions correct? Is there any pattern to the litter that decomposed as compared with the litter that did not decompose?
2. Based on your observations, what recommendations would you make to a town that was planning to build a sanitary landfill?
3. **On Your Own** Suppose the soil, jar, water, and litter had been sterilized before the investigation. Would the results have been the same? Explain. Design an experiment to test your conclusion.

Investigación de laboratorio

Comparar la descomposición de los diferentes tipos de basura en un basurero

Problema

Grandes cantidades de basura se entierran en los basureros sanitarios cada día. ¿Cuán rápido se descomponen los diferentes materiales en un basurero típico?

Materiales *(por grupo)*

frasco de vidrio de 4-L con tapa

humus o mantillo

basura (cáscaras de naranja, papel, trozos de metal, etc.)

lápiz para marcar vidrio

Procedimiento

1. Cubre el fondo del frasco de vidrio con una capa de humus.
2. Coloca un tercio de la basura en el frasco. Asegúrate de que esté cerca de los lados para que puedas verla.
3. Con el lápiz marcador de vidrio, rodea el lugar de cada artículo de basura en la cara exterior del frasco.
4. Agrega otra capa de humus cubriendo la basura.

5. Coloca otro tercio de basura en el frasco. Marca el lugar de cada artículo con el lápiz marcador de vidrio.
6. Agrega otra capa de humus cubriendo la basura.
7. Coloca el resto de la basura en el frasco y marca el lugar de cada artículo.
8. Cubre la basura con una capa final de humus. Agrega agua al frasco hasta humedecer el humus. Tapa el frasco.
9. Observa tu basurero modelo una vez por semana durante un mes. Predice si cada artículo se descompondrá o no.

Observaciones

1. Describe la apariencia de cada artículo de basura en el frasco después de un día, una semana, dos semanas, y un mes. Anota tus observaciones en una tabla de datos.
2. ¿Qué artículos se descompusieron más rápidamente? ¿Qué artículos se descompusieron más lentamente? ¿Cuáles no se descompusieron?

Análisis y conclusiones

1. Compara las clases de basura y sus índices de descomposición. ¿Fueron correctas tus predicciones? ¿Hay alguna norma entre la basura que se descompone y la que no se descompone?
2. Basándote en tus observaciones, ¿qué recomendaciones harías a un pueblo que está planeando construir un basurero sanitario?
3. **Por tu cuenta** Imagina que el humus, frasco, agua y basura hubieran sido esterilizados antes de la investigación. ¿Obtendrías los mismos resultados? Explica. Diseña un experimento para probarlo.

Summarizing Key Concepts

4–1 Fossil Fuels and Minerals

▲ Fossil fuels and minerals are classified as nonrenewable resources.

▲ Conservation is the wise use of natural resources so that they will not be used up too quickly or used in a way that will damage the environment.

▲ Fossil fuels and minerals can be conserved by saving energy and by recycling.

▲ The goal of energy conservation is to make existing supplies of fossil fuels last as long as possible.

▲ There are many ways in which you can conserve energy in your home—from turning off lights to lowering the thermostat.

▲ Two ways to make mineral resources last longer are to use other materials in place of minerals and to keep minerals in usable form by recycling.

4–2 Protecting the Environment

▲ Although pollution can be classified as land, air, and water pollution, all parts of the environment are interrelated, and thus pollution of one part often affects the others.

▲ Pollution can be prevented by using energy wisely and by discarding wastes safely.

▲ Emissions are gases and particles given off when fossil fuels are burned.

▲ Emissions from smokestacks can be removed by scrubbers.

▲ Emissions from motor vehicles can be removed by catalytic converters.

▲ Laws have been passed to reduce water pollution from point sources, such as sewers.

▲ Pollution from nonpoint sources, such as hazardous wastes and agricultural runoff, is especially harmful to the environment.

Reviewing Key Terms

Define each term in a complete sentence.

4–1 Fossil Fuels and Minerals
recycling

4–2 Protecting the Environment
emission.
catalytic converter
point source
nonpoint source

Resumen de los conceptos claves

4–1 Combustibles fósiles y minerales

▲ Los combustibles fósiles y los minerales se clasifican como recursos no renovables.

▲ La conservación es el uso sensato de los recursos naturales de modo que no se agoten rápidamente o se usen de una manera que dañe el medio ambiente.

▲ Los combustibles fósiles y los minerales pueden conservarse ahorrando energía y reciclando.

▲ La meta de la conservación de la energía es hacer que las provisiones existentes de los combustibles fósiles duren todo lo posible.

▲ Hay muchas maneras en que puedes conservar energía en casa, desde apagar las luces hasta bajar los termostatos.

▲ Las dos maneras de hacer que los recursos minerales duren más, son usar otros materiales en reemplazo y mantener los minerales en forma útil reciclando.

4–2 Protección del medio ambiente

▲ Aunque la contaminación puede ser clasificada como de la tierra, del aire y del agua, todas las partes de la Tierra están relacionadas, de forma que la contaminación de una parte afecta a las otras.

▲ La contaminación puede prevenirse usando inteligentemente la energía y descartando los desechos de manera segura.

▲ Las emisiones son gases y partículas emitidas en la quema de los combustibles fósiles.

▲ Las emisiones de las chimeneas pueden ser extraídas por los depuradores.

▲ Las emisiones de los vehículos motorizados pueden ser extraídas por los convertidores catalíticos.

▲ Se han declarado leyes para reducir la contaminación del agua en los focos concentrados como las alcantarillas.

▲ La contaminación por los focos no concentrados, como los desechos peligrosos y los derrames agrícolas, es especialmente dañina para el ambiente.

Repaso de palabras claves

Define cada palabra o palabras con una oración completa.

4–1 Combustibles fósiles y minerales
reciclaje

4–2 Protección del medio ambiente
emisión
convertidor catalítico
foco concentrado
foco no concentrado

Chapter Review

Multiple Choice

Choose the letter of the answer that best completes each statement.

1. Using resources wisely is called
   a. ecology.
   b. conservation.
   c. pollution.
   d. waste disposal.
2. A catalytic converter changes pollution-causing emissions in automobile exhaust into carbon dioxide and
   a. carbon monoxide.
   b. water vapor.
   c. hydrocarbons.
   d. sulfur dioxide.
3. Automobiles can be made to burn fuel more efficiently by
   a. making them larger.
   b. driving faster.
   c. driving slower.
   d. increasing their mass.
4. Recycling is not done by most industries because it
   a. is too expensive.
   b. requires too much energy.
   c. is cheaper to use plastics.
   d. is too time consuming.
5. Emissions from factory smokestacks can be reduced through the use of
   a. catalytic converters.
   b. high-sulfur coal.
   c. scrubbers.
   d. all of these
6. Acid rain is a serious form of
   a. air pollution.
   b. water pollution.
   c. land pollution.
   d. all of these
7. Energy can be conserved by
   a. fixing leaky faucets.
   b. taking showers instead of baths.
   c. lowering the thermostat.
   d. all of these
8. Aluminum and copper are examples of
   a. fossil fuels.
   b. pollutants.
   c. minerals.
   d. emissions.
9. Point sources of pollution include
   a. sewers.
   b. hazardous wastes.
   c. agricultural runoff.
   d. sanitary landfills.

True or False

If the statement is true, write "true." If it is false, change the underlined word or words to make the statement true.

1. Fossil fuels and minerals are <u>renewable</u> resources.
2. Automobiles are <u>more</u> energy efficient than most forms of public transportation.
3. Making aluminum from ore requires <u>less</u> energy than making aluminum from recycled cans.
4. As the human population increases, the problem of pollution will <u>decrease</u>.
5. Two kinds of emission-control devices are scrubbers and <u>catalytic converters</u>.
6. Sewers are examples of <u>nonpoint</u> sources of water pollution.
7. Pollution of one part of the environment <u>cannot</u> affect other parts.

Concept Mapping

Complete the following concept map for Section 4–1. Refer to pages L6–L7 to construct a concept map for the entire chapter.

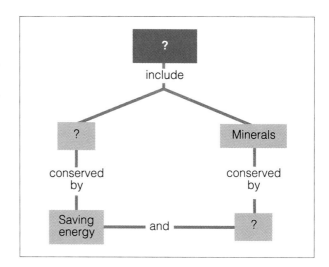

Repaso del capítulo

Selección múltiple

Selecciona la letra de la respuesta que mejor complete cada frase.

1. El uso sensato de los recursos se llama
- a. ecología.
- b. conservación.
- c. contaminación.
- d. eliminación de desechos.

2. Un convertidor catalítico convierte las emisiones de contaminación de los escapes de los autos en dióxido de carbono y
- a. monóxido de carbono.
- b. vapor de agua.
- c. hidrocarburos.
- d. dióxido de azufre.

3. Se puede hacer que los carros quemen combustible más eficientemente
- a. haciéndolos más grandes.
- b. manejando a mayor velocidad.
- c. manejando a menor velocidad.
- d. aumentándoles la masa.

4. El reciclaje no se practica por más industrias porque
- a. es muy costoso.
- b. necesita mucha energía.
- c. es menos costoso usar plásticos.
- d. toma mucho tiempo.

5. Las emisiones de las chimeneas de una fábrica pueden reducirse con el uso de
- a. convertidores catalíticos.
- b. carbón de sulfuro alto.
- c. depuradores.
- d. todo esto.

6. La lluvia ácida es una forma seria de
- a. contaminar el aire.
- b. contaminar el agua.
- c. contaminar la tierra
- d. todas

7. La energía puede conservarse
- a. arreglando los grifos que gotean.
- b. tomando duchas en lugar de baños.
- c. bajando el termostato.
- d. todas estas

8. El aluminio y el cobre son ejemplos de
- a. combustibles fósiles.
- b. contaminantes.
- c. minerales.
- d. emisiones.

9. Los focos concentrados de contaminación incluyen
- a. cloacas.
- b. desechos peligrosos.
- c. derrames agrícolas.
- d. basureros sanitarios.

Verdadero o falso

Si la afirmación es verdadera, escribe "verdad." Si es falsa, cambia las palabras subrayadas para que sea verdadera.

1. Los combustibles fósiles y los minerales son recursos <u>renovables</u>.

2. Los carros son energéticamente <u>más</u> eficientes que la mayoría del transporte público.

3. Hacer el aluminio de la veta requiere <u>menos</u> energía que hacerlo de latas recicladas.

4. A medida que la población crece, el problema de la contaminación <u>disminuye</u>.

5. Dos tipos de aparatos controladores de emisión son los depuradores y los <u>convertidores catalíticos.</u>

6. Las cloacas son ejemplos de focos <u>no concentrados</u> de contaminación del agua.

7. La contaminación de una parte del ambiente <u>no</u> afecta las otras partes.

Mapa de conceptos

Completa el siguiente mapa de conceptos para la sección 4–1. Para hacer un mapa de conceptos de todo el capítulo, consulta las páginas L6–L7.

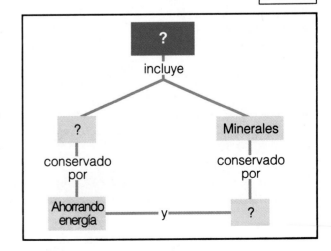

Concept Mastery

Discuss each of the following in a brief paragraph.

1. What are some ways to conserve energy in the home?
2. Why is the conservation of fossil fuels important?
3. What was the purpose of the Clean Water Act and the Safe Drinking Water Act?
4. What are some benefits of recycling?

5. What are emissions? How can pollution-causing emissions be reduced?
6. What are two ways to conserve mineral resources?
7. Why is pollution from nonpoint sources a more serious threat to the environment than pollution from point sources?

Critical Thinking and Problem Solving

Use the skills you have developed in this chapter to answer each of the following.

1. **Relating concepts** How does recycling contribute to energy conservation?
2. **Interpreting a photograph** Does the photograph show a point source or a nonpoint source of pollution? How can you tell?

3. **Applying concepts** Explain how each of the following helps to conserve energy:
   a. Turning off the TV when no one is watching it
   b. Defrosting the refrigerator
   c. Driving an energy-efficient car
   d. Taking a shower instead of a bath
4. **Making diagrams** Draw a chart or diagram that shows a pollution chain in which emissions from burning fossil fuels or fumes from toxic chemicals begin as air pollutants and then become water pollutants and land pollutants.
5. **Relating cause and effect** Identify a possible cause for each of the following:
   a. Most farmers stop using pesticides.
   b. The United States runs out of oil.
   c. Industries routinely recycle materials.
   d. More and more people use public transportation.
6. **Using the writing process** Write a brief essay in which you express your opinion about the following statement: "These gloomy predictions about running out of oil are greatly exaggerated. And even if we do run out, I feel confident that humans, with all their resourcefulness, will find another way to produce the energy they need."

Dominio de conceptos

Comenta sobre cada uno de los puntos siguientes en un párrafo breve.

1. ¿Cuáles son algunas maneras de conservar energía en casa?

2. ¿Por qué es importante la conservación de los combustibles fósiles?

3. ¿Cuál fue la intención del Clean Water Act y del Safe Drinking Water Act?

4. ¿Cuáles son algunos de los beneficios del reciclaje?

5. ¿Qué son las emisiones? ¿Cómo pueden ser reducidas las que causan contaminación?

6. ¿Cuáles son dos maneras de conservar los recursos minerales?

7. ¿Por qué la contaminación por focos no concentrados es una amenaza más seria para el ambiente que la contaminación por focos concentrados?

Pensamiento crítico y solución de problemas

Usa las destrezas que has desarrollado en este capítulo para resolver lo siguiente.

1. Relacionar conceptos ¿Cómo contribuye el reciclaje a la conservación de energía?

2. Interpretar una foto ¿La foto muestra un foco concentrado o un foco no concentrado de contaminación? ¿Cómo lo sabes?

3. Aplicar conceptos Explica cómo cada una de las medidas siguientes ayuda a conservar energía:

a. Apagar el televisor cuando nadie está mirando.

b. Descongelar la nevera.

c. Manejar un carro de energia eficiente.

d. Tomar una ducha en vez de un baño.

4. Hacer diagramas Dibuja una gráfica o diagrama que muestre una contaminación en cadena en la que las emisiones de la quema de combustibles fósiles o el humo de sustancias químicas tóxicas comienzan como contaminantes del aire para volverse contaminantes del agua y de la tierra.

5. Relacionar causa y efecto Identifica una causa posible para cada uno de los siguientes:

a. La mayoría de los granjeros dejó de usar insecticidas.

b. El petróleo de Estados Unidos se agota.

c. Las industrias acostumbran a reciclar materiales.

d. Cada vez más gente usa el transporte público.

6. Usar el proceso de escribir Escribe un informe breve expresando tu opinión sobre la siguiente declaración: "Las sombrías predicciones sobre el agotamiento del petróleo son muy exageradas. Aún si esto sucede, confío en que los humanos, con todo su ingenio, encontrarán el modo de producir la energía que necesitan."

GAZETTE:
DR. MBAYMA ATALIA

PHOTO: RAYMOND BONNER/NEW YORK TIMES PICTURES

Keeping the White Rhino Alive

Taking care not to let the animal catch his scent, the researcher crouches down in the tall grass and begins to take notes. The object of his attention is a white rhinoceros—a bulky grayish mammal with a pointed horn and a large square mouth. Quickly, the researcher notes the time of day, what the rhino is eating, its geographical location, and how far it has moved since last seen. Meanwhile, the rhino continues to graze like a vacuum cleaner, eating everything in sight. After about 20 minutes of intense eating, the temporarily satisfied rhino moves off at a half trot in search of its next meal.

Constant eating is a well-established habit of the white rhino, the world's second largest land mammal. Few people know the habits of this great creature better than Dr. Mbayma Atalia, a researcher and protection officer at Garamba National Park in Zaire, Africa. Dr. Mbayma has spent years studying the sleeping and grazing patterns of the white rhino. He knows his subjects so well that he can recognize every rhinoceros in the park simply by the shape of its horn and the contours of the wrinkles around its snout.

On this particular day, Dr. Mbayma is observing an adult male rhino named M–5. The time is late afternoon, and M–5 is grazing after his midday sleep. Dr. Mbayma has found that white rhinos sleep mostly between 10 AM and 2 PM, when the temperature rises

above 32°C. During the rest of the daylight hours, the rhinos eat—and eat!

M–5 may not know it, but he is lucky to be alive. Fifty years ago, Garamba National Park was set aside as a preserve for animals such as M–5, who is one of a rare subspecies of white rhinoceroses that are native to this part of Africa. At that time, more than 1000 of these animals were in existence. But by 1983, only 15 of M–5's relatives were left. What had happened? That question can be answered in one word: poaching.

Poaching is illegal hunting. When Garamba National Park was set aside as a wildlife preserve, guards were hired to make sure that the rhinos in the park would be free to live and reproduce. Many hunters, however, managed to outwit the guards and slaughtered the rhinos. To make matters worse, some corrupt guards joined the poachers, using their jobs as an easy way to get rich on bribes or as a source of free rhino meat.

The rewards for poaching run high. Today, a single horn from a white rhinoceros is valued at about $24,000. The value of the horn is based on the fact that it can be ground up for medicinal purposes or used to make decorative objects, just as elephant tusks are illegally sold for ivory. In addition to the valuable horn, rhinoceros meat is a tempting source of food for poor African villagers who have little nutritious food to eat.

With the white rhinoceros on the brink of extinction, conservation groups joined with the government of Zaire to clean up the corruption at Garamba. The first step was to hire a new park warden to replace the one who had been compromised by the poachers. The next step was to make the job of park guard attractive in terms of

▲ Poachers beware! Members of Dr. Mbayma Atalia's anti-poaching unit are setting off to patrol the 7800 square kilometers of Garamba National Park.

salary and other incentives. The final step was to engage highly motivated researchers, such as Dr. Mbayma, whose knowledge of the white rhino makes them ideally suited to serve as protection officers. An additional step has since been taken. The new park warden, Dr. Muhindo Mesi, has begun a program to help local villagers improve their sheep and goat herds so that they will not be tempted to poach rhinos for meat.

Today, Garamba National Park is a model for wildlife conservation in Africa. Not one white rhinoceros has been poached since 1984, and the birth of new animals has brought the total number of white rhinos at Garamba up to 26. In some African countries, the rhinos have totally disappeared. In others, their numbers have dropped alarmingly. Only in Zaire is the white rhinoceros population growing rather than shrinking. Thanks to people like Dr. Mbayma Atalia and Dr. Muhindo Mesi, Garamba National Park has succeeded where many other conservation efforts have failed.

SEA FLOOR MINERALS
WHO OWNS THEM?

Six hundred meters below the ocean's surface, the strange and beautiful world of underwater plants and animals is suddenly pierced by a powerful beam of light. The light illuminates a vast array of fish, other sea animals, and sea plants. These life forms represent just a few of the many treasures of the ocean depths.

The light, which is carried aboard a strange-looking diving suit called the Wasp, suddenly focuses on another buried treasure. Potato-sized lumps of rock cover the ocean bottom in many places. These rock lumps, or nodules, represent trillions of tons of minerals sitting on the ocean floor just waiting to be scooped up.

▼ **An ocean-mining ship, followed by an ore carrier, trails a dredge to scoop up mineral nodules from the ocean floor.**

Geologists believe that more than 1.5 trillion tons of these nodules occur in the Pacific Ocean, with lesser amounts in the other oceans of the world. Scientists estimate that there may be more than $3 trillion worth of minerals in the nodules!

The nodules are rich in a variety of minerals, including manganese, copper, nickel, cobalt, tungsten, vanadium, tin, titanium, silver, platinum, and gold. Land reserves of these minerals are steadily being depleted. So harvesting the nodules from the ocean floor seems to be a sensible and perhaps even essential idea. Why then do the nodules remain unmined along the ocean floor as the need for the minerals continues to grow?

This vast and valuable natural resource remains untapped because two important questions remain unanswered: How can the minerals be mined, and who owns the right to mine the minerals? Scientists and world leaders are now trying to find answers to these questions.

Developing the technologies to recover the nodules needs careful research and testing. Several techniques to retrieve the nodules have already been tried, but the attempts have met with only partial success. One approach uses a series of huge metal buckets strung along a belt that moves between a ship and the ocean floor. The buckets

▶ **Like a deep-sea conveyor belt, an underwater dredge scoops minerals from the ocean floor and transports them to the surface.**

▲ Superheated water, gases, and minerals pour out of a natural chimney, or "black smoker"—a deep-sea vent on the floor of the Pacific Ocean.

▲ Manganese nodules are part of the wealth of the ocean floor. Manganese is important in the manufacture of steel and other alloys.

scrape along the ocean floor, pick up the nodules, and carry them to the ship. Another method employs a giant vacuum that sucks up the ooze along the ocean bottom and the nodules as well. A third scheme involves the use of robots to find and retrieve the mineral treasures.

With technological advances, the problem of mining the minerals may soon be answered. But the international political questions still remain: Who has the right to mine the ocean depths? Where should this mining be allowed? Who should set the rules? And who should benefit from ocean mining?

These questions are difficult to answer. Since 1959, representatives from many nations have been meeting to try to create a Law of the Sea. This law would regulate ocean mining, oil drilling, fishing, energy usage, dumping of wastes, exploration, and research. Finally, in 1982, 119 nations signed a Law of the Sea treaty. But the United States was not one of them.

Under provisions of the treaty, each coastal nation is given an exclusive economic zone of 200 nautical miles from its shore.

Within that zone, a nation controls all natural resources, dumping, economic use, and scientific research. Where economic zones of different nations overlap, the nations must work out agreements.

Outside the economic zones, no single nation controls the ocean floor. The International Seabed Authority administers this vast ocean-floor region, called the International Seabed Area. The Authority sets the rules for mining in the International Seabed Area. And further, all mining technology must be shared with the Authority.

The United States could not accept these provisions and did not sign the Law of the Sea treaty. On March 10, 1983, the United States declared its own economic zone, extending 200 nautical miles off the coasts of the United States and all its territories.

Conflict over the zone has already arisen. And it is likely that many disputes will come up when people start mining the ocean floor for its mineral wealth. Who do you think should own these valuable and vital mineral resources?

PRISONERS
UNDER PLASTIC

It was almost midnight by the time Lorraine finished her English report on twentieth-century British musicians of the 1960s.

"Enough homework," she mumbled to herself, "it's time to celebrate the New Year."

"Wake up, Grandpa," said Lorraine to the tall white-haired figure sleeping in an old but comfortable-looking lounge chair. "I'm turning on the video wall."

As she spoke, the glass wall that provided a view of the city from their seventieth-story apartment became a giant video screen.

▼ Is this a frightening preview of Earth in the twenty-third century? The choices we make today will affect the way our grandchildren live in the future.

In the distance, both Lorraine and her grandfather could hear the computerized electronic version of "Auld Lang Syne" bounce off the roof of the city and reflect from skyscraper to skyscraper, changing pitch from street to street.

"Just think, Grandpa, it's finally here—the twenty-third century!"

Before her grandfather could respond, the video screen switched to a news bulletin. Lorraine and her grandfather watched intently as the newscaster told of another daring attempt by a group called the Outsiders to break out of the city complex.

"Why do they keep trying to escape the city?" murmured Lorraine, without really expecting an answer. "After all, the air and water are poisonous out there, and the land is totally barren. No one can survive outside the protective dome of our city. Don't they know that?"

Lorraine's grandfather smiled, but it was a sad, knowing smile.

"They know," he whispered. "I can remember a time when everyone lived outside—a time before we became prisoners under a plastic dome. Back then you could swim in the rivers, breathe the fresh mountain air,

and admire the plants and wildlife that flourished in the forests."

"I don't see why you call us prisoners," answered Lorraine glibly. "What could be better than the year-round perfect environment in our city? Besides, I don't believe you've ever been outside—no one's ever been outside. It's the law."

Lorraine's grandfather started to argue. He wanted to tell her about the joys of walking through the sand along the seashore on a sunny day or watching snow falling on a winter's night. And he wanted to teach her about the pollution that had ruined Earth's rivers and atmosphere and killed off just about all living things outside the domed environments—pollution and destruction that occurred long before she was born. But he stopped himself in time.

"No point in telling her what she's missing," he whispered to himself, "she'll never be able to experience it anyway." A single tear slid down his cheek. "How sad never to feel the wind on your face."

"Cheer up, Grandpa. A new century is about to begin. Isn't life wonderful?"

CIENCIA

GACETA:
DR. MBAYMA ATALIA

Como mantener vivo al rinoceronte blanco

Cuidándose de que los animales no perciban su olor, el investigador se agazapa en los pastos altos y comienza a tomar notas. El foco de su atención es un rinoceronte blanco—un voluminoso mamífero agrisado con un cuerno puntiagudo y una boca grande y cuadrada. Rápidamente el investigador anota la hora del día, lo que come, el punto geográfico y cuánto se ha trasladado desde la última vez que fue visto. Mientras tanto, el rinoceronte continúa comiendo como una aspiradora todo lo que está a la vista. Después de 20 minutos de intenso comer, el rinoceronte temporalmente satisfecho, se aleja trotando en busca de su próxima comida.

El comer constantemente es un hábito muy establecido del rinoceronte blanco, el segundo mamífero terrestre más grande del mundo. Pocos conocen los hábitos de esta enorme criatura mejor que el Dr. Mbayma Atalia, investigador y oficial de protección del Parque Nacional de Garamba en Zaire, África. El Dr. Mbayma ha pasado años estudiando sus hábitos de sueño y alimentación. Conoce su tema tan bien que puede reconocer cada rinoceronte en el parque simplemente por la forma de su cuerno y los pliegues de las arrugas que rodean su hocico.

Hoy el Dr. Mbayma está observando un macho adulto llamado M-5. Es el atardecer y M-5 está pastando después de su siesta del mediodía. El Dr. Mbayma ha observado que los rinocerontes duermen mayormente entre las 10 am y las 2 pm, cuando la temperatura excede los 32°C. Durante el resto de las horas de luz natural, ¡el rinoceronte no para de comer!

Aunque M–5 no lo sabe, tiene suerte de estar vivo. Hace cincuenta años, el Parque Nacional de Garamba fue reservado para conservar animales como M-5, miembro de una rara subespecie de rinocerontes blancos nativa de esta parte de África. En esa época existían más de 1000 animales como estos. Pero en 1983 quedaban sólo 15 miembros de su familia. ¿Qué sucedió? La pregunta puede ser contestada de una sola manera: caza furtiva.

La caza furtiva es ilegal. Cuando el Parque Nacional de Garamba fue reservado para conservar la vida silvestre, se emplearon guardias para asegurar que los rinocerontes en el parque fueran libres de vivir y reproducirse. Pero muchos cazadores se las arreglaron para burlar la guardia y matar los rinocerontes. Para empeorar las cosas, algunos guardias corruptos, se aliaron a los cazadores, usaron su trabajo como una manera fácil de hacerse ricos con sobornos o como una fuente de carne gratis.

Las recompensas por la caza furtiva son grandes. Hoy, un simple cuerno de rinoceronte blanco tiene un valor de $24,000. Este valor se basa en que puede ser molido con propósitos medicinales o como objeto decorativo, igual que los colmillos de elefantes que se venden ilegalmente como marfil. Además del cuerno valioso, la carne de los rinocerontes es una fuente tentadora de alimento para los africanos pobres que tienen poco alimento nutritivo para comer.

Con el rinoceronte blanco al borde de la extinción, los grupos conservacionistas se aliaron al gobierno del Zaire para erradicar la corrupción en el Garamba. El primer paso fue emplear nuevos guardias para reemplazar a los aliados con los cazadores furtivos. El siguiente paso fue hacer el trabajo atractivo, aumentando salarios y agregando incentivos.

▲ ¡Cuidado cazadores furtivos! La unidad anti-caza del Dr. Mbayma Atalia patrulla los 7800 kilómetros cuadrados del Parque Nacional Garamba.

El último paso fue atraer investigadores como el Dr. Mbayma, cuyo conocimiento del rinoceronte blanco los hace ideales para servir como oficiales de protección. Más tarde se tomó otra medida. El nuevo guardia del parque, Dr. Muhindo Mesi, comenzó un programa para ayudar a los lugareños a mejorar sus rebaños de ovejas y cabras y para que no se tentaran por la caza de rinocerontes.

Hoy, el Parque Nacional Garamba es un modelo de conservación de la vida silvestre en África. No se ha matado un solo rinoceronte blanco desde 1984, y el nacimiento de nuevos animales ha aumentado a 26 el número de rinocerontes en Garamba. En algunos países africanos, los rinocerontes han desaparecido totalmente. En otros, su número ha bajado de modo alarmante. Sólo en Zaire la población de rinocerontes blancos está creciendo. Gracias a personas como el Dr. Mbayma Atalia y el Dr. Muhindo Mesi, el Parque Nacional Garamba ha triunfado donde muchos otros esfuerzos de conservación han fracasado.

LOS MINERALES DEL FONDO DEL MAR

¿DE QUIÉN SON?

Seiscientos metros bajo la superficie del océano, un extraño y maravilloso mundo de plantas y animales acuáticos es penetrado de pronto por un rayo de luz. La luz ilumina una vasta colección de peces, y otros animales y plantas marinas. Estas formas de vida representan sólo algo de los muchos tesoros que guardan las profundidades del océano.

La luz, que es transportada a bordo de una extraña escafandra llamada Avispa, enfoca otro tesoro enterrado. En varios puntos, protuberancias de rocas del tamaño de una papa, cubren el fondo del océano. Estos nódulos,

▼ **Un buque minero seguido por un portador de veta, sigue una draga para recoger nódulos minerales del fondo del mar.**

representan billones de toneladas de minerales asentados en el suelo oceánico, sólo esperando ser recogidos.

Los geólogos creen que más de 1.5 billones de toneladas de estos nódulos estan en el océano Pacífico y un poco menos en los otros océanos del mundo. Los científicos estiman que debe haber minerales en los nódulos por valor de más de ¡3 billones de dólares!

Los nódulos son ricos en una variedad de minerales, incluyendo manganeso, cobre, níquel, cobalto, tungsteno, vanadio, estaño, titanio, plata, platino y oro. Las reservas terrestres de estos minerales se están agotando. Así que recolectar los nódulos del fondo del océano parece ser una idea razonable y hasta quizás esencial. ¿Por qué entonces los nódulos permanecen sin tocar a lo largo del suelo oceánico mientras la necesidad continúa creciendo?

Este enorme y valioso recurso natural permanece sin tocar porque dos preguntas importantes siguen sin respuesta: ¿Cómo se pueden extraer los minerales y quién tiene el derecho a hacerlo? Los científicos y los dirigentes del mundo están tratando de encontrar las respuestas.

El desarrollo de las tecnologías para recoger los nódulos necesita una investigación y ensayos cuidadosos. Ya se han probado varias técnicas, pero los intentos sólo han logrado un

▶ **Como una correa transportadora, una draga submarina recoge minerales del fondo del océano y los transporta a la superficie.**

▲ Agua recalentada, gases y minerales surgen por una chimenea natural, o "ahumadero negro"—una grieta al fondo del Océano Pacífico.

▲ Los nódulos de manganeso son parte de la riqueza del suelo oceánico. El manganeso es importante en la fabricación de acero y otras aleaciones.

éxito parcial. Una de ellas usa una serie de enormes cubos metálicos, amarrados a lo largo de una correa que se mueve entre la nave y el fondo del océano. Los cubos raspan el fondo, recogen los nódulos y los llevan hasta el buque. Otro método emplea una aspiradora gigante que chupa el lodo del fondo, incluyendo los nódulos. Un tercer esquema incluye el uso de robots para encontrar y recoger los tesoros minerales.

Con los avances tecnológicos, el problema de extracción de minerales podría tener pronto una respuesta. Pero aún hay preguntas de política internacional: ¿quién tiene el derecho de minar las profundidades del océano? ¿dónde debe ser permitido? ¿quién debe establecer las reglas? y ¿quién debe beneficiarse con la minería del océano?

Estas preguntas son difíciles de contestar. Desde 1959, representantes de muchas naciones se han reunido para intentar crear una Ley del Mar. Esta ley debe regular el minado del océano, la perforación de petróleo, la pesca, el uso de energía, el vaciado de los desechos, la exploración, y la investigación. Finalmente, en 1982, 119 naciones firmaron un tratado de Ley del Mar. Pero Estados Unidos no fue una de ellas.

Bajo las cláusulas del tratado, a cada nación costera se le da una zona económica exclusiva de 200 millas náuticas desde su costa. Dentro de esta zona, la nación controla todos los recursos naturales, el vaciado, el uso económico y la investigación científica. Cuando estas zonas económicas se sobreponen, tienen que encontrar nuevos acuerdos.

Fuera de las zonas económicas, ninguna nación controla el fondo del océano. La Organización Internacional del Fondo del Mar, administra esta vasta región del suelo oceánico, llamada Área Internacional del Fondo del Mar. Y aún más, toda tecnología minera debe ser compartida con la Organización.

Estados Unidos no pudo aceptar estas cláusulas y no firmó el tratado. El 10 de marzo de 1983, declaró su propia zona económica, extendiendo 200 millas náuticas fuera de las costas de Estados Unidos y todos sus territorios.

Ya se han originado conflictos sobre la zona. Y muchas disputas aparecerán cuando se empiece a explotar el fondo del océano. ¿Quién crees que debe ser el dueño de este valioso y vital recurso natural?

PRISIONEROS BAJO PLÁSTICO

Era casi medianoche cuando Lorraine terminó con su informe de inglés sobre los músicos británicos de 1960 en el siglo veinte.

—Basta de tareas— murmuró para sí misma, —es hora de celebrar el Año Nuevo.—

—Despiértate abuelo — dijo Lorraine a la figura alta y de cabello canoso que dormía en un viejo pero cómodo sofá. —Voy a encender el video.—

Mientras decía esto, la pared de vidrio que les daba una vista de la ciudad desde su apartamento en el septuagésimo piso, se

▼ ¿Es esta una alarmante vista de lo que ocurrirá en la Tierra en el siglo veintitrés? Las decisiones que tomamos hoy afectarán la manera en que nuestros nietos vivirán en el futuro.

convirtió en una pantalla gigante de video. En la distancia, Lorraine y su abuelo podían oír la versión computarizada de "Auld Lang Syne" rebotando en el techo de la ciudad, reflejándose de rascacielo en rascacielo y cambiando de tono de calle a calle.

—Date cuenta, abuelo, finalmente llegó ¡el siglo veintitrés!—

Antes de que su abuelo pudiera responder, la pantalla de video cambió a un boletín de noticias. Lorraine y su abuelo oyeron al cronista comentar otro osado intento del grupo Los de Afuera, de escapar de la ciudad.

—¿Por qué quieren escapar de la ciudad?— murmuró Lorraine, sin realmente esperar respuesta. —Después de todo, el aire y el agua son venenosos allá fuera y el terreno es estéril. Nadie puede sobrevivir fuera de la cúpula protectora de nuestra ciudad. ¿No lo saben?—

El abuelo de Lorraine sonrió, pero fue una sonrisa triste y sabia.

—Lo saben— dijo. —Puedo recordar una época cuando todos podían vivir al aire libre, antes de volvernos prisioneros bajo una cúpula de plástico. Se podía nadar en el río, respirar el aire fresco de las

montañas, y admirar las plantas y la vida silvestre que florecía en los bosques.—

—No sé por qué nos llamas prisioneros,— contestó Lorraine impulsivamente. —¿Qué podría ser mejor que un ambiente perfecto durante todo el año en nuestra ciudad? Es la ley.—

El abuelo de Lorraine iba a discutir. Quería decirle de la felicidad de caminar sobre la arena a lo largo de la playa en un día soleado o mirar caer la nieve en una noche de invierno. Y quería hablarle sobre la contaminación que había arruinado los ríos y la atmósfera de la Tierra y matado a todos los seres vivos afuera de la cúpula; la contaminación y destrucción ocurrieron antes de que ella hubiera nacido. Pero se retractó.—

—No tiene sentido decirle lo que está perdido,— se dijo a si mismo —de cualquier manera nunca podrá sentirlo.— Una lágrima rodó por sus mejillas. —¡Qué triste es no poder sentir nunca la brisa en la cara!—

—Vamos, alégrate abuelo. Un nuevo siglo está por comenzar. ¿No es hermosa la vida?—

For Further Reading

If you have been intrigued by the concepts examined in this textbook, you may also be interested in the ways fellow thinkers—novelists, poets, essayists, as well as scientists—have imaginatively explored the same ideas.

Chapter 1: Energy Resources

Beatty, Patricia. *Jonathan Down Under.* New York: Morrow.

Engdahl, Sylvia. *This Star Shall Abide.* New York: Atheneum.

Perez, Norah H. *Breaker.* Boston, MA: Houghton Mifflin.

Sharpe, Susan. *Waterman's Boy.* New York: Bradbury.

Chapter 2: Earth's Nonliving Resources

Collier, James Lincoln. *When the Stars Begin to Fall.* New York: Delacorte Press.

Hamilton, Virginia. *M.C. Higgins, the Great.* New York: Macmillan.

Rubinstein, Robert E. *When Sirens Scream.* New York: Dodd, Mead.

Sargent, Sarah. *Seeds of Change.* New York: Bradbury.

White, Robb. *Deathwatch.* Garden City, NY: Doubleday.

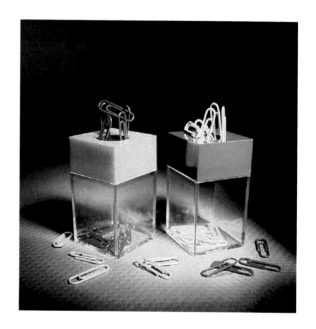

Chapter 3: Pollution

Chester, Aaron. *Spill.* New York: Atheneum.

George, Jean. *Who Really Killed Cock Robin?* New York: Dutton.

Moeri, Louise. *Downwind.* New York: Dutton.

Swindells, Robert. *A Serpent's Tooth.* New York: Holiday House.

Thiele, Colin. *Fight Against Albatross Two.* New York: Harper & Row.

Chapter 4: Conserving Earth's Resources

Bond, Nancy. *The Voyage Begun.* New York: Atheneum.

St. George, Judith. *Do You See What I See?* New York: Putnam.

Sampson, Fay. *The Watch on Patterick Fell.* New York: Greenwillow.

Shute, Nevil. *On the Beach.* New York: Morrow.

Strieber, Whitley. *Wolf of Shadows.* New York: Knopf.

Otras lecturas

Si te han intrigado los conceptos examinados en este libro, puedes estar también interesado en las formas en que otros pensadores—novelistas, poetas, escritores y científicos—han explorado con imaginación las mismas ideas.

Capítulo 1: Recursos energéticos

Beatty, Patricia. *Jonathan Down Under*. New York: Morrow.

Engdahl, Sylvia. *This Star Shall Abide*. New York: Atheneum.

Perez, Norah H. *Breaker*. Boston, MA: Houghton Mifflin.

Sharpe, Susan. *Waterman's Boy*. New York: Bradbury.

Capítulo 2: Recursos naturales terrestres

Collier, James Lincoln. *When the Stars Begin to Fall*. New York: Delacorte Press.

Hamilton, Virginia. *M.C. Higgins, the Great*. New York: Macmillan.

Rubinstein, Robert E. *When Sirens Scream*. New York: Dodd, Mead.

Sargent, Sarah. *Seeds of Change*. New York: Bradbury.

White, Robb. *Deathwatch*. Garden City, NY: Doubleday.

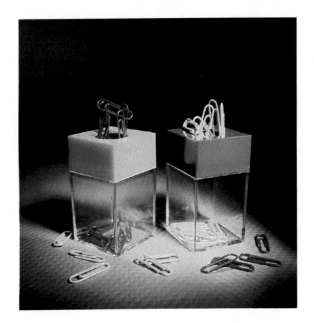

Capítulo 3: La contaminación

Chester, Aaron. *Spill*. New York: Atheneum.

George, Jean. *Who Really Killed Cock Robin?* New York: Dutton.

Moeri, Louise. *Downwind*. New York: Dutton.

Swindells, Robert. *A Serpent's Tooth*. New York: Holiday House.

Thiele, Colin. *Fight Against Albatross Two*. New York: Harper & Row.

Capítulo 4: Conservando los recursos terrestres

Bond, Nancy. *The Voyage Begun*. New York: Atheneum.

St. George, Judith. *Do You See What I See?* New York: Putnam.

Sampson, Fay. *The Watch on Patterick Fell*. New York: Greenwillow.

Shute, Nevil. *On the Beach*. New York: Morrow.

Strieber, Whitley. *Wolf of Shadows*. New York: Knopf.

Activity Bank

Welcome to the Activity Bank! This is an exciting and enjoyable part of your science textbook. By using the Activity Bank you will have the chance to make a variety of interesting and different observations about science. The best thing about the Activity Bank is that you and your classmates will become the detectives, and as with any investigation you will have to sort through information to find the truth. There will be many twists and turns along the way, some surprises and disappointments too. So always remember to keep an open mind, ask lots of questions, and have fun learning about science.

Pozo de actividades

¡Bienvenido al pozo de actividades! Ésta es la parte más estimulante y agradable de tu libro de ciencias. Usando el pozo de actividades tendrás la oportunidad de hacer observaciones interesantes sobre ciencias. Lo mejor del pozo de actividades es que tú y tus compañeros actuarán como detectives, y como en toda investigación, deberás buscar a través de la información para encontrar la verdad. Habrá muchos tropiezos, sorpresas y decepciones a lo largo del proceso. Por eso recuerda mantener la mente abierta, haz muchas preguntas y diviértete aprendiendo sobre ciencias.

BLOWING IN THE WIND

In many parts of the world, wind is an important source of energy. In places where the wind blows steadily at 13 km/h or more, modern windmills can be used to generate electricity. Could such wind generators be used where you live? In this activity you will build a simple device to measure wind speed.

Materials

Ping-Pong ball
sewing needle
carpet thread
protractor
glue

Procedure

1. Use a sewing needle to thread 30 cm of heavy-duty carpet thread through a Ping-Pong ball. Tie a knot at the end of the thread so that the ball will not slip off.

2. Glue the free end of the thread to the center guide of the protractor.

3. Hold the protractor so that it is level. The thread holding the Ping-Pong ball should cover the 90° mark on the protractor.

4. Choose a windy spot on your school grounds. With your back to the wind, hold the protractor level so that the wind can move the Ping-Pong ball. Measure the angle on the protractor and record this angle in a data table similar to the one shown. Use the conversion table to convert the angle in degrees to the approximate wind speed in kilometers per hour.

5. Repeat your measurement twice a day every day for a week.

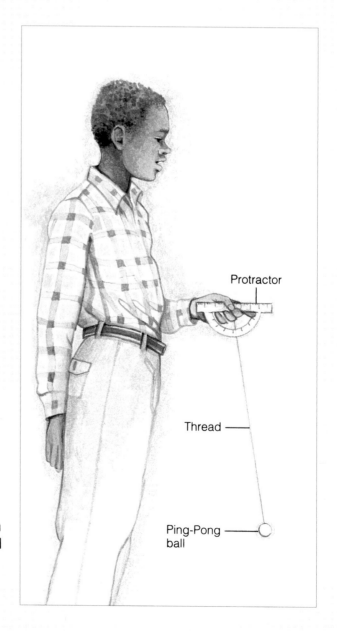

En muchos lugares del mundo, el viento es un recurso importante de energía. En sitios donde el viento sopla firmemente a 13 km/h o más, los modernos molinos de viento pueden generar electricidad. ¿Podrían usarse estos generadores de viento donde tu vives? En esta actividad construirás un aparato simple para medir la velocidad del viento.

Materiales

pelota de Ping-Pong
aguja de coser
hilo de alfombra
transportador
pegamento

Procedimiento

1. Usando una aguja de coser, atraviesa una pelota de Ping-Pong con 30 cm de hilo grueso de alfombra. Haz un nudo en el extremo del hilo para que no se salga la pelota.

2. Pega el otro extremo del hilo al centro de guía del transportador.

3. Sostén el transportador de manera que quede nivelado. El hilo que sostiene la pelota debe marcar 90° en el transportador.

4. Escoge un lugar ventoso en tu escuela. De espaldas al viento, sostén el transportador niveladamente de manera que el viento pueda mover la pelota de Ping-Pong. Mide el ángulo en el transportador y anota este ángulo en tu tabla de datos similar a la mostrada aquí. Usa la tabla de conversión para convertir el ángulo en grados a la velocidad aproximada en kilómetros por hora del viento.

5. Repite tus mediciones dos veces al día todos los días durante una semana.

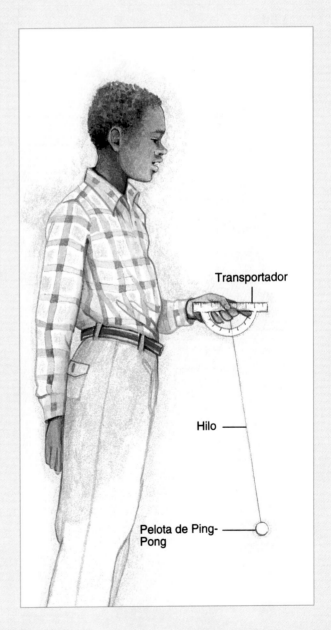

Transportador

Hilo

Pelota de Ping-Pong

CONVERSION TABLE

Angle (°)	Wind Speed (Approximate) (km/h)
90	0
85	6
80	8
75	10
70	12
65	13
60	15
55	16
50	18
45	20
40	21
35	23
30	26
25	29
20	33

Observations

DATA TABLE

Day	Trial	Angle (°)	Wind Speed (km/h)
1	1		
1	2		
2	1		
2	2		
3	1		
3	2		
4	1		
4	2		
5	1		
5	2		

Analysis and Conclusions

Share your data with the entire class and prepare a class data table. Was the wind speed constant during the week? What was the average wind speed for the week? Based on your observations, do you think wind energy could be used to generate electricity in your area? Why or why not?

TABLA DE CONVERSIÓN

Ángulo (°)	Velocidad del viento (aproximadamente en km/h)
90	0
85	6
80	8
75	10
70	12
65	13
60	15
55	16
50	18
45	20
40	21
35	23
30	26
25	29
20	33

Observaciones

TABLA DE DATOS

Día	Ensayo	Ángulo (°)	Velocidad del viento (km/h)
1	1		
1	2		
2	1		
2	2		
3	1		
3	2		
4	1		
4	2		
5	1		
5	2		

Análisis y conclusiones

Comparte tus datos con tus compañeros y prepara una tabla de datos de la clase. ¿Fue constante el viento durante la semana? ¿Cuál fue la velocidad promedio? Basándote en tus observaciones ¿crees que la energía del viento puede usarse en tu área para generar electricidad? ¿Por qué sí o por qué no?

HOW DOES YOUR GARDEN GROW?

Although crop rotation is a good way to prevent depletion of nutrients from soil, many farmers also use fertilizers to help their crops grow. Imagine that you have your own vegetable garden. To get a good crop of fresh vegetables from your garden, you must add fertilizer to the soil. But you know that chemical fertilizers can cause pollution. Then a friend suggests that you make a compost pile. What is compost? Is compost a good fertilizer? How easy is it to make compost for your garden? Is it good for the environment? What will making a compost pile cost? Keep these questions in mind as you do this activity.

Materials

2-L plastic bottle with cap
soil
funnel
graduated cylinder
vegetable and fruit scraps
leaves
grass clippings
paper
glass-marking pencil

Procedure

1. Using a funnel, add some soil to a clear plastic bottle.

2. Add 20 mL of water to the soil. The soil should be moist but not soaking wet. If the soil is still dry, add some more water.

3. Add the vegetable and fruit scraps, shredded leaves and paper, and grass clippings to the soil until the bottle is about half full.

4. Screw the cap on tightly. Then turn the bottle upside down and shake it to mix the contents well.

5. Turn the bottle right-side up. Make a mark on the outside of the bottle to indicate the height of the contents.

6. Loosen the cap, but do not remove it. Place the bottle in a warm, dark place.

7. Observe the bottle at least once a week. Mix the contents and mark the height on the bottle each time. When your compost is fully decomposed, it will have a rich, brown color. Try using it as fertilizer or potting soil.

Think for Yourself

1. How difficult was it to make your compost? How would you go about making enough compost to fertilize your whole garden?

2. What are some pros and cons of composting? Do the pros outweigh the cons? Explain.

3. Do you think composting is a better idea than disposing of food wastes, leaves, and grass clippings in the trash? Why or why not?

¿CÓMO CRECE TU JARDÍN?

Aunque la rotación de los cultivos es una buena manera de prevenir el agotamiento de los nutrientes del suelo, también el uso de fertilizantes ayuda al crecimiento de los cultivos. Imagina que tienes tu propia huerta. Para conseguir una buena cosecha de vegetales de tu jardín debes agregar fertilizantes al suelo. Pero sabes que los fertilizantes químicos pueden causar contaminación. Entonces un amigo sugiere que prepares abono. ¿Qué es el abono? ¿Es un buen fertilizante? ¿Cuán fácil es hacerlo? ¿Es bueno para el ambiente? ¿Cuánto costará hacer abono? Mantén estas preguntas en mente mientras ejecutas esta actividad.

Materiales

una botella plástica de 2-L, con tapa
tierra
embudo
cilindro graduado
restos de vegetales y frutas
hojas
recortes de hierba
papel
lápiz de marcar vidrio

Procedimiento

1. Usa un embudo, para colocar un poco de tierra en la botella de plástico.
2. Agrega 20 mL de agua a la tierra. La tierra debe estar húmeda pero no empapada. Si aún está seca, agrégale más agua.
3. Agrega los restos de vegetales y fruta, papel y hojas desmenuzadas y los recortes de hierba a la tierra hasta que la botella se haya llenado hasta la mitad.
4. Coloca la tapa bien ajustada. Pon la botella boca abajo y agítala para mezclar bien su contenido.

5. Vuelve la botella boca arriba. Haz una marca en el exterior de la botella para indicar la altura del contenido.
6. Desajusta la tapa pero no la saques. Coloca la botella en un lugar templado y oscuro.
7. Observa la botella, al menos, una vez por semana. Agita el contenido y marca su altura en la botella cada vez. Cuando tu abono esté todo descompuesto, tendrá un fuerte color marrón. Trata de usarlo como fertilizante o como tierra para macetas.

Piensa

1. ¿Cuán difícil fue hacer tu abono? ¿Cómo podrías hacer para tener abono suficiente para fertilizar todo tu jardín?
2. ¿Cuáles son los pro y los contra de hacer abono? ¿Son más los pro que los contra? Explica.
3. ¿Crees que hacer abono es una idea mejor que botar los restos de comida, hojas y hierba a la basura? ¿Por qué?

TOO MUCH, TOO LITTLE, OR JUST RIGHT?

You know that fresh water is an extremely important natural resource. One of the most important uses of water is for irrigation of farmlands. All plants need enough water to grow strong and healthy. But just how much is enough? Try this activity to find out. You will need two small flowering plants in pots, a marking pen, a metric ruler, and, of course, water.

1. Choose two small flowering plants, such as marigolds.With a marking pen, label the pots A and B.

2. Place both pots in a location where they will receive indirect sunlight.

3. Water pot A often enough so that the soil stays moist but not soaking wet.

4. Water pot B about once a week. Make sure the soil is completely dry before watering.

5. Observe the appearance of the plants every day for three weeks. Measure the height of the plants at the end of each week. Record your observations. How do the plants compare after three weeks? Which plant appeared healthier? Why?

Do It Yourself

Is it possible for a plant to receive too much water? Design and perform an experiment to find out.

¿DEMASIADO, MUY POCO O LO JUSTO?

Sabes que el agua dulce es un recurso natural muy importante. Uno de los usos más valiosos es el de regar los cultivos. Todas las plantas necesitan agua suficiente para crecer fuertes y sanas. ¿Pero cuánto es suficiente? Para saberlo prueba esta actividad. Vas a necesitar dos plantas pequeñas con flores en macetas, un marcador, una regla y, por supuesto, agua.

1. Escoge dos plantas pequeñas con flores como las caléndulas. Con un marcador clasifica las macetas A y B.

4. Riega la maceta B una vez por semana. Asegúrate de que la tierra esté completamente seca antes de regarla.

5. Observa la apariencia de las plantas cada día durante tres semanas. Mide la altura de las plantas al final de cada semana. Anota tus observaciones. ¿Cuál es la diferencia entre las plantas después de 3 semanas? ¿Cuál de ellas parece más sana? ¿Por qué?

2. Coloca las dos macetas en un lugar donde reciban luz indirecta del sol.

3. Riega la maceta A frequentemente de manera que esté siempre húmeda pero no empapada.

Hazlo solo

¿Es posible que una planta reciba demasiada agua? Diseña y ejecuta un experimento para averiguarlo.

HOLD THE SALT!

Desalination is the process by which fresh water is produced from salt water. On a large scale, desalination requires a series of complex steps to remove the salt from ocean water and produce fresh water for drinking or irrigation. In this activity, however, you can turn salt water into fresh water using only the energy of the sun and a few easy-to-find materials.

Materials

salt
pencil
2-L plastic soda bottle
plastic container
3 drinking straws
plastic wrap
tape
scissors

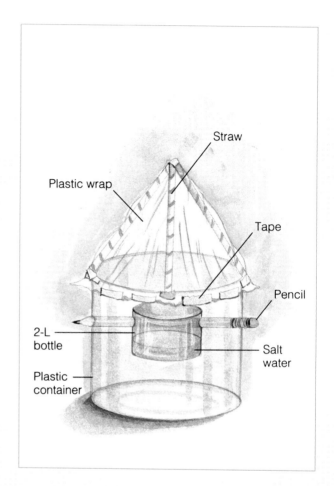

Procedure

1. Dissolve 2 tablespoons of salt in 1 L of water.

2. Carefully cut the top off a 2-L plastic soda bottle and discard the top. Punch two holes near the open end of the bottle. Be sure the holes are directly opposite each other.

3. Punch two holes near the top of a plastic container large enough to hold the soda bottle. Again, be sure the holes are opposite each other.

4. Suspend the bottle inside the container by inserting a pencil through all four holes as shown.

5. Add the salt water to the suspended bottle.

6. Tape three drinking straws together as shown and wrap a piece of clear plastic around the straws to make a tent. Tape the edges of the plastic to the outside of the container to hold the tent in place.

7. Place the apparatus in a sunny spot and observe it every day for several days. What do you see happening inside the tent? What happened to the salt water when you placed the apparatus in direct sunlight?

Pozo de actividades

La desalinización es el proceso por el cual se produce agua dulce de agua salada. En gran escala requiere una serie de pasos complicados para quitar la sal del agua de mar y producir agua dulce para beber o regar. En esta actividad, sin embargo, puedes convertir agua salada en agua dulce usando sólo la energía del sol y unos pocos materiales fáciles de conseguir.

Materiales

sal
lápiz
botella plástica de soda, de 2-L
envase de plástico
3 sorbetes
envoltura plástica
cinta adhesiva
tijeras

Procedimiento

1. Disuelve 2 cucharadas de sal en 1 L de agua.

2. Cuidadosamente corta la parte superior de la botella plástica de soda de 2-L y tírala. Haz dos agujeros cerca de la apertura de la botella. Asegúrate de que los agujeros estén en extremos opuestos.

3. Haz dos agujeros cerca de la parte superior de un envase lo suficientemente grande como para contener la botella de soda. Asegúrate de que los agujeros estén en extremos opuestos.

4. Suspende la botella dentro del envase insertando un lápiz a través de los cuatro agujeros como muestra la figura.

5. Agrega sal a la botella suspendida.

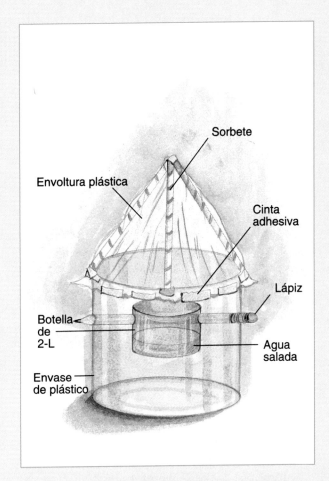

Sorbete
Envoltura plástica
Cinta adhesiva
Lápiz
Botella de 2-L
Agua salada
Envase de plástico

6. Une tres sorbetes, júntalos como se muestra y envuelve un pedazo de plástico transparente alrededor de los sorbetes para formar una tienda. Pega los bordes del plástico al exterior del envase para mantener la tienda en su lugar.

7. Coloca el aparato en un lugar soleado y obsérvalo cada día durante varios días. ¿Qué sucede dentro de la tienda? ¿Qué sucedió con el agua salada cuando colocaste el aparato bajo la luz directa del sol?

POND WATER + FERTILIZER = ALGAE EXPLOSION

Water pollution can come from many sources, including sewage, chemical wastes, pesticides, and fertilizers. In this activity you will observe how fertilizers affect the growth of algae in pond water.

Materials

glass-marking pencil
2 glass jars with lids
aged tap water
aquarium water
graduated cylinder
liquid fertilizer

Procedure

1. Label two jars A and B. Fill each jar half full with tap water that has been allowed to stand for three days. Then add aquarium water to each jar until the jar is three-fourths full.

2. Add 5 mL of liquid fertilizer to jar A. Do not add anything to jar B. Screw the lid on each jar.

3. Place both jars on a windowsill where they will receive direct sunlight. Observe the jars every day for two weeks. Compare the color of the water in the two jars. In which jar—A or B—did more algae grow? How can you tell?

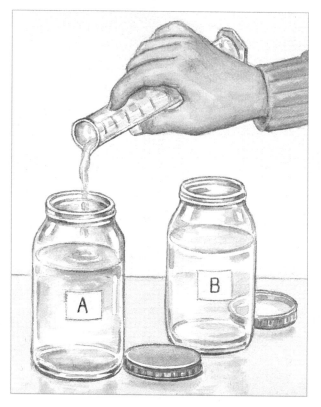

Think for Yourself

1. What was the purpose of jar B in this experiment?

2. What do you think would happen to fishes and other animals living in a lake if large amounts of fertilizer were to run off into the lake?

Pozo de actividades

AGUA DE ESTANQUE + FERTILIZANTE = EXPLOSIÓN DE ALGAS

La contaminación del agua puede venir de distintas fuentes, incluyendo aguas cloacales, desechos químicos, insecticidas y fertilizantes. En esta actividad observarás cómo los fertilizantes afectan el crecimiento de algas en el agua de estanque.

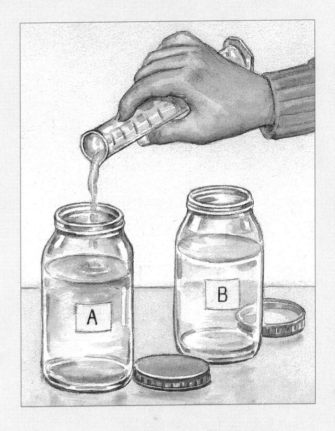

Materiales

lápiz marcador de vidrio
2 frascos de vidrio con tapa
agua de grifo
agua de pecera
cilindro graduado
fertilizante líquido

Procedimiento

1. Marca dos frascos A y B. Llena cada uno hasta la mitad con agua del grifo asentada durante tres días. Entonces agrega agua de pecera a cada frasco hasta llenar tres cuartos de su capacidad.

2. Agrega 5 mL de fertilizante líquido al frasco A. No le pongas nada al frasco B. Tapa ambos frascos.

3. Coloca ambos frascos en el marco de una ventana con luz directa. Observa los frascos cada día durante dos semanas. Compara el color del agua en los dos frascos. ¿En cual—A o B—crecieron más algas? ¿Cómo lo sabes?

Piensa

1. ¿Para qué sirvió el frasco B en este experimento?

2. ¿Qué crees que puede pasar con los peces y otros animales que viven en un lago si se derramaran grandes cantidades de fertilizantes en el lago?

Many of our most important mineral resources can be obtained only by mining. Each year miners dig about 24 billion metric tons of minerals from the Earth's crust. Unfortunately, mines often leave behind huge amounts of wastes, called tailings. Most of the waste contains a high concentration of sulfur. In this activity you will see how pure copper can be reclaimed from copper sulfate, such as that found in mine waste. How do you think the reclamation of copper from mine wastes might affect the environment?

Materials

copper sulfate
triple-beam balance
beaker
graduated cylinder
iron nails
litmus paper

Procedure

1. Place 3 g of copper sulfate into the beaker. **CAUTION:** *Copper sulfate is poisonous. Handle it with extreme care.*

2. Add 50 mL of water to the beaker to dissolve the copper sulfate. What is the color of the solution formed?

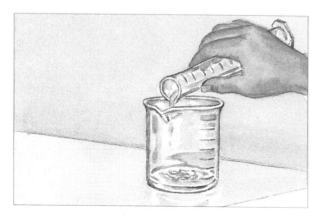

3. Test the solution with red and blue litmus paper. Does the litmus paper change color? Is the solution acidic, basic, or neutral?

4. Add several iron nails to the beaker. What is the color of the solution now? What happened to the nails after you placed them into the solution?

5. Again test the solution with red and blue litmus paper. Does the litmus paper change color? Is the solution acidic, basic, or neutral?

Think for Yourself

In this activity you have seen how a chemical reaction can be used to reclaim copper from copper sulfate. What might happen as a result of the large-scale reclamation of copper from mine waste if the water used in this process were to be flushed into a stream or river? What might happen to water supplies if this water seeped into the groundwater?

Do It Yourself

How might the water used in the reclamation process affect plants growing in the area? With your teacher's permission, design and perform an experiment to find out.

Pozo de actividades

Muchos de nuestros recursos minerales pueden obtenerse a través de la minería. Cada año se extraen cerca de 24 mil millones de toneladas métricas de minerales. Pero las minas dejan a menudo muchos desechos. La mayoría de estos contienen una alta concentración de azufre. En esta actividad podrás ver cómo el cobre puede ser recuperado del sulfato de cobre como el que se encuentra en los desechos de una mina. ¿Cómo crees que el recuperar el cobre de los desechos de las minas podría afectar el ambiente?

Materiales

sulfato de cobre
balanza
cubeta
cilindro graduado
clavos de hierro
papel de tornasol

Procedimiento 🧪 🧰 👁

1. Coloca 3 g de sulfato de cobre en una cubeta. **CUIDADO:** *El sulfato de cobre es venenoso. Manéjalo con mucho cuidado.*

2. Agrega 50 mL de agua a la cubeta para disolver el sulfato de cobre. ¿De qué color es la solución que se ha formado?

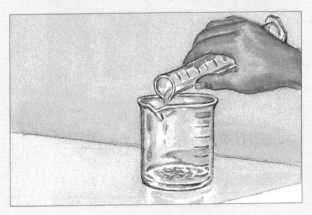

3. Prueba la solución con papel de tornasol rojo y azul. ¿Cambia de color el papel de tornasol? ¿La solución es ácida, básica o neutral?

4. Agrega varios clavos de hierro a la cubeta. ¿De qué color es ahora la solución? ¿Qué pasó con los clavos cuando los colocaste dentro de la solución?

5. Prueba nuevamente la solución con papel tornasol rojo y azul. ¿Cambia de color el papel de tornasol? ¿La solución es ácida, básica o neutral?

Piensa

En esta actividad has visto cómo se puede usar una reacción química para recuperar cobre de sulfato de cobre. ¿Que pasaría si el agua utilizada para recuperar cobre en gran escala se derramara en un río o arroyo? Y si se filtrara hasta las reservas subterraneas de agua potable, ¿cómo las afectaría?

Hazlo tu mismo

¿Cómo afectaría el agua usada en el proceso de recuperación al crecimiento de las plantas en el área? Con el permiso de tu maestro diseña y ejecuta un experimento para averiguarlo.

Appendix A

The metric system of measurement is used by scientists throughout the world. It is based on units of ten. Each unit is ten times larger or ten times smaller than the next unit. The most commonly used units of the metric system are given below. After you have finished reading about the metric system, try to put it to use. How tall are you in metrics? What is your mass? What is your normal body temperature in degrees Celsius?

Commonly Used Metric Units

Length The distance from one point to another

meter (m) A meter is slightly longer than a yard.
1 meter = 1000 millimeters (mm)
1 meter = 100 centimeters (cm)
1000 meters = 1 kilometer (km)

Volume The amount of space an object takes up

liter (L) A liter is slightly more than a quart.
1 liter = 1000 milliliters (mL)

Mass The amount of matter in an object

gram (g) A gram has a mass equal to about one paper clip.

1000 grams = 1 kilogram (kg)

Temperature The measure of hotness or coldness

degrees 0°C = freezing point of water
Celsius (°C) 100°C = boiling point of water

Metric–English Equivalents

2.54 centimeters (cm) = 1 inch (in.)
1 meter (m) = 39.37 inches (in.)
1 kilometer (km) = 0.62 miles (mi)
1 liter (L) = 1.06 quarts (qt)
250 milliliters (mL) = 1 cup (c)
1 kilogram (kg) = 2.2 pounds (lb)
28.3 grams (g) = 1 ounce (oz)
°C = 5/9 × (°F – 32)

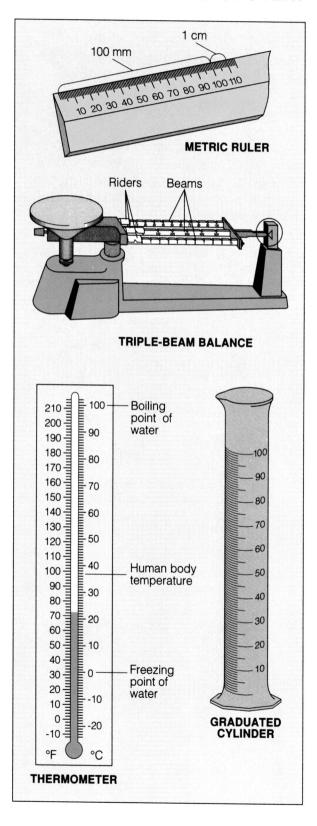

METRIC RULER

Riders Beams

TRIPLE-BEAM BALANCE

Boiling point of water

Human body temperature

Freezing point of water

°F °C

THERMOMETER

GRADUATED CYLINDER

Apéndice A

EL SISTEMA MÉTRICO

Los científicos de todo el mundo usan el sistema métrico. Está basado en unidades de diez. Cada unidad es diez veces más grande o más pequeña que la siguiente. Abajo se pueden ver las unidades del sistema métrico más usadas. Cuando termines de leer sobre el sistema métrico, trata de usarlo. ¿Cuál es tu altura en metros? ¿Cuál es tu masa? ¿Cuál es tu temperatura normal en grados Celsio?

Unidades métricas más comunes

Longitud   Distancia de un punto a otro

metro (m)   Un metro es un poco más largo que una yarda.

1 metro = 1000 milímetros (mm)

1 metro = 100 centímetros (cm)

1000 metros = 1 kilómetro (km)

Volumen   Cantidad de espacio que ocupa un objeto

litro (L) =   Un litro es un poco más que un cuarto de galón.

1 litro = 1000 mililitros (mL)

Masa   Cantidad de materia que tiene un objeto

gramo (g)   El gramo tiene una masa más o menos igual a la de una presilla para papel.

1000 gramos = kilogramo (kg)

Temperatura   Medida de calor o frío

grados   0°C = punto de congelación del agua

Celsio (°C)   100°C = punto de ebullición del agua

Equivalencias métricas inglesas

2.54 centímetros (cm) = 1 pulgada (in.)

1 metro (m) = 39.37 pulgadas (in.)

1 kilómetro (km) = 0.62 millas (mi)

1 litro (L) = 1.06 cuartes (qt)

250 mililitros (mL) = 1 taza (c)

1 kilogramo (kg) = 2.2 libras (lb)

28.3 gramos (g) = 1 onza (oz)

°C = 5/9 × (°F −32)

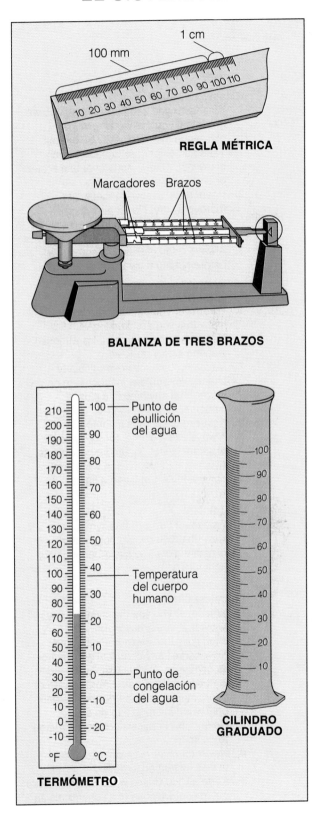

REGLA MÉTRICA

Marcadores   Brazos

BALANZA DE TRES BRAZOS

Punto de ebullición del agua

Temperatura del cuerpo humano

Punto de congelación del agua

TERMÓMETRO

CILINDRO GRADUADO

Glassware Safety

1. Whenever you see this symbol, you will know that you are working with glassware that can easily be broken. Take particular care to handle such glassware safely. And never use broken or chipped glassware.
2. Never heat glassware that is not thoroughly dry. Never pick up any glassware unless you are sure it is not hot. If it is hot, use heat-resistant gloves.
3. Always clean glassware thoroughly before putting it away.

Fire Safety

1. Whenever you see this symbol, you will know that you are working with fire. Never use any source of fire without wearing safety goggles.
2. Never heat anything—particularly chemicals—unless instructed to do so.
3. Never heat anything in a closed container.
4. Never reach across a flame.
5. Always use a clamp, tongs, or heat-resistant gloves to handle hot objects.
6. Always maintain a clean work area, particularly when using a flame.

Heat Safety

Whenever you see this symbol, you will know that you should put on heat-resistant gloves to avoid burning your hands.

Chemical Safety

1. Whenever you see this symbol, you will know that you are working with chemicals that could be hazardous.
2. Never smell any chemical directly from its container. Always use your hand to waft some of the odors from the top of the container toward your nose—and only when instructed to do so.
3. Never mix chemicals unless instructed to do so.
4. Never touch or taste any chemical unless instructed to do so.
5. Keep all lids closed when chemicals are not in use. Dispose of all chemicals as instructed by your teacher.

6. Immediately rinse with water any chemicals, particularly acids, that get on your skin and clothes. Then notify your teacher.

Eye and Face Safety

1. Whenever you see this symbol, you will know that you are performing an experiment in which you must take precautions to protect your eyes and face by wearing safety goggles.
2. When you are heating a test tube or bottle, always point it away from you and others. Chemicals can splash or boil out of a heated test tube.

Sharp Instrument Safety

1. Whenever you see this symbol, you will know that you are working with a sharp instrument.
2. Always use single-edged razors; double-edged razors are too dangerous.
3. Handle any sharp instrument with extreme care. Never cut any material toward you; always cut away from you.
4. Immediately notify your teacher if your skin is cut.

Electrical Safety

1. Whenever you see this symbol, you will know that you are using electricity in the laboratory.
2. Never use long extension cords to plug in any electrical device. Do not plug too many appliances into one socket or you may overload the socket and cause a fire.
3. Never touch an electrical appliance or outlet with wet hands.

Animal Safety

1. Whenever you see this symbol, you will know that you are working with live animals.
2. Do not cause pain, discomfort, or injury to an animal.
3. Follow your teacher's directions when handling animals. Wash your hands thoroughly after handling animals or their cages.

¡Cuidado con los recipientes de vidrio!

1. Este símbolo te indicará que estás trabajando con recipientes de vidrio que pueden romperse. Procede con mucho cuidado al manejar esos recipientes. Y nunca uses vasos rotos ni astillados.

2. Nunca pongas al calor recipientes húmedos. Nunca tomes ningún recipiente si está caliente. Si lo está, usa guantes resistentes al calor.

3. Siempre limpia bien un recipiente de vidrio antes de guardarlo.

¡Cuidado con el fuego!

1. Este símbolo te indicará que estás trabajando con fuego. Nunca uses algo que produzca llama sin ponerte gafas protectoras.

2. Nunca calientes nada—particularmente químicos— a menos que te digan que lo hagas.

3. Nunca calientes nada en un recipiente cerrado.

4. Nunca extiendas el brazo por encima de una llama.

5. Usa siempre una grapa, pinzas o guantes resistentes al calor para manipular algo caliente.

6. Procura tener un área de trabajo vacía y limpia, especialmente si estás usando una llama.

¡Cuidado con el calor!

Este símbolo te indicará que debes ponerte guantes resistentes al calor para no quemarte las manos.

¡Cuidado con los productos químicos!

1. Este símbolo te indicará que vas a trabajar con productos químicos que pueden ser peligrosos.

2. Nunca huelas un producto químico directamente. Usa siempre las manos para llevar las emanaciones a la nariz y hazlo solo si te lo dicen.

3. Nunca mezcles productos químicos a menos que te lo indiquen.

4. Nunca toques ni pruebes ningún producto químico a menos que te lo indiquen.

5. Mantén todas las tapas de los productos químicos cerradas cuando no los uses.

Deséchalos según te lo indiquen.

6. Enjuaga con agua cualquier producto químico, en especial un ácido, si se pone en contacto con tu piel o tus ropas, y comunícaselo a tu profesor(a).

¡Cuidado con los ojos y la cara!

1. Este símbolo te indicará que estás haciendo un experimento en el que debes protegerte los ojos y la cara con gafas protectoras.

2. Cuando estés calentando un tubo de ensayo, pon la boca en dirección contraria a tí y a los demás. Los productos químicos pueden salpicar o derramarse de un tubo de ensayo caliente.

¡Cuidado con los instrumentos afilados!

1. Este símbolo te indicará que vas a trabajar con un instrumento afilado.

2. Usa siempre hojas de afeitar de un solo filo. Las hojas de doble filo son muy peligrosas.

3. Maneja un instrumento afilado con sumo cuidado. Nunca cortes nada hacia ti sino en dirección contraria.

4. Notifica inmediatamente a tu profesor(a) si te cortas.

¡Cuidado con la electricidad!

1. Este símbolo te indicará que vas a usar electricidad en el laboratorio.

2. Nunca uses cables de prolongación para enchufar un aparato eléctrico. No enchufes muchos aparatos en un enchufe porque puedes recargarlo y provocar un incendio.

3. Nunca toques un aparato eléctrico o un enchufe con las manos húmedas.

¡Cuidado con los animales!

1. Este símbolo, te indicará que vas a trabajar con animales vivos.

2. No causes dolor, molestias o heridas a un animal.

3. Sigue las instrucciones de tu profesor(a) al tratar a los animales. Lávate bien las manos después de tocar los animales o sus jaulas.

$\mathbb{A}$ppendix C

One of the first things a scientist learns is that working in the laboratory can be an exciting experience. But the laboratory can also be quite dangerous if proper safety rules are not followed at all times. To prepare yourself for a safe year in the laboratory, read over the following safety rules. Then read them a second time. Make sure you understand each rule. If you do not, ask your teacher to explain any rules you are unsure of.

Dress Code

1. Many materials in the laboratory can cause eye injury. To protect yourself from possible injury, wear safety goggles whenever you are working with chemicals, burners, or any substance that might get into your eyes. Never wear contact lenses in the laboratory.

2. Wear a laboratory apron or coat whenever you are working with chemicals or heated substances.

3. Tie back long hair to keep it away from any chemicals, burners and candles, or other laboratory equipment.

4. Remove or tie back any article of clothing or jewelry that can hang down and touch chemicals and flames.

General Safety Rules

5. Read all directions for an experiment several times. Follow the directions exactly as they are written. If you are in doubt about any part of the experiment, ask your teacher for assistance.

6. Never perform activities that are not authorized by your teacher. Obtain permission before "experimenting" on your own.

7. Never handle any equipment unless you have specific permission.

8. Take extreme care not to spill any material in the laboratory. If a spill occurs, immediately ask your teacher about the proper cleanup procedure. Never simply pour chemicals or other substances into the sink or trash container.

9. Never eat in the laboratory.

10. Wash your hands before and after each experiment.

First Aid

11. Immediately report all accidents, no matter how minor, to your teacher.

12. Learn what to do in case of specific accidents, such as getting acid in your eyes or on your skin. (Rinse acids from your body with lots of water.)

13. Become aware of the location of the first-aid kit. But your teacher should administer any required first aid due to injury. Or your teacher may send you to the school nurse or call a physician.

14. Know where and how to report an accident or fire. Find out the location of the fire extinguisher, phone, and fire alarm. Keep a list of important phone numbers—such as the fire department and the school nurse—near the phone. Immediately report any fires to your teacher.

Heating and Fire Safety

15. Again, never use a heat source, such as a candle or burner, without wearing safety goggles.

16. Never heat a chemical you are not instructed to heat. A chemical that is harmless when cool may be dangerous when heated.

17. Maintain a clean work area and keep all materials away from flames.

18. Never reach across a flame.

19. Make sure you know how to light a Bunsen burner. (Your teacher will demonstrate the proper procedure for lighting a burner.) If the flame leaps out of a burner toward you, immediately turn off the gas. Do not touch the burner. It may be hot. And never leave a lighted burner unattended!

20. When heating a test tube or bottle, always point it away from you and others. Chemicals can splash or boil out of a heated test tube.

21. Never heat a liquid in a closed container. The expanding gases produced may blow the container apart, injuring you or others.

Apéndice C

Una de las primeras cosas que aprende un científico es que trabajar en el laboratorio es muy interesante. Pero el laboratorio puede ser un lugar muy peligroso si no se respetan las reglas de seguridad apropiadas. Para prepararte para trabajar sin riesgos en el laboratorio, lee las siguientes reglas una y otra vez. Debes comprender muy bien cada regla. Pídele a tu profesor(a) que te explique si no entiendes algo.

Vestimenta adecuada

1. Muchos materiales del laboratorio pueden ser dañinos para la vista. Como precaución, usa gafas protectoras siempre que trabajes con productos químicos, mecheros o una sustancia que pueda entrarte en los ojos. Nunca uses lentes de contacto en el laboratorio.

2. Usa un delantal o guardapolvo siempre que trabajes con productos químicos o con algo caliente.

3. Si tienes pelo largo, átatelo para que no roce productos químicos, mecheros, velas u otro equipo del laboratorio.

4. No debes llevar ropa o alhajas que cuelguen y puedan entrar en contacto con productos químicos o con el fuego.

Normas generales de precaución

5. Lee todas las instrucciones de un experimento varias veces. Síguelas al pie de la letra. Si tienes alguna duda, pregúntale a tu profesor(a).

6. Nunca hagas nada sin autorización de tu profesor(a). Pide permiso antes de "experimentar" por tu cuenta.

7. Nunca intentes usar un equipo si no te han dado permiso para hacerlo.

8. Ten mucho cuidado de no derramar nada en el laboratorio. Si algo se derrama, pregunta inmediatamente a tu profesor(a) cómo hacer para limpiarlo.

9. Nunca comas en el laboratorio.

10. Lávate las manos antes y después de cada experimento.

Primeros auxilios

11. Por menos importante que parezca un accidente, informa inmediatamente a tu profesor(a) si ocurre algo.

12. Aprende qué debes hacer en caso de ciertos accidentes, como si te cae ácido en la piel o te entra en los ojos. (Enjuágate con muchísima agua.)

13. Debes saber dónde está el botiquín de primeros auxilios. Pero es tu profesor(a) quien debe encargarse de dar primeros auxilios. Puede que él o ella te envíe a la enfermería o llame a un médico.

14. Debes saber dónde llamar si hay un accidente o un incendio. Averigua dónde está el extinguidor, el teléfono y la alarma de incendios. Debe haber una lista de teléfonos importantes—como los bomberos y la enfermería—cerca del teléfono. Avisa inmediatamente a tu profesor(a) si se produce un incendio.

Precauciones con el calor y con el fuego

15. Nunca te acerques a una fuente de calor, como un mechero o una vela sin ponerte las gafas protectoras.

16. Nunca calientes ningún producto químico si no te lo indican. Un producto inofensivo cuando está frío puede ser peligroso si está caliente.

17. Tu área de trabajo debe estar limpia y todos los materiales alejados del fuego.

18. Nunca extiendas el brazo por encima de una llama.

19. Debes saber bien cómo encender un mechero Bunsen. (Tu profesor(a) te indicará el procedimiento apropiado.) Si la llama salta del mechero, apaga el gas inmediatamente. No toques el mechero. ¡Nunca dejes un mechero encendido sin nadie al lado!

20. Cuando calientes un tubo de ensayo, apúntalo en dirección contraria. Los productos químicos pueden salpicar o derramarse al hervir.

21. Nunca calientes un líquido en un recipiente cerrado. Los gases que se producen pueden hacer que el recipiente explote y te lastime a ti y a tus compañeros.

22. Before picking up a container that has been heated, first hold the back of your hand near it. If you can feel the heat on the back of your hand, the container may be too hot to handle. Use a clamp or tongs when handling hot containers.

Using Chemicals Safely

23. Never mix chemicals for the "fun of it." You might produce a dangerous, possibly explosive substance.

24. Never touch, taste, or smell a chemical unless you are instructed by your teacher to do so. Many chemicals are poisonous. If you are instructed to note the fumes in an experiment, gently wave your hand over the opening of a container and direct the fumes toward your nose. Do not inhale the fumes directly from the container.

25. Use only those chemicals needed in the activity. Keep all lids closed when a chemical is not being used. Notify your teacher whenever chemicals are spilled.

26. Dispose of all chemicals as instructed by your teacher. To avoid contamination, never return chemicals to their original containers.

27. Be extra careful when working with acids or bases. Pour such chemicals over the sink, not over your workbench.

28. When diluting an acid, pour the acid into water. Never pour water into an acid.

29. Immediately rinse with water any acids that get on your skin or clothing. Then notify your teacher of any acid spill.

Using Glassware Safely

30. Never force glass tubing into a rubber stopper. A turning motion and lubricant will be helpful when inserting glass tubing into rubber stoppers or rubber tubing. Your teacher will demonstrate the proper way to insert glass tubing.

31. Never heat glassware that is not thoroughly dry. Use a wire screen to protect glassware from any flame.

32. Keep in mind that hot glassware will not appear hot. Never pick up glassware without first checking to see if it is hot. See #22.

33. If you are instructed to cut glass tubing, fire-polish the ends immediately to remove sharp edges.

34. Never use broken or chipped glassware. If glassware breaks, notify your teacher and dispose of the glassware in the proper trash container.

35. Never eat or drink from laboratory glassware. Thoroughly clean glassware before putting it away.

Using Sharp Instruments

36. Handle scalpels or razor blades with extreme care. Never cut material toward you; cut away from you.

37. Immediately notify your teacher if you cut your skin when working in the laboratory.

Animal Safety

38. No experiments that will cause pain, discomfort, or harm to mammals, birds, reptiles, fishes, and amphibians should be done in the classroom or at home.

39. Animals should be handled only if necessary. If an animal is excited or frightened, pregnant, feeding, or with its young, special handling is required.

40. Your teacher will instruct you as to how to handle each animal species that may be brought into the classroom.

41. Clean your hands thoroughly after handling animals or the cage containing animals.

End-of-Experiment Rules

42. After an experiment has been completed, clean up your work area and return all equipment to its proper place.

43. Wash your hands after every experiment.

44. Turn off all burners before leaving the laboratory. Check that the gas line leading to the burner is off as well.

22. Antes de tomar un recipiente que se ha calentado, acerca primero el dorso de tu mano. Si puedes sentir el calor, el recipiente está todavía caliente. Usa una grapa o pinzas cuando trabajes con recipientes calientes.

Precauciones en el uso de productos químicos

23. Nunca mezcles productos químicos para "divertirte". Puede que produzcas una sustancia peligrosa tal como un explosivo.

24. Nunca toques, pruebes o huelas un producto químico si no te indican que lo hagas. Muchos de estos productos son venenosos. Si te indican que observes las emanaciones, llévalas hacia la nariz con las manos. No las aspires directamente del recipiente.

25. Usa sólo los productos necesarios para esa actividad. Todos los envases deben estar cerrados si no están en uso. Informa a tu profesor(a) si se produce algún derrame.

26. Desecha todos los productos químicos según te lo indique tu profesor(a). Para evitar la contaminación, nunca los vuelvas a poner en su envase original.

27. Ten mucho cuidado cuando trabajes con ácidos o bases. Viértelos en la pila, no sobre tu mesa.

28. Cuando diluyas un ácido, viértelo en el agua. Nunca viertas agua en el ácido.

29. Enjuágate inmediatamente la piel o la ropa con agua si te cae ácido. Notifica a tu profesor(a).

Precauciones con el uso de vidrio

30. Para insertar vidrio en tapones o tubos de goma, deberás usar un movimiento de rotación y un lubricante. No lo fuerces. Tu profesor(a) te indicará cómo hacerlo.

31. No calientes recipientes de vidrio que no estén secos. Usa una pantalla metálica para proteger el vidrio de la llama.

32. Recuerda que el vidrio caliente no parece estarlo. Nunca tomes nada de vidrio sin controlarlo antes. Véase # 22.

33. Cuando cortes un tubo de vidrio, lima las puntas inmediatamente para alisarlas.

34. Nunca uses recipientes rotos ni astillados. Si algo de vidrio se rompe, notifícalo inmediatamente y desecha el recipiente en el lugar adecuado.

35. Nunca comas ni bebas de un recipiente de vidrio del laboratorio. Limpia los recipientes bien antes de guardarlos.

Uso de instrumentos afilados

36. Maneja los bisturíes o las hojas de afeitar con sumo cuidado. Nunca cortes nada hacia ti sino en dirección contraria.

37. Notifica inmediatamente a tu profesor(a) si te cortas.

Precauciones con los animales

38. No debe realizarse ningún experimento que cause dolor, incomodidad o daño a los animales en la escuela o en la casa.

39. Debes tocar a los animales sólo si es necesario. Si un animal está nervioso o asustado, preñado, amamantando o con su cría, se requiere cuidado especial.

40. Tu profesor(a) te indicará cómo proceder con cada especie animal que se traiga a la clase.

41. Lávate bien las manos después de tocar los animales o sus jaulas.

Al concluir un experimento

42. Después de terminar un experimento limpia tu área de trabajo y guarda el equipo en el lugar apropiado.

43. Lávate las manos después de cada experimento.

44. Apaga todos los mecheros antes de irte del laboratorio. Verifica que la línea general de gas esté también apagada.

Glossary

Pronunciation Key

When difficult names or terms first appear in the text, they are respelled to aid pronunciation. A syllable in SMALL CAPITAL LETTERS receives the most stress. The key below lists the letters used for respelling. It includes examples of words using each sound and shows how the words would be respelled.

Symbol	Example	Respelling
a	hat	(hat)
ay	pay, late	(pay), (layt)
ah	star, hot	(stahr), (haht)
ai	air, dare	(air), (dair)
aw	law, all	(law), (awl)
eh	met	(meht)
ee	bee, eat	(bee), (eet)
er	learn, sir, fur	(lern), (ser), (fer)
ih	fit	(fiht)
igh	mile, sigh	(mighl), (sigh)
oh	no	(noh)
oi	soil, boy	(soil), (boi)
oo	root, rule	(root), (rool)
or	born, door	(born), (dor)
ow	plow, out	(plow), (owt)

Symbol	Example	Respelling
u	put, book	(put), (buk)
uh	fun	(fuhn)
yoo	few, use	(fyoo), (yooz)
ch	chill, reach	(chihl), (reech)
g	go, dig	(goh), (dihg)
j	jet, gently, bridge	(jeht), (JEHNtlee), (brihj)
k	kite, cup	(kight), (kuhp)
ks	mix	(mihks)
kw	quick	(kwihk)
ng	bring	(brihng)
s	say, cent	(say), (sehnt)
sh	she, crash	(shee), (krash)
th	three	(three)
y	yet, onion	(yeht), (UHN yuhn)
z	zip, always	(zihp), (AWL wayz)
zh	treasure	(TREH zher)

acid rain: general term used for precipitation (rain, snow, sleet, hail, or fog) that is more acidic than normal

alloy: substance made of two or more metals

anthracite (AN-thruh-sight): hard coal; fourth and last stage in the development of coal

biomass: any material, such as wood, that comes from living things and can be used as a fuel

bituminous (bigh-TOO-muh-nuhs) **coal:** soft coal; third stage in the development of coal

catalytic converter: emission-control device that changes hydrocarbons and carbon monoxide in automobile exhaust into carbon dioxide and water vapor

chain reaction: process in which the splitting, or fission, of one atomic nucleus causes the splitting of additional nuclei

combustion: process in which hydrocarbons in fossil fuels are combined with oxygen at high temperatures, releasing heat energy and light energy; burning

conservation: wise use of natural resources so they will not be used up too quickly or used in a way that will damage the environment

contour plowing: planting crops along the face, or side, of a slope instead of up and down the slope to prevent erosion

Glosario

Clave de pronunciación

Cada vez que nombres o términos difíciles aparecen por primera vez en el texto de inglés, se deletrean para facilitar su pronunciación. La sílaba que está en MAYUSCULA PEQUEÑA es la más acentuada. En la clave de abajo hay una lista de las letras usadas en nuestro deletreo. Incluye ejemplos de las palabras que usan cada sonido y muestra cómo sería su deletre.

Símbolo	Ejemplo	Redeletreo
a	hat	(hat)
ay	pay, late	(pay), (layt)
ah	star, hot	(stahr), (haht)
ai	air, dare	(air), (dair)
aw	law, all	(law), (awl)
eh	met	(meht)
ee	bee, eat	(bee), (eet)
er	learn, sir, fur	(lern), (ser), (fer)
ih	fit	(fiht)
igh	mile, sigh	(mighl), (sigh)
oh	no	(noh)
oi	soil, boy	(soil), (boi)
oo	root, rule	(root), (rool)
or	born, door	(born), (dor)
ow	plow, out	(plow), (owt)

Símbolo	Ejemplo	Redeletreo
u	put, book	(put), (buk)
uh	fun	(fuhn)
yoo	few, use	(fyoo), (yooz)
ch	chill, reach	(chihl), (reech)
g	go, dig	(goh), (dihg)
j	jet, gently, bridge	(jeht), (JEHNT-lee), (brihj)
k	kite, cup	(kight), (kuhp)
ks	mix	(mihks)
kw	quick	(kwihk)
ng	bring	(brihng)
s	say, cent	(say), (sehnt)
sh	she, crash	(shee), (krash)
th	three	(three)
y	yet, onion	(yeht), (UHN-yuhn)
z	zip, always	(zihp), (AWL-wayz)
zh	treasure	(TREH-zher)

agotamiento: retiro de nutrientes del suelo.

agua subterránea: agua en las profundidades del suelo

aleación: sustancia hecha de dos o más metales

antracita: carbón duro; cuarta y última etapa en el desarrollo del carbón

basurero sanitario: vertedero de desechos sólidos en el que la basura se compacta y se cubre con tierra

biomasa: cualquier material, como la madera, que viene de seres vivos y que puede ser usado como combustible

bituminoso: carbón blando; tercera etapa en el desarrollo del carbón

célula fotovoltaica: aparato que convierte la luz del sol directamente en electricidad; célula solar

ciclo del agua: movimiento del agua desde la superficie de la Tierra a la atmósfera y de vuelta a la superficie

colector solar: aparato que absorbe energía del sol y la convierte en calor; parte de un sistema activo de calefacción solar

combustible fósil: combustible formado cientos de millones de años atrás de los residuos de plantas y animales muertos; carbón, petróleo o gas natural

combustión: proceso en el que los hidrocarburos en los combustibles fósiles se combinan con oxígeno a altas temperaturas, liberando energía calórica y energía luminosa; quema

conservación: uso sensato de los recursos naturales para que no se agoten rápidamente o de manera que no dañen el ambiente

contaminación: liberación al ambiente de sustancias que lo afectan negativamente

crop rotation: process of alternating crops on the same land to prevent depletion of nutrients from the soil

depletion: removal of nutrients from the soil

desalination (dee-sal-uh-NAY-shuhn): process by which salt is removed from ocean water

desertification (dih-zert-uh-fih-KAY-shuhn): process by which grasslands become deserts as a result of erosion caused by overgrazing

emissions (ee-MIHSH-uhnz): gases or particles given off when fossil fuels are burned

erosion: carrying off of soil by water or wind

fossil fuel: fuel formed hundreds of millions of years ago from the remains of dead plants and animals; coal, oil, or natural gas

gasohol: mixture of gasoline and alcohol that can be used as a fuel

geothermal energy: energy produced from the heat energy within the Earth

groundwater: water in the soil

hazardous waste: any waste that can cause death or serious damage to human health; toxic, or poisonous, chemical waste

hydrocarbon: substance containing the elements hydrogen and carbon

hydroelectric power: use of mechanical energy of falling or running water to generate electricity

irrigation (eer-uh-GAY-shuhn): process of supplying water to dry regions to make them suitable for growing crops

lignite (LIHG-night): brown coal; second stage in the development of coal

mineral: naturally occurring chemical substance found in soil or rocks

natural resource: any material removed from the Earth and used by people

nonpoint source: source of water pollution that may include sanitary landfills, hazardous wastes, and agricultural runoff

nonrenewable resource: any resource that cannot be replaced by nature, such as fossil fuels and minerals

nuclear energy: energy locked within the atomic nucleus

nuclear fission: splitting of an atomic nucleus into two smaller nuclei, during which nuclear energy is released

nuclear fusion: combining two atomic nuclei to produce one larger nucleus, with the release of nuclear energy

nucleus: center, or core, of an atom; plural, nuclei

ore: deposit of a mineral that can be mined at a profit

peat: soft substance made of decayed plant fibers; first stage in the development of coal

petrochemical: any useful substance derived from oil or natural gas

photovoltaic cell: device that converts sunlight directly into electricity; solar cell

point source: source of water pollution that may include sewers, pipes, and channels through which wastes are discharged

pollution: release into the environment of substances that change the environment for the worse

radioactive waste: waste produced by the production of energy in nuclear power plants

recycling: form of conservation in which discarded materials that can be used again are separated and sent to factories where they are reclaimed

renewable resource: any resource that can be replaced by nature, such as water, soil, and living resources

sanitary landfill: solid-waste dump in which garbage is compacted and covered with soil

smog: thick brownish haze formed when hydrocarbons, carbon monoxide, and other gases react in sunlight; combination of the words smoke and fog

solar collector: device that absorbs energy from the sun and converts it to heat; part of an active solar-heating system

solar energy: energy from the sun

strip cropping: planting strips of cover crops, such as clover, between rows of other crops, such as corn, to prevent erosion

temperature inversion: phenomenon that occurs when cool air containing pollutants becomes trapped near the Earth's surface under a layer of warm air

terracing: planting a slope in a series of level steps, or terraces, to prevent erosion

thermal pollution: increase in temperature caused when cold water used to cool the reactors in nuclear power plants is heated and discharged back into lakes and rivers

tidal energy: energy produced by the rise and fall of the tides

water cycle: movement of water from the Earth's surface to the atmosphere and back to the surface

contaminación térmica: incremento en la temperatura causado cuando agua fría usada para enfriar los reactores en una planta nuclear es calentada y desechada en lagos y ríos

convertidor catalítico: aparato controlador de emisión que cambia los hidrocarburos y el monóxido de carbono en los escapes de autos a dióxido de carbono y vapor de agua

cultivo de nivel: siembra de cultivos sobre la cara o lado de un declive en lugar de hacia arriba y abajo, para prevenir la erosión

cultivo en franjas: cultivo en franjas de siembras de abono entre franjas de otros cultivos, como maíz, para prevenir la erosión

cultivo en terrazas: siembra de un declive en una serie de niveles o escalones para prevenir la erosión

desalinización: proceso por el que la sal es extraída del agua del océano

desechos peligrosos: cualquier desecho que puede causar la muerte o daño serio a la salud humana; desecho químico tóxico o venenoso

desechos radioactivos: desecho producido por la producción de energía en las plantas nucleares

desertización: proceso por el que las tierras de pastoreo se vuelven desiertos como resultado de la erosión causada por el sobrepastoreo.

emisión: gases o partículas expulsados cuando se queman los combustibles fósiles

energía de las mareas: energía producida por la subida y bajada de las mareas

energía geotérmica: energía producida por la energía calórica dentro de la Tierra

energía nuclear: energía atrapada en el núcleo atómico

energía solar: energía del sol

erosión: arrastre del suelo por el agua o el viento

fisión nuclear: separación de un núcleo atómico en dos nucleolos más pequeños, durante la cual se libera energía nuclear

foco concentrado: fuente de contaminación del agua que podría incluir cloacas, tuberías y canales por los que se descargan los desechos

foco no concentrado: fuente de contaminación del agua que podría incluir basureros sanitarios, desechos peligrosos y derrames agrícolas

fusión nuclear: combinación de dos nucleolos atómicos para producir un núcleo más grande, con la liberación de energía nuclear

gasohol: mezcla de gasolina y alcohol que puede usarse como combustible

hidrocarburo: sustancia conteniendo los elementos hidrógeno y carbón

inversión de temperatura: fenómeno que ocurre cuando aire frío conteniendo contaminantes queda atrapado cerca de la superficie de la Tierra bajo una capa de aire tibio

irrigación: proceso de abastecimiento de agua en las regiones secas para volverlas aptas para el cultivo

lignito: carbón marrón; segunda etapa del desarrollo del carbón

lluvia ácida: término general usado para la precipitación (lluvia, nieve, cellisca, granizo o niebla) que es más ácida que la normal

mineral: sustancia química que ocurre naturalmente, encontrada en el suelo o rocas

núcleo: centro de un átomo

petroquímico: cualquier sustancia útil derivada del petróleo o gas natural

poder hidroeléctrico: uso de la energía mecánica de las aguas en movimiento para generar electricidad

reacción en cadena: proceso en el que la separación, o fisión, de un núcleo atómico causa la separación de núcleos adicionales

reciclaje: forma de conservación en la que los materiales descartados que pueden ser usados nuevamente son separados y enviados a las fábricas donde son recuperados

recurso natural: cualquier material extraído de la Tierra y usado por la gente

recurso no renovable: cualquier recurso que no puede ser reemplazado por la naturaleza, como los combustibles fósiles y los minerales

recurso renovable: cualquier fuente que puede ser reemplazada por la naturaleza, como el agua, suelo y recursos vivos

rotación de cultivos: proceso de alternar cultivos en el mismo terreno para prevenir el agotamiento de los nutrientes del suelo

smog: neblina espesa y pardusco formada cuando hidrocarburos, monóxido de carbono y otros gases reaccionan a la luz del sol; combinación de las palabras humo y niebla

turba: sustancia blanda hecha de fibras de plantas descompuestas; primera etapa en el desarrollo del carbón

veta: depósito de un mineral que puede ser minado con fines lucrativos

Index

Índice